대한민국 법령 시리즈 519

문화유산의 보존 및 활용에 관한 법률 (약칭 : 문화유산법)

법령

시행령

시행규칙

해광출판사

머리말

이 책은 방대한 법전을 보지 않고 간편하게 해당되는 법령만 참고해서 볼 수 있도록 하였습니다. 공공기관이나 관련 종사자들이 쉽고 간편하게 해당 법령을 참조 할 수 있도록 하였습니다.

특히 해당법률은 물론 관련 시행령, 시행규칙을 함께 실어 관련법을 서로 참고할 수 있게 하였습니다.

법률이라는 것이 크든 작든 항상 변하는 관계로, 출간 이후의 정확하고 최신의 법률은 법제처 국가법령정보센터에서 확인이 가능하니 법률의 실제 적용 시 확인이 필요한 점 유의하기를 바랍니다.

편집부

* 수록 법률은 법제처 국가법령정보센터에서 확인 가능합니다.
* 발행일 기준 시행 법률이므로 최신 법령은 위 센터에서 볼 수 있습니다.
* 본 책자에 수록된 법률의 문구에 대하여 법적인 효력은 없으며,
실제 적용 법률은 위 센터에서 최신의 법률로 확인하시기 바랍니다.
* 해당 법령과 함께 시행령, 시행규칙도 수록되어 있습니다.
* 발행일 기준으로 개정 예정 법률은 밑줄로 별도 표시되어 있으며,
보다 정확한 것은 법제처에서 확인하기 바랍니다.

목차

문화유산의 보존 및 활용에 관한 법률
(약칭 : 문화유산법)

[시행 2025. 2. 14.] [법률 제20286호, 2024. 2. 13., 일부개정]

**개정 예정 법률 밑줄 별도 표시.

문화유산의 보존 및 활용에 관한 법률 (약칭 : 문화유산법)

[시행 2025. 2. 14.] [법률 제20286호, 2024. 2. 13., 일부개정]

제1장 총칙

제1조(목적) 이 법은 문화유산을 보존하여 민족문화를 계승하고, 이를 활용할 수 있도록 함으로써 국민의 문화적 향상을 도모함과 아울러 인류문화의 발전에 기여함을 목적으로 한다. 〈개정 2023. 8. 8.〉

제2조(정의) ① 이 법에서 "문화유산"이란 「국가유산기본법」 제3조 제2호에 해당하는 다음 각 호의 것을 말한다. 〈개정 2015. 3. 27., 2020. 12. 22., 2023. 3. 21., 2023. 8. 8.〉

1. 유형문화유산: 건조물, 전적(典籍: 글과 그림을 기록하여 묶은 책), 서적(書跡), 고문서, 회화, 조각, 공예품 등 유형의 문화적 소산으로서 역사적·예술적 또는 학술적 가치가 큰 것과 이에 준하는 고고자료(考古資料)

2. 삭제 〈2023. 8. 8.〉

3. 기념물: 절터, 옛무덤, 조개무덤, 성터, 궁터, 가마터, 유물포함층 등의 사적지(史蹟地)와 특별히 기념이 될 만한 시설물로서 역사적·학술적 가치가 큰 것

   가. 삭제 〈2023. 3. 21.〉

   나. 삭제 〈2023. 3. 21.〉

   다. 삭제 〈2023. 3. 21.〉

4. 민속문화유산: 의식주, 생업, 신앙, 연중행사 등에 관한 풍속이나 관습에 사용되는 의복, 기구, 가옥 등으로서 국민생활의 변화를

이해하는 데 반드시 필요한 것

② 이 법에서 "문화유산교육"이란 문화유산의 역사적·예술적·학술적·경관적 가치 습득을 통하여 문화유산 애호의식을 함양하고 민족 정체성을 확립하는 등에 기여하는 교육을 말하며, 문화유산교육의 구체적 범위와 유형은 대통령령으로 정한다. 〈신설 2019. 11. 26., 2023. 8. 8.〉

③ 이 법에서 "지정문화유산"이란 다음 각 호의 것을 말한다. 〈개정 2014. 1. 28., 2019. 11. 26., 2023. 8. 8., 2024. 2. 13.〉

1. 국가지정문화유산: 국가유산청장이 제23조부터 제26조까지의 규정에 따라 지정한 문화유산

2. 시·도지정문화유산: 특별시장·광역시장·특별자치시장·도지사 또는 특별자치도지사(이하 "시·도지사"라 한다)가 제70조제1항에 따라 지정한 문화유산

3. 문화유산자료: 제1호나 제2호에 따라 지정되지 아니한 문화유산 중 시·도지사가 제70조제2항에 따라 지정한 문화유산

④ 삭제 〈2023. 9. 14.〉

⑤ 이 법에서 "보호구역"이란 지상에 고정되어 있는 유형물이나 일정한 지역이 문화유산으로 지정된 경우에 해당 지정문화유산의 점유 면적을 제외한 지역으로서 그 지정문화유산을 보존·관리하거나 정비하기 위하여 지정된 구역을 말한다. 〈개정 2019. 11. 26., 2023. 8. 8., 2024. 1. 23.〉

⑥ 이 법에서 "보호물"이란 문화유산을 보호하기 위하여 지정한 건물이나 시설물을 말한다. 〈개정 2019. 11. 26., 2023. 8. 8.〉

⑦ 이 법에서 "역사문화환경"이란 문화유산 주변의 자연경관이나 역사적·문화적인 가치가 뛰어난 공간으로서 문화유산과 함께 보호할 필요성이 있는 주변 환경을 말한다. 〈개정 2019. 11. 26., 2023. 8. 8.〉

⑧ 이 법에서 "건설공사"란 토목공사, 건축공사, 조경공사 또는 토지나 해저의 원형변경이 수반되는 공사로서 대통령령으로 정하는 공사를 말한다. 〈개정 2019. 11. 26.〉

⑨ 이 법에서 "국외소재문화유산"이란 외국에 소재하는 「국가유산기본법」 제3조제2호에 따른 문화유산(제39조제1항 단서 또는 제60조제1항 단서에 따라 반출된 문화유산은 제외한다)으로서 대한민국

과 역사적·문화적으로 직접적 관련이 있는 것을 말한다. 〈개정 2017. 3. 21., 2019. 11. 26., 2023. 8. 8.〉

⑩ 이 법에서 "문화유산지능정보화"란 문화유산데이터의 생산·수집·분석·유통·활용 등에 문화유산지능정보기술을 적용·융합하여 문화유산의 보존·관리 및 활용을 효율화·고도화하는 것을 말한다. 〈신설 2022. 1. 18., 2023. 8. 8.〉

⑪ 이 법에서 "문화유산데이터"란 문화유산지능정보화를 위하여 정보처리능력을 갖춘 장치를 통하여 생성 또는 처리되어 기계에 의한 판독이 가능한 형태로 존재하는 정형 또는 비정형의 정보를 말한다. 〈신설 2022. 1. 18., 2023. 8. 8.〉

⑫ 이 법에서 "문화유산지능정보기술"이란 「지능정보화 기본법」 제2조제4호에 따른 지능정보기술 중 문화유산의 보존·관리 및 활용을 위한 기술 또는 그 결합 및 활용 기술을 말한다. 〈신설 2022. 1. 18., 2023. 8. 8.〉

⑬ 이 법에서 "문화유산디지털콘텐츠"란 문화유산 보존·관리 및 활용의 효용을 높이기 위하여 문화유산 기록 및 지식·정보·기술 등을 이용한 창작물로서 「문화산업진흥 기본법」 제2조제5호에 따른 디지털콘텐츠 및 같은 조 제7호에 따른 멀티미디어콘텐츠를 말한다. 〈신설 2024. 1. 9.〉

제3조(문화유산보호의 기본원칙) 문화유산의 보존·관리 및 활용은 원형유지를 기본원칙으로 한다. 〈개정 2023. 8. 8.〉

[제목개정 2023. 8. 8.]

제4조(국가와 지방자치단체 등의 책무) ①국가는 문화유산의 보존·관리 및 활용을 위한 종합적인 시책을 수립·추진하여야 한다. 〈개정 2023. 8. 8.〉

②지방자치단체는 국가의 시책과 지역적 특색을 고려하여 문화유산의 보존·관리 및 활용을 위한 시책을 수립·추진하여야 한다. 〈개정 2023. 8. 8.〉

③국가와 지방자치단체는 각종 개발사업을 계획하고 시행하는 경우 문화유산이나 문화유산의 보호물·보호구역 및 역사문화환경이 훼손되지 아니하도록 노력하여야 한다. 〈개정 2023. 8. 8.〉

④국민은 문화유산의 보존·관리를 위하여 국가와 지방자치단체의 시책에 적극 협조하여야 한다. 〈개정 2023. 8. 8.〉

제4조의2(전문인력의 배치 등) ① 지방자치단체의 장은 해당 기관의 문화유산 보존·관리 및 활용을 위한 시책을 수립·시행하기 위하여 소속 공무원 중에서 문화유산전담관을 지정·운영하고, 필요한 문화유산 관리 전문인력을 두어야 한다.

② 지방자치단체의 장은 해당 기관의 문화유산 업무를 수행할 전담부서를 설치하도록 노력하여야 한다.

③ 제1항에 따른 문화유산전담관과 전문인력의 지정·운영 등에 필요한 사항은 대통령령으로 정한다.

[본조신설 2023. 10. 31.]

제5조(다른 법률과의 관계) ① 문화유산의 보존·관리 및 활용에 관하여 다른 법률에 특별한 규정이 있는 경우를 제외하고는 이 법에서 정하는 바에 따른다. 〈개정 2023. 8. 8.〉

② 지정문화유산(제32조에 따른 임시지정문화유산을 포함한다)의 수리·실측·설계·감리와 매장유산의 보호 및 조사, 근현대문화유산의 보존 및 활용에 관하여는 따로 법률로 정한다. 〈개정 2023. 8. 8., 2023. 9. 14.〉

제2장 문화유산 보호 정책의 수립 및 추진 〈개정 2023. 8. 8.〉

제6조(문화유산기본계획의 수립) ① 국가유산청장은 관계 중앙행정기관의 장 및 시·도지사와의 협의를 거쳐 문화유산의 보존·관리 및 활용을 위하여 다음 각 호의 사항이 포함된 종합적인 기본계획(이하 "기본계획"이라 한다)을 5년마다 수립하여야 한다. 〈개정 2012. 1. 26., 2015. 3. 27., 2017. 3. 21., 2019. 11. 26., 2022. 1. 18., 2022. 5. 3., 2023. 8. 8., 2024. 1. 9., 2024. 2. 13.〉

1. 문화유산 보존에 관한 기본방향 및 목표
2. 이전의 기본계획에 관한 분석 평가
3. 문화유산 보수·정비 및 복원에 관한 사항
4. 문화유산의 역사문화환경 보호에 관한 사항
5. 문화유산 안전관리에 관한 사항

5의2. 문화유산 관련 시설 및 구역에서의 감염병 등에 대한 위생·방역 관리에 관한 사항

6. 문화유산 기록정보화에 관한 사항

6의2. 문화유산지능정보화에 관한 사항

6의3. 문화유산디지털콘텐츠에 관한 사항
7. 문화유산 보존에 사용되는 재원의 조달에 관한 사항
7의2. 국외소재문화유산 환수 및 활용에 관한 사항
7의3. 남북한 간 문화유산 교류 협력에 관한 사항
7의4. 문화유산교육에 관한 사항
8. 문화유산의 보존·관리 및 활용 등을 위한 연구개발에 관한 사항
9. 그 밖에 문화유산의 보존·관리 및 활용에 필요한 사항

② 국가유산청장은 기본계획을 수립하는 경우 대통령령으로 정하는 소유자, 관리자 또는 관리단체 및 관련 전문가의 의견을 들어야 한다. 〈개정 2023. 8. 8., 2024. 2. 13.〉

③ 국가유산청장은 기본계획을 수립하면 이를 시·도지사에게 알리고, 관보(官報) 등에 고시하여야 한다. 〈개정 2023. 8. 8., 2024. 2. 13.〉

④ 국가유산청장은 기본계획을 수립하기 위하여 필요하면 시·도지사에게 관할구역의 문화유산에 대한 자료를 제출하도록 요청할 수 있다. 〈개정 2023. 8. 8., 2024. 2. 13.〉

[제목개정 2023. 8. 8.]

제6조의2(문화유산의 연구개발) ① 국가유산청장은 문화유산의 보존·관리 및 활용 등의 연구개발을 효율적으로 추진하기 위하여 고유연구 외에 공동연구 등을 실시할 수 있다. 〈개정 2023. 8. 8., 2024. 2. 13.〉

② 제1항에 따른 공동연구는 분야별 연구과제를 선정하여 대학, 산업체, 지방자치단체, 정부출연연구기관 등과 협약을 맺어 실시한다.

③ 국가유산청장은 제2항에 따른 공동연구의 수행에 필요한 비용의 전부 또는 일부를 예산의 범위에서 출연하거나 지원할 수 있다. 〈개정 2024. 2. 13.〉

④ 제2항에 따른 공동연구의 대상 사업이나 그 밖에 공동연구 수행에 필요한 사항은 대통령령으로 정한다.

[본조신설 2017. 3. 21.]

[제목개정 2023. 8. 8.]

제7조(문화유산 보존 시행계획 수립) ① 국가유산청장 및 시·도지

사는 기본계획에 관한 연도별 시행계획(이하 "시행계획"이라 한다)을 수립 · 시행하여야 한다. 이 경우 시행계획에는 다음 각 호의 사항이 포함되어야 한다. 〈개정 2019. 11. 26., 2023. 8. 8., 2023. 10. 31., 2024. 2. 13.〉

1. 해당 연도의 사업 추진방향에 관한 사항
2. 주요 사업별 추진방침
3. 주요 사업별 세부계획
4. 제4조의2에 따른 전문인력의 배치에 관한 사항
5. 그 밖에 문화유산의 보존 · 관리 및 활용을 위하여 필요한 사항

② 시 · 도지사는 해당 연도의 시행계획 및 전년도의 추진실적을 대통령령으로 정하는 바에 따라 매년 국가유산청장에게 제출하여야 한다. 〈개정 2019. 11. 26., 2024. 2. 13.〉

③ 국가유산청장 및 시 · 도지사는 시행계획을 수립한 때에는 이를 공표하여야 한다. 〈개정 2019. 11. 26., 2024. 2. 13.〉

④ 시행계획의 수립 · 시행 및 제3항에 따른 공표방법 등에 관하여 필요한 사항은 대통령령으로 정한다. 〈개정 2019. 11. 26.〉

[제목개정 2023. 8. 8.]

제7조의2(국회 보고) 국가유산청장은 기본계획, 해당 연도 시행계획 및 전년도 추진실적을 확정한 후 지체 없이 국회 소관 상임위원회에 제출하여야 한다. 〈개정 2023. 8. 8., 2024. 2. 13.〉

[본조신설 2019. 11. 26.]

제8조(문화유산위원회의 설치) ① 문화유산의 보존 · 관리 및 활용에 관한 다음 각 호의 사항을 조사 · 심의하기 위하여 국가유산청에 문화유산위원회를 둔다. 〈개정 2018. 12. 24., 2023. 8. 8., 2023. 9. 14., 2024. 2. 13.〉

1. 기본계획에 관한 사항
2. 국가지정문화유산의 지정과 그 해제에 관한 사항
3. 국가지정문화유산의 보호물 또는 보호구역 지정과 그 해제에 관한 사항
4. 삭제 〈2015. 3. 27.〉
5. 국가지정문화유산의 현상변경에 관한 사항
6. 국가지정문화유산의 국외 반출에 관한 사항
7. 국가지정문화유산의 역사문화환경 보호에 관한 사항

8. 「근현대문화유산의 보존 및 활용에 관한 법률」에 따른 국가등록문화유산의 등록, 등록 말소 및 보존에 관한 사항

8의2. 「근현대문화유산의 보존 및 활용에 관한 법률」에 따른 근현대문화유산지구의 지정, 구역의 변경 및 지정의 해제에 관한 사항

9. 매장유산의 발굴 및 평가에 관한 사항

10. 국가지정문화유산의 보존·관리에 관한 전문적 또는 기술적 사항으로서 중요하다고 인정되는 사항

11. 그 밖에 문화유산의 보존·관리 및 활용 등에 관하여 국가유산청장이 심의에 부치는 사항

② 문화유산위원회 위원은 다음 각 호의 어느 하나에 해당하는 사람 중에서 국가유산청장이 위촉한다. 〈개정 2023. 8. 8., 2024. 2. 13.〉

1. 「고등교육법」에 따른 대학에서 문화유산의 보존·관리 및 활용과 관련된 학과의 부교수 이상에 재직하거나 재직하였던 사람

2. 문화유산의 보존·관리 및 활용과 관련된 업무에 10년 이상 종사한 사람

3. 인류학·사회학·건축·도시계획·관광·환경·법률·종교·언론분야의 업무에 10년 이상 종사한 사람으로서 문화유산에 관한 지식과 경험이 풍부한 전문가

③ 제1항 각 호의 사항에 관하여 문화유산 종류별로 업무를 나누어 조사·심의하기 위하여 문화유산위원회에 분과위원회를 둘 수 있다. 〈개정 2023. 8. 8.〉

④ 제3항에 따른 분과위원회는 조사·심의 등을 위하여 필요한 경우 다른 분과위원회와 함께 위원회(이하 "합동분과위원회"라 한다)를 열 수 있다.

⑤ 분과위원회 또는 합동분과위원회에서 제1항제2호부터 제8호까지, 제8호의2 및 제9호부터 제11호까지에 관하여 조사·심의한 사항은 문화유산위원회에서 조사·심의한 것으로 본다. 〈신설 2017. 11. 28., 2023. 8. 8., 2023. 9. 14.〉

⑥ 문화유산위원회, 분과위원회 및 합동분과위원회는 다음 각 호의 사항을 적은 회의록을 작성하여야 한다. 이 경우 필요하다고 인정되면 속기나 녹음 또는 녹화를 할 수 있다. 〈개정 2017. 11. 28., 2023. 8. 8.〉

1. 회의일시 및 장소
2. 출석위원
3. 심의내용 및 의결사항

⑦ 제6항에 따라 작성된 회의록은 공개하여야 한다. 다만, 특정인의 재산상의 이익에 영향을 미치거나 사생활의 비밀을 침해하는 등 대통령령으로 정하는 경우에는 해당 위원회의 의결로 공개하지 아니할 수 있다. 〈개정 2017. 11. 28.〉

⑧ 문화유산위원회, 분과위원회 및 합동분과위원회의 조직, 분장사항 및 운영 등에 필요한 사항은 대통령령으로 정한다. 〈개정 2017. 11. 28., 2023. 8. 8.〉

⑨ 문화유산위원회에는 국가유산청장이나 각 분과위원회 위원장의 명을 받아 문화유산위원회의 심의사항에 관한 자료수집ㆍ조사 및 연구 등의 업무를 수행하는 비상근 전문위원을 둘 수 있다. 〈신설 2011. 7. 14., 2017. 11. 28., 2023. 8. 8., 2024. 2. 13.〉

⑩ 문화유산위원회 위원 및 전문위원의 수와 임기, 전문위원의 자격 등에 필요한 사항은 대통령령으로 정한다. 〈신설 2011. 7. 14., 2017. 11. 28., 2023. 8. 8.〉

[제목개정 2023. 8. 8.]

제9조 삭제 〈2023. 8. 8.〉

제3장 문화유산 보호의 기반 조성 〈개정 2023. 8. 8.〉

제10조(문화유산 기초조사) ① 국가 및 지방자치단체는 문화유산의 멸실 방지 등을 위하여 현존하는 문화유산의 현황, 관리실태 등에 대하여 조사하고 그 기록을 작성할 수 있다. 〈개정 2023. 8. 8.〉

②국가유산청장 및 지방자치단체의 장은 제1항에 따른 조사를 위하여 필요한 경우 직접 조사하거나 문화유산의 소유자, 관리자 또는 조사ㆍ발굴과 관련된 단체 등에 대하여 관련 자료의 제출을 요구할 수 있다. 〈개정 2023. 8. 8., 2024. 2. 13.〉

③ 국가유산청장 및 지방자치단체의 장은 지정문화유산이 아닌 문화유산에 대하여 조사를 할 경우에는 해당 문화유산의 소유자 또는 관리자의 사전 동의를 받아야 한다. 〈개정 2023. 8. 8., 2024. 2. 13.〉

④ 문화유산 조사의 구체적인 절차와 방법 등에 관하여 필요한

사항은 대통령령으로 정한다. 〈개정 2023. 8. 8.〉

[제목개정 2023. 8. 8.]

제11조(문화유산 정보화의 촉진) ①국가유산청장은 제10조에 따른 조사 자료와 그 밖의 문화유산 보존·관리에 필요한 자료를 효율적으로 활용하고, 국민이 문화유산 정보에 쉽게 접근하고 이용할 수 있도록 문화유산정보체계를 구축·운영하여야 한다. 〈개정 2023. 8. 8., 2024. 2. 13.〉

②국가유산청장은 제1항에 따른 문화유산정보체계 구축을 위하여 관계 중앙행정기관의 장 및 지방자치단체의 장과 박물관·연구소 등 관련 법인 및 단체의 장에게 필요한 자료의 제출을 요청할 수 있다. 이 경우 요청을 받은 자는 특별한 사유가 없으면 이에 따라야 한다. 〈개정 2017. 11. 28., 2023. 8. 8., 2024. 2. 13.〉

③ 국가유산청장은 제2항에 따라 필요한 자료의 제출을 요청하는 경우 관계 중앙행정기관의 장 및 지방자치단체의 장 외의 자에 대하여는 정당한 대가를 지급할 수 있다. 〈신설 2017. 11. 28., 2024. 2. 13.〉

④ 제1항에 따른 문화유산정보체계의 구축 범위·운영절차 및 그 밖에 필요한 사항은 대통령령으로 정한다. 〈개정 2017. 11. 28., 2023. 8. 8.〉

[제목개정 2023. 8. 8.]

제12조(건설공사 시의 문화유산 보호) 건설공사로 인하여 문화유산이 훼손, 멸실 또는 수몰(水沒)될 우려가 있거나 그 밖에 문화유산의 역사문화환경 보호를 위하여 필요한 때에는 그 건설공사의 시행자는 국가유산청장의 지시에 따라 필요한 조치를 하여야 한다. 이 경우 그 조치에 필요한 경비는 그 건설공사의 시행자가 부담한다. 〈개정 2023. 8. 8., 2024. 2. 13.〉

[제목개정 2023. 8. 8.]

제13조(역사문화환경 보존지역의 보호) ① 시·도지사는 지정문화유산(동산에 속하는 문화유산을 제외한다. 이하 이 조에서 같다)의 역사문화환경 보호를 위하여 국가유산청장과 협의하여 조례로 역사문화환경 보존지역을 정하여야 한다. 〈개정 2023. 8. 8., 2024. 2. 13.〉

② 건설공사의 인가·허가 등을 담당하는 행정기관은 지정문화유산의 외곽경계(보호구역이 지정되어 있는 경우에는 보호구역의 경계

를 말한다. 이하 이 조에서 같다)의 외부 지역에서 시행하려는 건설공사로서 제1항에 따라 시·도지사가 정한 역사문화환경 보존지역에서 시행하는 건설공사에 관하여는 그 공사에 관한 인가·허가 등을 하기 전에 「국가유산영향진단법」 제17조에 따른 약식영향진단을 실시하여야 한다. 다만, 「국가유산영향진단법」 제9조에 따른 영향진단을 실시한 경우에는 그러하지 아니하다. 〈개정 2014. 1. 28., 2019. 11. 26., 2023. 8. 8., 2024. 2. 13.〉

③ 역사문화환경 보존지역의 범위는 해당 지정문화유산의 역사적·예술적·학문적·경관적 가치와 그 주변 환경 및 그 밖에 문화유산 보호에 필요한 사항 등을 고려하여 그 외곽경계로부터 500미터 안으로 한다. 다만, 문화유산의 특성 및 입지여건 등으로 인하여 지정문화유산의 외곽경계로부터 500미터 밖에서 건설공사를 하게 되는 경우에 해당 공사가 문화유산에 영향을 미칠 것이 확실하다고 인정되면 500미터를 초과하여 범위를 정할 수 있다. 〈개정 2019. 11. 26., 2023. 8. 8.〉

④ 제27조제2항에 따라 지정된 보호구역이 조정된 경우 시·도지사는 지정문화유산의 보존에 영향을 미치지 않는다고 판단하면 국가유산청장과 협의하여 제3항에 따라 정한 역사문화환경 보존지역의 범위를 기존의 범위대로 유지할 수 있다. 〈신설 2019. 11. 26., 2023. 8. 8., 2024. 2. 13.〉

⑤ 국가유산청장이 국가지정문화유산을 지정하거나 시·도지사가 시·도지정문화유산 및 문화유산자료를 지정하면 그 지정 고시가 있는 날부터 6개월 안에 역사문화환경 보존지역에서 지정문화유산의 보존에 영향을 미칠 우려가 있는 행위에 관한 구체적인 행위기준을 정하여 고시하여야 한다. 〈개정 2024. 2. 13.〉

⑥ 제5항에 따른 구체적인 행위기준을 정하려는 경우 국가유산청장은 시·도지사 또는 시장·군수·구청장(자치구의 구청장을 말한다. 이하 같다)에게, 시·도지사는 시장·군수·구청장에게 필요한 자료 또는 의견을 제출하도록 요구할 수 있다. 〈신설 2014. 1. 28., 2019. 11. 26., 2024. 2. 13.〉

⑦ 제5항에 따른 구체적인 행위기준이 고시된 지역에서 그 행위기준의 범위 안에서 행하여지는 건설공사에 관하여는 제2항에 따른 약식영향진단은 생략한다. 다만, 그 행위기준의 범위를 초과하는 건

설공사에 관하여는 제2항에 따라 약식영향진단을 실시한다. 〈개정 2014. 1. 28., 2019. 11. 26., 2024. 2. 13.〉

⑧ 제6항에 따른 자료 또는 의견 제출절차 등에 필요한 세부 사항은 문화체육관광부령으로 정한다. 〈신설 2014. 1. 28., 2019. 11. 26.〉

제13조의2(주민지원사업 계획 수립ㆍ시행) ① 시ㆍ도지사는 국가유산청장과 협의하여 역사문화환경 보존지역에 거주하는 주민의 생활환경을 개선하고 복리를 증진하기 위한 지원사업(이하 "주민지원사업"이라 한다)에 관한 계획을 수립ㆍ시행할 수 있다. 〈개정 2024. 2. 13.〉

② 주민지원사업의 종류는 다음 각 호와 같다.

1. 복리증진사업
2. 주택수리 등 주거환경 개선사업
3. 도로, 주차장, 상하수도 등 기반시설 개선사업
4. 그 밖에 시ㆍ도지사가 주민지원사업으로서 필요하다고 인정하는 사업

③ 시ㆍ도지사는 주민지원사업 계획 수립 과정에 역사문화환경 보존지역의 주민 의견을 청취하고, 그 의견을 반영하도록 노력하여야 한다.

④ 제1항부터 제3항까지에 따른 주민지원사업에 관한 계획의 수립ㆍ시행 절차, 지원대상ㆍ기준, 의견수렴 절차 등에 필요한 사항은 대통령령으로 정한다.

[본조신설 2023. 10. 31.]

제14조(화재등 방지 시책 수립과 교육훈련ㆍ홍보 실시 등) ① 국가유산청장과 시ㆍ도지사는 지정문화유산 및 「근현대문화유산의 보존 및 활용에 관한 법률」 제2조제2호에 따른 등록문화유산(이하 "등록문화유산"이라 한다)의 화재, 풍수해, 재난 및 도난(이하 "화재등"이라 한다) 방지를 위하여 필요한 시책을 수립하고 이를 시행하여야 한다. 〈개정 2023. 8. 8., 2023. 9. 14., 2024. 1. 23., 2024. 2. 13.〉

② 국가유산청장과 지방자치단체의 장은 문화유산 소유자, 관리자 및 관리단체 등을 대상으로 문화유산 화재등에 대한 초기대응과 평상시 예방관리를 위한 교육 및 문화체육관광부령에 따른 화재등 대

비 훈련을 실시하여야 한다. 〈개정 2023. 8. 8., 2024. 1. 23., 2024. 2. 13.〉

③ 국가유산청장과 지방자치단체의 장은 제2항에 따른 화재등 대비훈련 결과를 토대로 문화유산 화재등의 방지를 위하여 필요한 조치를 하여야 한다. 〈신설 2024. 1. 23., 2024. 2. 13.〉

④ 국가유산청장과 지방자치단체의 장은 문화유산 화재등의 방지를 위한 대국민 홍보를 실시하여야 한다. 〈개정 2023. 8. 8., 2024. 1. 23., 2024. 2. 13.〉

[전문개정 2017. 3. 21.]

[제목개정 2024. 1. 23.]

제14조의2(화재등 대응매뉴얼 마련 등) ① 국가유산청장 및 시·도지사는 지정문화유산 및 등록문화유산의 특성에 따른 화재등 대응매뉴얼을 마련하고, 이를 그 소유자, 관리자 또는 관리단체가 사용할 수 있도록 조치하여야 한다. 〈개정 2023. 8. 8., 2024. 2. 13.〉

② 제1항에 따른 매뉴얼에 포함되어야 할 사항, 매뉴얼을 마련하여야 하는 문화유산의 범위 및 매뉴얼의 정기적 점검·보완 등에 필요한 사항은 대통령령으로 정한다. 〈개정 2023. 8. 8.〉

[본조신설 2017. 3. 21.]

제14조의3(화재등 방지 시설 설치 등) ① 지정문화유산의 소유자, 관리자 및 관리단체는 지정문화유산의 화재예방 및 진화를 위하여 「소방시설 설치 및 관리에 관한 법률」에서 정하는 기준에 따른 소방시설과 재난방지를 위한 시설을 설치하고 유지·관리하여야 하며, 지정문화유산의 도난방지를 위하여 문화체육관광부령으로 정하는 기준에 따라 도난방지장치를 설치하고 유지·관리하도록 노력하여야 한다. 〈개정 2021. 11. 30., 2023. 8. 8.〉

② 제1항의 시설을 설치하고 유지·관리하는 자는 해당 시설과 역사문화환경보존지역이 조화를 이루도록 하여야 한다.

③ 국가유산청장 또는 지방자치단체의 장은 다음 각 호의 어느 하나에 해당하는 시설을 설치 또는 유지·관리하는 자에게 예산의 범위에서 그 소요비용의 전부나 일부를 보조할 수 있다. 〈개정 2024. 2. 13.〉

1. 제1항에 따른 소방시설, 재난방지 시설 또는 도난방지장치
2. 제14조의4제2항에 따른 금연구역과 흡연구역의 표지

[본조신설 2017. 3. 21.]

제14조의4(금연구역의 지정 등) ① 지정문화유산 및 등록문화유산과 그 보호물·보호구역 및 보관시설(이하 이 조에서 "지정문화유산등"이라 한다)의 소유자, 관리자 또는 관리단체는 지정문화유산등 해당 시설 또는 지역 전체를 금연구역으로 지정하여야 한다. 다만, 주거용 건축물은 화재의 우려가 없는 경우에 한정하여 금연구역과 흡연구역을 구분하여 지정할 수 있다. 〈개정 2023. 8. 8.〉

② 지정문화유산등의 소유자, 관리자 또는 관리단체는 제1항에 따른 금연구역과 흡연구역을 알리는 표지를 설치하여야 한다. 〈개정 2023. 8. 8.〉

③ 시·도지사는 제2항을 위반한 자에 대하여 일정한 기간을 정하여 그 시정을 명할 수 있다.

④ 제2항에 따른 금연구역과 흡연구역을 알리는 표지의 설치 기준 및 방법 등은 문화체육관광부령 또는 시·도조례로 정한다.

⑤ 누구든지 제1항에 따른 금연구역에서 흡연을 하여서는 아니 된다.

[본조신설 2017. 3. 21.]

제14조의5(관계 기관 협조 요청) 국가유산청장 또는 지방자치단체의 장은 화재등 방지시설을 점검하거나, 화재등에 대비한 훈련을 하는 경우 또는 화재등에 대한 긴급대응이 필요한 경우에 다음 각 호의 어느 하나에 해당하는 기관 또는 단체의 장에게 필요한 장비 및 인력의 협조를 요청할 수 있으며, 요청을 받은 기관 및 단체의 장은 특별한 사유가 없으면 이에 협조하여야 한다. 〈개정 2023. 8. 8., 2024. 2. 13.〉

1. 소방관서
2. 경찰관서
3. 「재난 및 안전관리 기본법」 제3조제5호의 재난관리책임기관
4. 그 밖에 대통령령으로 정하는 문화유산 보호 관련 기관 및 단체

[본조신설 2017. 3. 21.]

제14조의6(정보의 구축 및 관리) ① 국가유산청장은 화재등 문화유산 피해에 대하여 효과적으로 대응하기 위하여 문화유산 방재 관련 정보를 정기적으로 수집하여 이를 데이터베이스화하여 구축·관리하

여야 한다. 이 경우 국가유산청장은 구축된 정보가 항상 최신으로 유지될 수 있도록 하여야 한다. 〈개정 2023. 8. 8., 2024. 2. 13.〉

② 제1항에 따른 정보의 구축범위 및 운영절차 등 세부사항은 대통령령으로 정한다.

[본조신설 2017. 3. 21.]

제15조(문화유산보호활동의 지원 등) 국가유산청장은 문화유산을 보호·보급하거나 널리 알리기 위하여 필요하다고 인정하면 관련 단체를 지원·육성할 수 있다. 〈개정 2020. 12. 22., 2023. 8. 8., 2024. 2. 13.〉

[제목개정 2023. 8. 8.]

제15조의2(문화유산매매업자 교육) 국가유산청장은 문화유산매매업자 등을 대상으로 문화유산매매업자가 준수하여야 할 사항과 문화유산 관련 소양 등에 관한 교육을 실시하여야 한다. 〈개정 2023. 8. 8., 2024. 2. 13.〉

[본조신설 2020. 6. 9.]

[제목개정 2023. 8. 8.]

제15조의3(장애인의 문화유산 접근성 향상을 위한 지원) ① 국가유산청장 또는 지방자치단체의 장은 장애인이 문화유산에 쉽게 접근할 수 있도록 점자표시, 안내보조 등의 보조서비스 제공 및 편의시설 설치 등 필요한 시책을 마련하여야 한다. 〈개정 2024. 2. 13.〉

② 지정문화유산의 소유자, 관리자 및 관리단체는 제1항의 시책에 따라 장애인 편의시설을 설치할 경우 해당 장애인 편의시설이 문화유산 및 역사문화환경 보존지역과 조화를 이루도록 하여야 한다.

③ 국가유산청장 또는 지방자치단체의 장은 보조서비스를 제공하고 편의시설을 설치하는 지정문화유산의 소유자, 관리자 및 관리단체에게 예산의 범위에서 그 소요비용의 전부나 일부를 보조할 수 있다. 〈개정 2024. 2. 13.〉

[본조신설 2024. 1. 23.]

제16조(문화유산 전문인력의 양성) ① 국가유산청장은 문화유산의 보호 등을 위한 전문인력을 양성할 수 있다. 〈개정 2023. 8. 8., 2024. 2. 13.〉

② 국가유산청장은 제1항의 전문인력 양성을 위하여 필요하다고 인정하면 장학금을 지급할 수 있다. 〈개정 2024. 2. 13.〉

③ 국가유산청장은 제2항의 장학금(이하 “장학금”이라 한다)을 지급받고 있는 사람의 교육이나 연구 상황을 확인하기 위하여 필요하다고 인정하면 성적증명서나 연구실적보고서를 제출하도록 명할 수 있다. 〈개정 2023. 8. 8., 2024. 2. 13.〉

④ 장학금을 지급받고 있는 사람 또는 받은 사람은 수학이나 연구의 중단, 내용 변경 등 문화체육관광부령으로 정하는 사유가 발생하면 지체 없이 국가유산청장에게 신고하여야 한다. 〈개정 2023. 8. 8., 2024. 2. 13.〉

⑤ 국가유산청장은 수학이나 연구의 중단, 내용변경, 실적저조 등 문화체육관광부령으로 정하는 사유가 발생하면 장학금 지급을 중지하거나 반환을 명할 수 있다. 〈개정 2024. 2. 13.〉

⑥ 제1항부터 제5항까지의 규정에 따른 장학금 지급 대상자, 장학금 지급 신청, 장학금 지급 중지 또는 반환 등에 필요한 사항은 문화체육관광부령으로 정한다.

[제목개정 2023. 8. 8.]

제17조 삭제 〈2023. 8. 8.〉

제17조의2 삭제 〈2015. 3. 27.〉

제18조 삭제 〈2023. 8. 8.〉

제19조 삭제 〈2023. 8. 8.〉

제20조 삭제 〈2023. 8. 8.〉

제21조(비상시의 문화유산보호) ① 국가유산청장은 전시ㆍ사변 또는 이에 준하는 비상사태 시 문화유산의 보호에 필요하다고 인정하면 국유문화유산과 국유 외의 지정문화유산 및 제32조에 따른 임시지정문화유산을 안전한 지역으로 이동ㆍ매몰 또는 그 밖에 필요한 조치를 하거나 해당 문화유산의 소유자, 보유자, 점유자, 관리자 또는 관리단체에 대하여 그 문화유산을 안전한 지역으로 이동ㆍ매몰 또는 그 밖에 필요한 조치를 하도록 명할 수 있다. 〈개정 2019. 11. 26., 2023. 8. 8., 2024. 2. 13.〉

② 국가유산청장은 전시ㆍ사변 또는 이에 준하는 비상사태 시 문화유산 보호를 위하여 필요하면 제39조에도 불구하고 이를 국외로 반출할 수 있다. 이 경우에는 미리 국무회의의 심의를 거쳐야 한다. 〈개정 2023. 8. 8., 2024. 2. 13.〉

③ 제1항에 따른 조치 또는 명령의 이행으로 인하여 손실을 받은

자에 대한 보상에 관하여는 제46조를 준용한다. 다만, 전쟁의 피해 등 불가항력으로 인한 경우에는 예외로 한다. 〈개정 2020. 12. 22.〉

[제목개정 2023. 8. 8.]

제22조(지원 요청) 국가유산청장이나 그 명령을 받은 공무원은 제21조제1항의 조치를 위하여 필요하면 관계 기관의 장에게 필요한 지원을 요청할 수 있다. 〈개정 2024. 2. 13.〉

제22조의2(문화유산교육의 진흥을 위한 정책의 추진) 국가와 지방자치단체는 문화유산교육의 진흥을 위하여 다음 각 호의 사항에 관한 정책을 수립하고 시행하기 위하여 노력하여야 한다. 〈개정 2023. 8. 8.〉

1. 문화유산교육의 진흥을 위한 기반 구축
2. 문화유산교육 프로그램 및 교육자료의 개발·보급
3. 문화유산교육 관련 전문인력의 양성 및 지원
4. 「유아교육법」 제22조 및 「초·중등교육법」 제21조에 따른 교원에 대한 문화유산교육의 지원
5. 문화유산교육 진흥을 위한 재원조달 방안
6. 그 밖에 문화유산교육 진흥을 위하여 필요한 사항

[본조신설 2019. 11. 26.]

[제목개정 2023. 8. 8.]

제22조의3(문화유산교육의 실태조사) ① 국가유산청장은 문화유산교육 관련 정책의 수립·시행을 위하여 문화유산교육 현황 등에 대한 실태조사를 실시할 수 있다. 〈개정 2023. 8. 8., 2024. 2. 13.〉

② 제1항의 실태조사의 범위와 방법, 그 밖에 필요한 사항은 대통령령으로 정한다.

[본조신설 2019. 11. 26.]

[제목개정 2023. 8. 8.]

제22조의4(문화유산교육지원센터의 지정 등) ① 국가유산청장은 지역 문화유산교육을 활성화하기 위하여 문화유산교육을 목적으로 하거나 문화유산교육을 실시할 능력이 있다고 인정되는 기관 또는 단체를 문화유산교육지원센터(이하 "지원센터"라 한다)로 지정할 수 있다. 〈개정 2023. 8. 8., 2024. 2. 13.〉

② 지원센터는 다음 각 호의 사업을 수행한다. 〈개정 2023. 8. 8., 2024. 2. 13.〉

1. 지역 문화유산교육 인력의 연수 및 활용
2. 지역 실정에 맞는 문화유산교육 프로그램 및 문화유산교육 교재의 개발과 운영
3. 지역 문화유산교육 관련 기관 또는 단체 간의 협력망 구축 및 운영
4. 소외계층 등 지역주민에 대한 문화유산교육
5. 지역 문화유산교육을 활성화하기 위하여 국가유산청장이 위탁하는 사업
6. 그 밖에 지역 실정에 맞는 문화유산교육을 하기 위하여 필요한 사업

③ 국가유산청장은 제1항에 따라 지정된 지원센터가 다음 각 호의 어느 하나에 해당하는 경우에는 대통령령으로 정하는 바에 따라 그 지정을 취소하거나 6개월의 범위에서 그 업무의 정지를 명할 수 있다. 다만, 제1호에 해당하는 경우에는 그 지정을 취소하여야 한다. 〈개정 2024. 2. 13.〉

1. 거짓이나 그 밖의 부정한 방법으로 지정을 받은 경우
2. 지정요건을 충족하지 못한 경우
3. 업무수행능력이 현저히 부족하다고 인정하는 경우

④ 국가유산청장은 대통령령으로 정하는 바에 따라 문화유산교육에 관한 업무를 지원센터 및 그 밖에 대통령령으로 정하는 기관에 위탁할 수 있다. 〈개정 2023. 8. 8., 2024. 2. 13.〉

⑤ 국가 및 지방자치단체는 지원센터에 대하여 예산의 범위에서 사업 수행에 필요한 비용의 전부 또는 일부를 지원할 수 있다.

⑥ 그 밖에 지원센터의 지정요건 및 운영 등에 필요한 사항은 대통령령으로 정한다.

[본조신설 2019. 11. 26.]

[제목개정 2023. 8. 8.]

제22조의5(문화유산교육의 지원) ① 국가 및 지방자치단체는 국민들의 문화유산에 대한 이해와 관심을 높이기 위하여 문화유산교육 내용의 연구·개발 및 문화유산교육 활동을 위한 시설·장비를 지원할 수 있다. 〈개정 2023. 8. 8.〉

② 국가 및 지방자치단체는 문화유산교육의 지원을 위하여 예산의 범위에서 그 사업비의 전부 또는 일부를 보조할 수 있다. 〈개정

2023. 8. 8.〉

[본조신설 2019. 11. 26.]

[제목개정 2023. 8. 8.]

제22조의6(문화유산교육 프로그램의 개발·보급 및 인증 등) ① 국가유산청장 및 지방자치단체는 모든 국민에게 다양한 문화유산교육의 기회를 제공하기 위하여 문화유산교육 프로그램을 개발·보급할 수 있다. 〈개정 2023. 8. 8., 2024. 2. 13.〉

② 문화유산교육 프로그램을 개발·운영하는 자는 국가유산청장에게 문화유산교육 프로그램에 대한 인증을 신청할 수 있다. 〈개정 2023. 8. 8., 2024. 2. 13.〉

③ 국가유산청장은 제2항에 따라 인증을 신청한 문화유산교육 프로그램이 교육내용·교육과목·교육시설 등 문화체육관광부령으로 정하는 인증기준에 부합하는 경우 이를 인증할 수 있다. 〈개정 2023. 8. 8., 2024. 2. 13.〉

④ 제3항에 따른 인증의 유효기간은 인증을 받은 날부터 3년으로 한다.

⑤ 제3항에 따라 인증을 받은 자는 해당 문화유산교육 프로그램에 대하여 문화체육관광부령으로 정하는 바에 따라 인증표시를 할 수 있다. 〈개정 2023. 8. 8.〉

⑥ 누구든지 제3항에 따른 인증을 받지 아니한 문화유산교육 프로그램에 대하여 제5항의 인증표시를 하거나 이와 비슷한 표시를 하여서는 아니 된다. 〈개정 2023. 8. 8.〉

⑦ 그 밖에 문화유산교육 프로그램 인증에 필요한 사항은 문화체육관광부령으로 정한다. 〈개정 2023. 8. 8.〉

[본조신설 2019. 11. 26.]

[제목개정 2023. 8. 8.]

제22조의7(문화유산교육 프로그램 인증의 취소) 국가유산청장은 제22조의6제3항에 따라 인증한 문화유산교육 프로그램이 다음 각 호의 어느 하나에 해당하는 경우에는 그 인증을 취소할 수 있다. 다만, 제1호에 해당하는 경우에는 이를 취소하여야 한다. 〈개정 2023. 8. 8., 2024. 2. 13.〉

1. 거짓이나 그 밖의 부정한 방법으로 인증 받은 경우
2. 제22조의6제3항에 따른 인증기준에 적합하지 아니한 경우

[본조신설 2019. 11. 26.]
[제목개정 2023. 8. 8.]

제22조의8(지정문화유산 등의 기증) ① 지정문화유산 및 등록문화유산의 소유자는 국가유산청에 해당 문화유산을 기증할 수 있다. 〈개정 2023. 8. 8., 2024. 2. 13.〉

② 국가유산청장은 제1항에 따라 문화유산을 기증받는 경우에는 제3항에 따라 설치된 문화유산수증심의위원회의 심의를 거쳐 수증 여부를 결정하여야 한다. 〈개정 2023. 8. 8., 2024. 2. 13.〉

③ 지정문화유산 및 등록문화유산의 소유자가 기증하는 문화유산의 수증 여부를 결정하기 위하여 국가유산청에 문화유산수증심의위원회를 두며, 문화유산수증심의위원회의 구성 및 운영 등에 필요한 사항은 대통령령으로 정한다. 〈개정 2023. 8. 8., 2024. 2. 13.〉

④ 국가유산청장은 제1항에 따른 문화유산의 기증이 있을 때에는 「기부금품의 모집 및 사용에 관한 법률」에도 불구하고 이를 접수할 수 있다. 〈개정 2023. 8. 8., 2024. 2. 13.〉

⑤ 국가유산청장은 제1항에 따른 기증에 현저한 공로가 있는 자에 대하여 시상(施賞)을 하거나 「상훈법」에 따른 서훈을 추천할 수 있으며, 문화유산 관련 전시회 개최 등의 예우를 할 수 있다. 〈개정 2023. 8. 8., 2024. 2. 13.〉

⑥ 제1항에 따른 기증의 절차, 관리 · 운영방법 및 제5항에 따른 추천 및 예우 등에 필요한 사항은 문화체육관광부령으로 정한다.

[본조신설 2020. 6. 9.]
[제목개정 2023. 8. 8.]

제3장의2 문화유산지능정보화 기반 구축 〈개정 2023. 8. 8.〉

제22조의9(문화유산지능정보화 정책의 추진) ① 국가유산청장은 객관적이고 과학적인 문화유산의 보존 · 관리 및 활용 등을 위하여 문화유산지능정보화 정책을 수립하고 시행하여야 한다. 〈개정 2023. 8. 8., 2024. 2. 13.〉

② 제1항에 따른 문화유산지능정보화 정책의 수립 · 시행 등에 관하여 필요한 사항은 대통령령으로 정한다. 〈개정 2023. 8. 8.〉

[본조신설 2022. 1. 18.]
[제목개정 2023. 8. 8.]

제22조의10(문화유산데이터 관련 사업의 추진) ① 국가유산청장은 문화유산지능정보화의 효율적 추진을 위하여 다음 각 호의 사업을 추진할 수 있다. 〈개정 2023. 8. 8., 2024. 2. 13.〉

1. 문화유산데이터의 생산 · 수집 · 저장 · 가공 · 분석 · 제공 및 활용
2. 문화유산데이터의 이용 활성화 및 유통체계 구축
3. 문화유산데이터에 관한 기술개발의 추진
4. 문화유산데이터의 표준화 및 품질제고
5. 그 밖에 문화유산데이터의 생산 · 수집 · 분석 · 유통 · 활용 등에 필요한 사항

② 국가유산청장은 제1항에 따라 관리하는 문화유산데이터에 대한 메타데이터(데이터의 체계적인 관리와 편리한 검색 및 활용을 위하여 데이터의 구조, 속성, 특성, 이력 등을 표현한 자료를 말한다. 이하 같다) 및 데이터관계도(데이터 간의 관계를 나타낸 그림을 말한다)를 체계적으로 관리하여야 한다. 〈개정 2023. 8. 8., 2024. 2. 13.〉

③ 국가유산청장은 문화유산데이터의 효율적 관리를 위하여 전문인력을 양성하거나 국가기관, 지방자치단체 및 대학 등과 연계하여 공동활용체계를 구축하고, 이를 지원 · 육성할 수 있다. 〈개정 2023. 8. 8., 2024. 2. 13.〉

④ 제3항에 따른 대상 · 내용 및 방법 등에 관하여 필요한 사항은 대통령령으로 정한다.

[본조신설 2022. 1. 18.]

[제목개정 2023. 8. 8.]

제22조의11(문화유산지능정보기술의 개발 등) ① 국가유산청장은 문화유산지능정보화의 효율적 추진을 위하여 다음 각 호의 사업을 추진할 수 있다. 〈개정 2023. 8. 8., 2024. 2. 13.〉

1. 문화유산지능정보기술의 개발 및 보급
2. 문화유산지능정보기술의 표준화
3. 문화유산지능정보기술 개발에 필요한 데이터의 수집 · 분석 · 가공
4. 문화유산지능정보기술의 관리 및 활용을 위한 정보체계의 구축 · 운영
5. 그 밖에 문화유산지능정보기술의 개발 · 관리 · 활용 등에 필요한 사항

② 국가유산청장은 문화유산지능정보기술의 지속적 발전을 위하여

문화유산지능정보기술을 개발하는 대학, 정부출연연구기관, 법인 또는 단체(이하 "대학등"이라 한다)와 협력체계를 구축하고, 예산의 범위에서 지원할 수 있다. 〈개정 2023. 8. 8., 2024. 2. 13.〉

③ 제2항에 따른 지원의 대상·내용 및 방법 등에 관하여 필요한 사항은 대통령령으로 정한다.

[본조신설 2022. 1. 18.]

[제목개정 2023. 8. 8.]

제22조의12(문화유산지능정보서비스플랫폼의 구축·운영) ① 국가유산청장은 문화유산지능정보화의 추진을 위하여 다음 각 호의 사항을 포함한 문화유산지능정보서비스플랫폼을 구축·운영하여야 한다. 〈개정 2023. 8. 8., 2024. 2. 13.〉

1. 문화유산데이터 및 메타데이터의 체계적인 관리

2. 문화유산지능정보기술의 개발·관리·활용 등

3. 문화유산데이터 및 메타데이터의 분석 등을 통한 문화유산 보존·관리 및 활용 관련 정책 수립, 의사결정 지원, 관련 산업 지원, 문화유산 활용 활성화 지원 등

4. 그 밖에 문화유산지능정보서비스플랫폼 구축·운영에 필요한 사항

② 국가유산청장은 문화유산지능정보서비스플랫폼의 구축을 위하여 필요한 경우 계약 또는 업무협약 등을 통하여 대학등에 해당 대학등이 생성하거나 취득하여 관리하는 데이터를 제공하여 줄 것을 요청할 수 있다. 〈개정 2023. 8. 8., 2024. 2. 13.〉

③ 국가유산청장은 문화유산지능정보서비스플랫폼의 효율적 운영을 위하여 국가기관, 지방자치단체 및 대학등에서 구축·운영하고 있는 데이터 관리에 관한 시스템을 상호 연계할 수 있다. 이 경우 해당 국가기관, 지방자치단체 및 대학등의 장과 사전에 협의하여야 한다. 〈개정 2023. 8. 8., 2024. 2. 13.〉

④ 제2항에 따른 계약 또는 업무협약의 내용 및 절차, 제3항에 따른 시스템의 상호 연계 및 사전 협의에 필요한 사항은 대통령령으로 정한다.

[본조신설 2022. 1. 18.]

[제목개정 2023. 8. 8.]

제22조의13(업무의 위탁) ① 국가유산청장은 제22조의10제1항·제

2항, 제22조의11제1항 및 제22조의12제1항의 업무를 대통령령으로 정하는 바에 따라 법인 또는 단체에 위탁할 수 있다. 〈개정 2024. 2. 13.〉

② 국가유산청장은 제1항에 따라 업무를 위탁받은 법인 또는 단체가 해당 업무를 원활하게 수행할 수 있도록 필요한 지원을 할 수 있다. 〈개정 2024. 2. 13.〉

[본조신설 2022. 1. 18.]

제3장의3 문화유산디지털콘텐츠의 보급 활성화 〈신설 2024. 1. 9.〉

제22조의14(문화유산디지털콘텐츠 정책의 추진) ① 국가와 지방자치단체는 문화유산디지털콘텐츠의 수집·개발·활용 등 보급 활성화를 위한 정책을 수립하고 추진하여야 한다.

② 제1항에 따른 정책을 수립·추진할 때에는 다음 각 호의 원칙에 따라야 한다.

1. 모든 국민이 문화유산디지털콘텐츠를 이용·활용할 수 있도록 노력할 것
2. 지식재산권 등 타인의 권리를 침해하지 아니할 것
3. 개인정보의 보호 및 안전을 확보할 것

③ 국가유산청장은 문화유산디지털콘텐츠 관련 정책을 효과적으로 수립·추진하기 위하여 국민, 대학, 법인 및 단체를 대상으로 문화유산디지털콘텐츠의 이용수요, 이용현황, 애로사항 등을 조사할 수 있다. 〈개정 2024. 2. 13.〉

[본조신설 2024. 1. 9.]

제22조의15(문화유산디지털콘텐츠의 수집) ① 국가유산청장은 문화유산디지털콘텐츠의 수집을 위하여 문화유산디지털콘텐츠의 소유자 또는 관리자에게 그 소유·관리 목록의 제출을 요청할 수 있다. 〈개정 2024. 2. 13.〉

② 국가유산청장은 이용 활성화의 가치가 높다고 인정되는 문화유산디지털콘텐츠를 그 권리자와의 협의를 통하여 제공받거나 정당한 대가를 지급하여 구입할 수 있다. 〈개정 2024. 2. 13.〉

③ 제1항 및 제2항에 따른 문화유산디지털콘텐츠의 수집 등에 필요한 사항은 대통령령으로 정한다.

[본조신설 2024. 1. 9.]

제22조의16(문화유산디지털콘텐츠의 개발) ① 국가유산청장은 문화유산디지털콘텐츠의 개발을 위하여 다음 각 호의 사업을 추진할 수 있다. 〈개정 2024. 2. 13.〉

1. 문화유산디지털콘텐츠 관련 기술의 연구 및 기술수준에 관한 조사
2. 문화유산디지털콘텐츠의 제작 및 개발
3. 그 밖에 문화유산디지털콘텐츠의 개발을 위하여 필요한 사항

② 국가유산청장은 문화유산디지털콘텐츠를 제작 또는 개발하는 대학·법인 또는 단체 등을 예산의 범위에서 지원할 수 있다. 〈개정 2024. 2. 13.〉

③ 제2항에 따른 지원의 대상·절차 등에 관하여 필요한 사항은 대통령령으로 정한다.

[본조신설 2024. 1. 9.]

제22조의17(문화유산디지털콘텐츠의 공공정보 이용 촉진) ① 국가유산청장과 지방자치단체의 장은 보유·관리하는 정보 중 「공공기관의 정보공개에 관한 법률」 제9조에 따른 비공개 대상 정보를 제외한 정보(이하 "공공정보"라 한다)를 공개하는 때에는 대학이나 법인 또는 단체 등으로 하여금 해당 정보를 문화유산디지털콘텐츠 제작·개발에 이용하도록 할 수 있다. 이 경우 「저작권법」에 따라 이용허락이 필요한 경우에는 미리 이용허락을 받아야 한다. 〈개정 2024. 2. 13.〉

② 국가유산청장과 지방자치단체의 장은 제1항에 따른 공공정보의 이용 촉진을 위하여 대통령령으로 정하는 바에 따라 그 이용 조건·방법 등을 정하고 이를 공개하여야 한다. 〈개정 2024. 2. 13.〉

[본조신설 2024. 1. 9.]

제22조의18(문화유산디지털콘텐츠의 협동개발·연구 촉진) ① 국가유산청장은 문화유산디지털콘텐츠의 개발·연구를 위하여 인력, 시설, 기자재, 자금 및 정보 등의 공동활용을 통한 협동개발과 협동연구를 촉진시킬 수 있도록 노력하여야 한다. 〈개정 2024. 2. 13.〉

② 국가유산청장은 제1항에 따른 협동개발과 협동연구를 추진하는 자에 대하여 그 소요되는 비용의 전부 또는 일부를 지원할 수 있다. 〈개정 2024. 2. 13.〉

[본조신설 2024. 1. 9.]

제22조의19(문화유산디지털콘텐츠의 이용 활성화) 국가유산청장은 문화유산디지털콘텐츠 이용 활성화를 위하여 다음 각 호의 사업을 추진할 수 있다. 〈개정 2024. 2. 13.〉

1. 제22조의20에 따른 문화유산디지털콘텐츠플랫폼의 구축 및 운영
2. 영상 문화유산디지털콘텐츠의 개발·보급을 위한 방송채널 운영
3. 문화유산디지털콘텐츠 이용을 위한 공간 조성 및 운영
4. 문화유산디지털콘텐츠 이용 활성화를 위한 포럼 및 세미나 개최
5. 그 밖에 문화유산디지털콘텐츠의 이용 활성화에 필요한 사업

[본조신설 2024. 1. 9.]

제22조의20(문화유산디지털콘텐츠플랫폼의 구축·운영) ① 국가유산청장은 모든 국민이 문화유산디지털콘텐츠를 자유롭게 이용·활용 및 공유할 수 있도록 문화유산디지털콘텐츠플랫폼을 구축·운영할 수 있다. 〈개정 2024. 2. 13.〉

② 국가유산청장은 관계 중앙행정기관의 장 및 지방자치단체의 장에게 문화유산디지털콘텐츠플랫폼의 구축과 운영에 필요한 문화유산디지털콘텐츠의 연계·제공 등의 협력을 요청할 수 있다. 〈개정 2024. 2. 13.〉

③ 그 밖에 문화유산디지털콘텐츠플랫폼의 구축·운영과 이용·활용의 촉진 등에 필요한 사항은 대통령령으로 정한다.

[본조신설 2024. 1. 9.]

제22조의21(문화유산디지털콘텐츠의 복제 등) ① 국가유산청장은 제22조의20에 따른 문화유산디지털콘텐츠플랫폼의 문화유산디지털콘텐츠 전부 또는 일부를 복제 또는 간행하여 판매 또는 배포하거나 이용자에게 복제 또는 출력하여 제공할 수 있다. 다만, 다른 법령에서 제공이 금지되거나 「저작권법」에 따라 보호되는 권리에 대한 이용허락이 없는 문화유산디지털콘텐츠는 그러하지 아니하다. 〈개정 2024. 2. 13.〉

② 국가유산청장은 대통령령으로 정하는 바에 따라 문화유산디지털콘텐츠플랫폼의 문화유산디지털콘텐츠를 복제 또는 출력하여 활용하려는 이용자로부터 수수료를 받을 수 있다. 〈개정 2024. 2. 13.〉

[본조신설 2024. 1. 9.]

제22조의22(업무의 위탁) ① 국가유산청장은 제22조의20에 따른 문화유산디지털콘텐츠플랫폼의 운영 업무를 대통령령으로 정하는 바에

따라 법인 또는 단체에 위탁할 수 있다. 〈개정 2024. 2. 13.〉

② 국가유산청장은 제1항에 따라 업무를 위탁받은 법인 또는 단체가 해당 업무를 원활하게 수행할 수 있도록 필요한 행정적·재정적 지원을 할 수 있다. 〈개정 2024. 2. 13.〉

[본조신설 2024. 1. 9.]

제22조의23(문화유산디지털콘텐츠의 국제협력) 국가유산청장은 문화유산디지털콘텐츠의 이용 활성화 등에 관한 국제적 동향을 파악하고, 다음 각 호에 관한 국제협력을 추진할 수 있다. 〈개정 2024. 2. 13.〉

1. 문화유산디지털콘텐츠 관련 기술과 인력의 국제교류 지원
2. 문화유산디지털콘텐츠 국제표준화와 국제공동연구개발사업 등의 지원
3. 문화유산디지털콘텐츠와 관련된 민간부문의 국제협력 지원
4. 그 밖에 문화유산디지털콘텐츠의 국제협력을 위하여 필요한 사항

[본조신설 2024. 1. 9.]

제22조의24(문화유산디지털콘텐츠 소외계층 지원) 국가유산청장은 경제적·지역적·신체적 또는 사회적 여건으로 인하여 문화유산디지털콘텐츠에 자유롭게 접근하거나 문화유산디지털콘텐츠를 이용하기 어려운 사회적 약자들이 편리하게 문화유산디지털콘텐츠를 이용할 수 있도록 필요한 시책을 수립·시행하여야 한다. 〈개정 2024. 2. 13.〉

[본조신설 2024. 1. 9.]

제4장 국가지정문화유산 〈개정 2023. 8. 8.〉

제1절 지정

제23조(보물 및 국보의 지정) ① 국가유산청장은 문화유산위원회의 심의를 거쳐 유형문화유산 중 중요한 것을 보물로 지정할 수 있다. 〈개정 2023. 8. 8., 2024. 2. 13.〉

② 국가유산청장은 제1항의 보물에 해당하는 문화유산 중 인류문화의 관점에서 볼 때 그 가치가 크고 유례가 드문 것을 문화유산위원회의 심의를 거쳐 국보로 지정할 수 있다. 〈개정 2023. 8. 8., 2024. 2. 13.〉

③ 제1항과 제2항에 따른 보물과 국보의 지정기준과 절차 등에 필요한 사항은 대통령령으로 정한다.

제24조 삭제 〈2023. 8. 8.〉

제25조(사적의 지정) ① 국가유산청장은 문화유산위원회의 심의를 거쳐 기념물 중 중요한 것을 사적으로 지정할 수 있다. 〈개정 2024. 2. 13.〉

② 제1항에 따른 사적의 지정기준과 절차 등에 필요한 사항은 대통령령으로 정한다.

[전문개정 2023. 8. 8.]

제26조(국가민속문화유산 지정) ① 국가유산청장은 문화유산위원회의 심의를 거쳐 민속문화유산 중 중요한 것을 국가민속문화유산으로 지정할 수 있다. 〈개정 2017. 3. 21., 2023. 8. 8., 2024. 2. 13.〉

② 제1항에 따른 국가민속문화유산의 지정기준과 절차 등에 필요한 사항은 대통령령으로 정한다. 〈개정 2017. 3. 21., 2023. 8. 8.〉

[제목개정 2017. 3. 21., 2023. 8. 8.]

제27조(보호물 또는 보호구역의 지정) ① 국가유산청장은 제23조·제25조 또는 제26조에 따른 지정을 할 때 문화유산 보호를 위하여 특히 필요하면 이를 위한 보호물 또는 보호구역을 지정할 수 있다. 〈개정 2023. 8. 8., 2024. 2. 13.〉

② 국가유산청장은 인위적 또는 자연적 조건의 변화 등으로 인하여 조정이 필요하다고 인정하면 제1항에 따라 지정된 보호물 또는 보호구역을 조정할 수 있다. 〈개정 2024. 2. 13.〉

③ 국가유산청장은 제1항 및 제2항에 따라 보호물 또는 보호구역을 지정하거나 조정한 때에는 지정 또는 조정 후 매 10년이 되는 날 이전에 다음 각 호의 사항을 고려하여 그 지정 및 조정의 적정성을 검토하여야 한다. 다만, 특별한 사정으로 인하여 적정성을 검토하여야 할 시기에 이를 할 수 없는 경우에는 대통령령으로 정하는 기간까지 그 검토시기를 연기할 수 있다. 〈개정 2023. 8. 8., 2024. 2. 13.〉

1. 해당 문화유산의 보존가치
2. 보호물 또는 보호구역의 지정이 재산권 행사에 미치는 영향
3. 보호물 또는 보호구역의 주변 환경

④ 제1항부터 제3항까지의 규정에 따른 지정, 조정 및 적정성 검토 등에 필요한 사항은 대통령령으로 정한다.

제28조(지정의 고시 및 통지) ① 국가유산청장이 제23조, 제25조부터 제27조까지의 규정에 따라 국가지정문화유산(보호물과 보호구역을 포함한다)를 지정하면 그 취지를 관보에 고시하고, 지체 없이 해당 문화유산의 소유자에게 알려야 한다. 〈개정 2015. 3. 27., 2023. 8. 8., 2024. 2. 13.〉

② 제1항의 경우 그 문화유산의 소유자가 없거나 분명하지 아니하면 그 점유자 또는 관리자에게 이를 알려야 한다. 〈개정 2023. 8. 8.〉

[제목개정 2015. 3. 27.]

제29조(지정서의 교부) ① 국가유산청장은 제23조나 제26조에 따라 국보, 보물 또는 국가민속문화유산을 지정하면 그 소유자에게 해당 문화유산의 지정서를 내주어야 한다. 〈개정 2017. 3. 21., 2023. 8. 8., 2024. 2. 13.〉

② 삭제 〈2015. 3. 27.〉

[제목개정 2015. 3. 27.]

제30조(지정의 효력 발생 시기) 제23조, 제25조부터 제27조까지의 규정에 따른 지정은 그 문화유산의 소유자, 점유자 또는 관리자에 대하여는 관보에 고시한 날부터 그 효력을 발생한다. 〈개정 2015. 3. 27., 2023. 8. 8.〉

[제목개정 2015. 3. 27.]

제31조(지정의 해제) ① 국가유산청장은 제23조·제25조 또는 제26조에 따라 지정된 문화유산이 국가지정문화유산으로서의 가치를 상실하거나 가치평가를 통하여 지정을 해제할 필요가 있을 때에는 문화유산위원회의 심의를 거쳐 그 지정을 해제할 수 있다. 〈개정 2023. 8. 8., 2024. 2. 13.〉

② 삭제 〈2015. 3. 27.〉

③ 삭제 〈2015. 3. 27.〉

④ 국가유산청장은 제27조제3항에 따른 검토 결과 보호물 또는 보호구역 지정이 적정하지 아니하거나 그 밖에 특별한 사유가 있으면 보호물 또는 보호구역 지정을 해제하거나 그 범위를 조정하여야 한다. 국가지정문화유산 지정이 해제된 경우에는 지체 없이 해당 문

화유산의 보호물 또는 보호구역 지정을 해제하여야 한다. 〈개정 2023. 8. 8., 2024. 2. 13.〉

⑤ 제1항 및 제4항에 따른 문화유산 지정의 해제에 관한 고시 및 통지와 그 효력 발생시기에 관하여는 제28조 및 제30조를 준용한다. 〈개정 2015. 3. 27., 2023. 8. 8.〉

⑥ 국보, 보물 또는 국가민속문화유산의 소유자가 제5항과 제28조에 따른 해제 통지를 받으면 그 통지를 받은 날부터 30일 이내에 해당 문화유산 지정서를 국가유산청장에게 반납하여야 한다. 〈개정 2017. 3. 21., 2023. 8. 8., 2024. 2. 13.〉

⑦ 삭제 〈2015. 3. 27.〉

[제목개정 2015. 3. 27.]

제32조(임시지정) ① 국가유산청장은 제23조 · 제25조 또는 제26조에 따라 지정할 만한 가치가 있다고 인정되는 문화유산이 지정 전에 원형보존을 위한 긴급한 필요가 있고 문화유산위원회의 심의를 거칠 시간적 여유가 없으면 중요문화유산으로 임시지정할 수 있다. 〈개정 2019. 11. 26., 2023. 8. 8., 2024. 2. 13.〉

② 제1항에 따른 임시지정의 효력은 임시지정된 문화유산(이하 "임시지정문화유산"이라 한다)의 소유자, 점유자 또는 관리자에게 통지한 날부터 발생한다. 〈개정 2019. 11. 26., 2023. 8. 8.〉

③ 제1항에 따른 임시지정은 임시지정한 날부터 6개월 이내에 제23조 · 제25조 또는 제26조에 따른 지정이 없으면 해제된 것으로 본다. 〈개정 2019. 11. 26.〉

④ 제1항에 따른 임시지정의 통지와 임시지정서의 교부에 관하여는 제28조와 제29조제1항을 준용하되, 제28조제1항에 따른 관보 고시는 하지 아니한다. 〈개정 2019. 11. 26.〉

[제목개정 2019. 11. 26.]

제2절 보존 · 관리 및 활용 〈개정 2023. 8. 8.〉

제33조(소유자관리의 원칙) ① 국가지정문화유산의 소유자는 선량한 관리자의 주의로써 해당 문화유산을 보호하여야 한다. 〈개정 2023. 8. 8.〉

② 국가지정문화유산의 소유자는 필요에 따라 그에 대리하여 그 문화유산을 보호할 관리자를 선임할 수 있다. 〈개정 2023. 8. 8.〉

제34조(관리단체에 의한 관리) ① 국가유산청장은 국가지정문화유산의 소유자가 분명하지 아니하거나 그 소유자 또는 관리자에 의한 관리가 곤란하거나 적당하지 아니하다고 인정하면 해당 국가지정문화유산 관리를 위하여 지방자치단체나 그 문화유산을 관리하기에 적당한 법인 또는 단체를 관리단체로 지정할 수 있다. 이 경우 국유에 속하는 국가지정문화유산 중 국가가 직접 관리하지 아니하는 문화유산의 관리단체는 관할 특별자치시, 특별자치도 또는 시·군·구(자치구를 말한다. 이하 같다)가 된다. 다만, 문화유산이 2개 이상의 시·군·구에 걸쳐 있는 경우에는 관할 특별시·광역시·도(특별자치시와 특별자치도는 제외한다)가 관리단체가 된다. 〈개정 2014. 1. 28., 2023. 8. 8., 2024. 2. 13.〉

② 관리단체로 지정된 지방자치단체는 국가유산청장과 협의하여 그 문화유산을 관리하기에 적당한 법인 또는 단체에 해당 문화유산의 관리 업무를 위탁할 수 있다. 〈개정 2023. 8. 8., 2024. 2. 13.〉

③ 국가유산청장은 제1항 전단에 따라 관리단체를 지정할 경우에 그 문화유산의 소유자나 지정하려는 지방자치단체, 법인 또는 단체의 의견을 들어야 한다. 〈개정 2023. 8. 8., 2024. 2. 13.〉

④ 국가유산청장이 제1항에 따라 관리단체를 지정하면 지체 없이 그 취지를 관보에 고시하고, 국가지정문화유산의 소유자 또는 관리자와 해당 관리단체에 이를 알려야 한다. 〈개정 2023. 8. 8., 2024. 2. 13.〉

⑤ 누구든지 제1항에 따라 지정된 관리단체의 관리행위를 방해하여서는 아니 된다. 〈개정 2014. 1. 28.〉

⑥ 관리단체가 국가지정문화유산을 관리할 때 필요한 운영비 등 경비는 이 법에 특별한 규정이 없으면 해당 관리단체의 부담으로 하되, 관리단체가 부담능력이 없으면 국가나 지방자치단체가 예산의 범위에서 이를 지원할 수 있다. 〈개정 2016. 2. 3., 2023. 8. 8.〉

⑦ 제1항에 따른 관리단체 지정의 효력 발생 시기에 관하여는 제30조를 준용한다.

제34조의2(국가에 의한 특별관리) ① 국가유산청장은 국가지정문화유산에 대하여 제34조제1항에도 불구하고 소유자·관리자 또는 관리단체에 의한 관리가 곤란하거나 적당하지 아니하다고 인정하면 문화유산위원회의 심의를 거쳐 해당 문화유산을 특별히 직접 보호할

수 있다. <개정 2023. 8. 8., 2024. 2. 13.>

② 제1항에 따른 국가지정문화유산의 보호에 필요한 경비는 국가가 부담한다. <개정 2023. 8. 8.>

[본조신설 2014. 1. 28.]

제35조(허가사항) ① 국가지정문화유산에 대하여 다음 각 호의 어느 하나에 해당하는 행위를 하려는 자는 대통령령으로 정하는 바에 따라 국가유산청장의 허가를 받아야 하며, 허가사항을 변경하려는 경우에도 국가유산청장의 허가를 받아야 한다. 다만, 국가지정문화유산 보호구역에 안내판 및 경고판을 설치하는 행위 등 대통령령으로 정하는 경미한 행위에 대해서는 특별자치시장, 특별자치도지사, 시장·군수 또는 구청장의 허가(변경허가를 포함한다)를 받아야 한다. <개정 2014. 1. 28., 2015. 3. 27., 2017. 11. 28., 2019. 11. 26., 2020. 12. 22., 2021. 5. 18., 2023. 3. 21., 2023. 8. 8., 2024. 2. 13.>

1. 국가지정문화유산(보호물 및 보호구역을 포함한다)의 현상을 변경하는 행위로서 대통령령으로 정하는 행위

2. 국가지정문화유산(동산에 속하는 문화유산은 제외한다)의 보존에 영향을 미칠 우려가 있는 행위로서 대통령령으로 정하는 행위

3. 국가지정문화유산을 탁본 또는 영인(影印: 원본을 사진 등의 방법으로 복제하는 것)하거나 그 보존에 영향을 미칠 우려가 있는 촬영 행위로서 대통령령으로 정하는 행위

4. 삭제 <2023. 3. 21.>

② 국가지정문화유산과 시·도지정문화유산의 역사문화환경 보존지역이 중복되는 지역에서 제1항제2호에 따라 국가유산청장이나 특별자치시장, 특별자치도지사, 시장·군수 또는 구청장의 허가를 받은 경우에는 제74조제2항에 따른 시·도지사의 허가를 받은 것으로 본다. <개정 2014. 1. 28., 2023. 8. 8., 2024. 2. 13.>

③ 국가유산청장은 제1항제2호에 따른 국가지정문화유산의 보존에 영향을 미칠 우려가 있는 행위에 관하여 허가한 사항 중 대통령령으로 정하는 경미한 사항의 변경허가에 관하여는 시·도지사에게 위임할 수 있다. <개정 2014. 1. 28., 2023. 8. 8., 2024. 2. 13.>

④ 국가유산청장과 특별자치시장, 특별자치도지사, 시장·군수 또는 구청장은 제1항에 따른 허가 또는 변경허가의 신청을 받은 날부

터 30일(제8조에 따른 문화유산위원회의 심의기간 등 대통령령으로 정하는 기간은 포함하지 아니한다) 이내에 허가 여부를 신청인에게 통지하여야 한다. 다만, 제8조에 따른 문화유산위원회의 심의를 거치는 경우에는 심의가 종료된 날부터 7일 이내에 그 결과를 신청인에게 통지하여야 한다. 〈신설 2018. 6. 12., 2024. 1. 23., 2024. 2. 13.〉

⑤ 국가유산청장과 특별자치시장, 특별자치도지사, 시장·군수 또는 구청장이 제4항에서 정한 기간 내에 허가 또는 변경허가 여부나 민원 처리 관련 법령에 따른 처리기간의 연장을 신청인에게 통지하지 아니하면 그 기간(민원 처리 관련 법령에 따라 처리기간이 연장 또는 재연장된 경우에는 해당 처리기간을 말한다)이 끝난 날의 다음 날에 허가 또는 변경허가를 한 것으로 본다. 〈신설 2018. 6. 12., 2024. 2. 13.〉

제36조(허가기준) ①국가유산청장과 특별자치시장, 특별자치도지사, 시장·군수 또는 구청장은 제35조제1항에 따라 허가신청을 받으면 그 허가신청 대상 행위가 다음 각 호의 기준에 맞는 경우에만 허가하여야 한다. 〈개정 2014. 1. 28., 2019. 11. 26., 2023. 8. 8., 2024. 2. 13.〉

1. 문화유산의 보존과 관리에 영향을 미치지 아니할 것
2. 문화유산의 역사문화환경을 훼손하지 아니할 것
3. 기본계획과 시행계획에 들어맞을 것

② 국가유산청장과 특별자치시장, 특별자치도지사, 시장·군수 또는 구청장은 제1항에 따른 허가를 위하여 필요한 경우 대통령령으로 정하는 바에 따라 관계 전문가에게 조사를 하게 할 수 있다. 〈신설 2014. 1. 28., 2024. 2. 13.〉

제37조(허가사항의 취소) ① 국가유산청장은 제35조제1항 본문, 같은 조 제3항, 제39조제1항 단서, 같은 조 제3항 및 제48조제5항에 따라 허가를 받은 자가 다음 각 호의 어느 하나에 해당하는 경우에는 허가를 취소할 수 있다. 〈개정 2014. 1. 28., 2016. 2. 3., 2018. 6. 12., 2024. 2. 13.〉

1. 허가사항이나 허가조건을 위반한 때
2. 속임수나 그 밖의 부정한 방법으로 허가를 받은 때
3. 허가사항의 이행이 불가능하거나 현저히 공익을 해할 우려가

있다고 인정되는 때

② 특별자치시장, 특별자치도지사, 시장·군수 또는 구청장은 제35조제1항 단서에 따라 허가를 받은 자가 제1항 각 호의 어느 하나에 해당하는 경우에는 허가를 취소할 수 있다. 〈신설 2014. 1. 28.〉

③ 제35조제1항에 따라 허가를 받은 자가 착수신고를 하지 아니하고 허가기간이 지난 때에는 그 허가가 취소된 것으로 본다. 〈개정 2014. 1. 28.〉

제38조 삭제 〈2023. 3. 21.〉

제39조(수출 등의 금지) ① 국보, 보물 또는 국가민속문화유산은 국외로 수출하거나 반출할 수 없다. 다만, 문화유산의 국외 전시, 조사·연구 등 국제적 문화교류를 목적으로 반출하되, 그 반출한 날부터 2년 이내에 다시 반입할 것을 조건으로 국가유산청장의 허가를 받으면 그러하지 아니하다. 〈개정 2023. 8. 8., 2024. 1. 23., 2024. 2. 13.〉

② 제1항 단서에 따라 문화유산의 국외 반출을 허가받으려는 자는 반출 예정일 5개월 전에 관세청장이 운영·관리하는 전산시스템을 통하여 문화체육관광부령으로 정하는 반출허가신청서를 국가유산청장에게 제출하여야 한다. 〈신설 2016. 2. 3., 2019. 11. 26., 2023. 8. 8., 2024. 2. 13.〉

③ 국가유산청장은 제1항 단서에 따라 반출을 허가받은 자가 그 반출 기간의 연장을 신청하면 당초 반출목적 달성이나 문화유산의 안전 등을 위하여 필요하다고 인정되는 경우 제4항에 따른 심사기준에 부합하는 경우에 한정하여 2년의 범위에서 그 반출 기간의 연장을 허가할 수 있다. 〈개정 2016. 2. 3., 2023. 8. 8., 2024. 2. 13.〉

④ 제1항 단서 및 제3항에 따른 국외 반출 또는 반출 기간의 연장을 허가하기 위한 구체적 심사기준은 문화체육관광부령으로 정한다. 〈신설 2016. 2. 3.〉

⑤ 국가유산청장은 제1항 단서에 따라 국외 반출을 허가받은 자에게 해당 문화유산의 현황 및 보존·관리 실태 등의 자료를 제출하도록 요구할 수 있다. 이 경우 요구를 받은 자는 특별한 사유가 없으면 이에 따라야 한다. 〈신설 2017. 11. 28., 2023. 8. 8., 2024.

2. 13.〉

⑥ 삭제 〈2023. 3. 21.〉

⑦ 삭제 〈2023. 3. 21.〉

⑧ 삭제 〈2023. 3. 21.〉

제40조(신고 사항) ① 국가지정문화유산(보호물과 보호구역을 포함한다. 이하 이 조에서 같다)의 소유자, 관리자 또는 관리단체는 해당 문화유산에 다음 각 호의 어느 하나에 해당하는 사유가 발생하면 대통령령으로 정하는 바에 따라 그 사실과 경위를 국가유산청장에게 신고하여야 한다. 다만, 제35조제1항 단서에 따라 허가를 받고 그 행위를 착수하거나 완료한 경우에는 특별자치시장, 특별자치도지사, 시장·군수 또는 구청장에게 신고하여야 한다. 〈개정 2014. 1. 28., 2015. 3. 27., 2017. 11. 28., 2023. 3. 21., 2023. 8. 8., 2024. 2. 13.〉

1. 관리자를 선임하거나 해임한 경우
2. 국가지정문화유산의 소유자가 변경된 경우
3. 소유자 또는 관리자의 성명이나 주소가 변경된 경우
4. 국가지정문화유산의 소재지의 지명, 지번, 지목(地目), 면적 등이 변경된 경우
5. 보관 장소가 변경된 경우
6. 국가지정문화유산의 전부 또는 일부가 멸실, 유실, 도난 또는 훼손된 경우
7. 제35조제1항제1호에 따라 허가(변경허가를 포함한다)를 받고 그 문화유산의 현상변경을 착수하거나 완료한 경우
8. 제39조제1항에 따라 허가받은 문화유산을 반출한 후 이를 다시 반입한 경우
9. 삭제 〈2023. 3. 21.〉

9의2. 삭제 〈2023. 3. 21.〉

9의3. 삭제 〈2023. 3. 21.〉

② 제1항에 따른 신고를 하는 때에는 같은 항 제1호의 경우 소유자와 관리자가, 같은 항 제2호의 경우에는 신·구 소유자가 각각 신고서에 함께 서명하여야 한다. 〈신설 2014. 1. 28.〉

③ 역사문화환경 보존지역에서 건설공사를 시행하는 자는 해당 역사문화환경 보존지역에서 제35조제1항제2호에 따라 허가(변경허가

를 포함한다)를 받고 허가받은 사항을 착수 또는 완료한 경우에는 대통령령으로 정하는 바에 따라 그 사실과 경위를 국가유산청장에게 신고하여야 한다. 다만, 제35조제1항 단서에 따라 허가를 받고 그 행위를 착수하거나 완료한 경우에는 특별자치시장, 특별자치도지사, 시장·군수 또는 구청장에게 신고하여야 한다. 〈개정 2014. 1. 28., 2024. 2. 13.〉

제41조 삭제 〈2023. 3. 21.〉

제42조(행정명령) ① 국가유산청장이나 지방자치단체의 장은 국가지정문화유산(보호물과 보호구역을 포함한다. 이하 이 조에서 같다)과 그 역사문화환경 보존지역의 보존·관리를 위하여 필요하다고 인정하면 다음 각 호의 사항을 명할 수 있다. 〈개정 2015. 3. 27., 2023. 8. 8., 2024. 2. 13.〉

1. 국가지정문화유산의 관리 상황이 그 문화유산의 보존상 적당하지 아니하거나 특히 필요하다고 인정되는 경우 그 소유자, 관리자 또는 관리단체에 대한 일정한 행위의 금지나 제한

2. 국가지정문화유산의 소유자, 관리자 또는 관리단체에 대한 수리, 그 밖에 필요한 시설의 설치나 장애물의 제거

3. 국가지정문화유산의 소유자, 관리자 또는 관리단체에 대한 문화유산 보존에 필요한 긴급한 조치

4. 제35조제1항 각 호에 따른 허가를 받지 아니하고 국가지정문화유산의 현상을 변경하거나 보존에 영향을 미칠 우려가 있는 행위 등을 한 자에 대한 행위의 중지 또는 원상회복 조치

② 국가유산청장 또는 지방자치단체의 장은 국가지정문화유산의 소유자, 관리자 또는 관리단체가 제1항제1호부터 제3호까지의 규정에 따른 명령을 이행하지 아니하거나 그 소유자, 관리자, 관리단체에 제1항제1호부터 제3호까지의 조치를 하게 하는 것이 적당하지 아니하다고 인정되면 국가의 부담으로 직접 제1항제1호부터 제3호까지의 조치를 할 수 있다. 〈개정 2015. 3. 27., 2023. 8. 8., 2024. 2. 13.〉

③ 국가유산청장 또는 지방자치단체의 장은 제1항제4호에 따른 명령을 받은 자가 명령을 이행하지 아니하는 경우 「행정대집행법」에서 정하는 바에 따라 대집행하고, 그 비용을 명령 위반자로부터 징수할 수 있다. 〈개정 2024. 2. 13.〉

④ 지방자치단체의 장은 제1항에 따른 명령을 하면 국가유산청장에게 보고하여야 한다. 〈개정 2024. 2. 13.〉

제43조(기록의 작성·보존) ① 국가유산청장과 해당 특별자치시장, 특별자치도지사, 시장·군수 또는 구청장 및 관리단체의 장은 국가지정문화유산의 보존·관리 및 변경 사항 등에 관한 기록을 작성·보존하여야 한다. 〈개정 2014. 1. 28., 2023. 8. 8., 2024. 2. 13.〉

② 국가유산청장은 국가지정문화유산의 보존·관리를 위하여 필요하다고 인정하면 문화유산에 관한 전문적 지식이 있는 자나 연구기관에 국가지정문화유산의 기록을 작성하게 할 수 있다. 〈개정 2023. 8. 8., 2024. 2. 13.〉

제44조(정기조사) ① 국가유산청장은 국가지정문화유산의 현상, 관리, 그 밖의 보존상황 등에 관하여 정기적으로 조사하여야 한다. 〈개정 2015. 3. 27., 2023. 8. 8., 2024. 2. 13.〉

② 국가유산청장은 제1항에 따른 정기조사 후 보다 깊이 있는 조사가 필요하다고 인정하면 그 소속 공무원에게 해당 국가지정문화유산에 대하여 재조사하게 할 수 있다. 〈개정 2023. 8. 8., 2024. 2. 13.〉

③ 제1항과 제2항에 따라 조사하는 경우에는 미리 그 문화유산의 소유자, 관리자, 관리단체에 대하여 그 뜻을 알려야 한다. 다만, 긴급한 경우에는 사후에 그 취지를 알릴 수 있다. 〈개정 2015. 3. 27., 2023. 8. 8.〉

④ 제1항과 제2항에 따라 조사를 하는 공무원은 소유자, 관리자, 관리단체에 문화유산의 공개, 현황자료의 제출, 문화유산 소재장소 출입 등 조사에 필요한 범위에서 협조를 요구할 수 있으며, 그 문화유산의 현상을 훼손하지 아니하는 범위에서 측량, 발굴, 장애물의 제거, 그 밖에 조사에 필요한 행위를 할 수 있다. 다만, 해 뜨기 전이나 해 진 뒤에는 소유자, 관리자, 관리단체의 동의를 받아야 한다. 〈개정 2015. 3. 27., 2023. 8. 8.〉

⑤ 제4항에 따라 조사를 하는 공무원은 그 권한을 표시하는 증표를 지니고 이를 관계인에게 내보여야 한다.

⑥ 국가유산청장은 제1항과 제2항에 따른 정기조사와 재조사의 전부 또는 일부를 대통령령으로 정하는 바에 따라 지방자치단체에 위임하거나 전문기관 또는 단체에 위탁할 수 있다. 〈개정 2024. 2. 13.〉

⑦ 국가유산청장은 제1항 및 제2항에 따른 정기조사·재조사의

결과를 다음 각 호의 국가지정문화유산의 관리에 반영하여야 한다. 〈개정 2023. 8. 8., 2024. 2. 13.〉

1. 문화유산의 지정과 그 해제
2. 보호물 또는 보호구역의 지정과 그 해제
3. 삭제 〈2015. 3. 27.〉
4. 문화유산의 수리
5. 문화유산 보존을 위한 행위의 제한·금지 또는 시설의 설치·제거 및 이전
6. 그 밖에 관리에 필요한 사항

제45조(직권에 의한 조사) ① 국가유산청장은 필요하다고 인정하면 그 소속 공무원에게 국가지정문화유산의 현상, 관리, 그 밖의 보존 상황에 관하여 조사하게 할 수 있다. 〈개정 2015. 3. 27., 2023. 8. 8., 2024. 2. 13.〉

② 제1항에 따라 직권에 의한 조사를 하는 경우 조사통지, 조사의 협조요구, 조사를 위하여 필요한 행위범위, 조사 증표 휴대 및 제시 등에 관하여는 제44조제3항부터 제5항까지의 규정을 준용한다. 〈개정 2023. 8. 8.〉

제45조의2(소재불명 등 국가지정문화유산의 공고) 국가유산청장은 국가지정문화유산의 소유자, 관리자, 관리단체의 소재를 알 수 없거나, 국가지정문화유산의 유실·도난 등이 확인된 경우에는 해당 문화유산의 목록과 그 사유를 인터넷 홈페이지에 공고하여야 한다. 〈개정 2024. 2. 13.〉

[본조신설 2024. 1. 23.]

제46조(손실의 보상) ① 국가는 다음 각 호의 어느 하나에 해당하는 자에 대하여는 그 손실을 보상하여야 한다. 〈개정 2020. 12. 8.〉

1. 제42조제1항제1호부터 제3호까지의 규정에 따른 명령을 이행하여 손실을 받은 자
2. 제42조제2항에 따른 조치로 인하여 손실을 받은 자
3. 제44조제4항(제45조제2항에 따라 준용되는 경우를 포함한다)에 따른 조사행위로 인하여 손실을 받은 자

② 제1항에 따른 손실보상의 구체적인 대상 및 절차 등에 관하여 필요한 사항은 대통령령으로 정한다. 〈신설 2020. 12. 8.〉

제47조(임시지정문화유산에 관한 허가사항 등의 준용) 임시지정문화

유산의 보호에 관하여는 제35조제1항, 제37조, 제39조, 제40조제1항(같은 항 제2호부터 제4호까지 및 제6호부터 제8호까지에 한정한다), 제40조제2항, 제42조제1항제1호 · 제3호 및 제46조를 준용한다. 〈개정 2014. 1. 28., 2019. 11. 26., 2023. 8. 8.〉

[제목개정 2019. 11. 26., 2023. 8. 8.]

제3절 공개 및 관람료

제48조(국가지정문화유산의 공개 등) ① 국가지정문화유산은 제2항에 따라 해당 문화유산의 공개를 제한하는 경우 외에는 특별한 사유가 없으면 이를 공개하여야 한다. 〈개정 2015. 3. 27., 2023. 8. 8.〉

② 국가유산청장은 국가지정문화유산의 보존과 훼손 방지를 위하여 필요하면 해당 문화유산의 전부나 일부에 대하여 공개를 제한할 수 있다. 이 경우 국가유산청장은 해당 문화유산의 소유자(관리단체가 지정되어 있으면 그 관리단체를 말한다)의 의견을 들어야 한다. 〈개정 2023. 8. 8., 2024. 2. 13.〉

③ 국가유산청장은 제2항에 따라 국가지정문화유산의 공개를 제한하면 해당 문화유산이 있는 지역의 위치, 공개가 제한되는 기간 및 지역 등을 문화체육관광부령으로 정하는 바에 따라 고시하고, 해당 문화유산의 소유자 · 관리자 또는 관리단체, 관할 시 · 도지사와 시장 · 군수 또는 구청장에게 알려야 한다. 〈개정 2023. 8. 8., 2024. 2. 13.〉

④ 국가유산청장은 제2항에 따른 공개 제한의 사유가 소멸하면 지체 없이 제한 조치를 해제하여야 한다. 이 경우 국가유산청장은 문화체육관광부령으로 정하는 바에 따라 이를 고시하고 해당 문화유산의 소유자 · 관리자 또는 관리단체, 관할 시 · 도지사와 시장 · 군수 또는 구청장에게 알려야 한다. 〈개정 2023. 8. 8., 2024. 2. 13.〉

⑤ 제2항과 제3항에 따라 공개가 제한되는 지역에 출입하려는 자는 그 사유를 명시하여 국가유산청장의 허가를 받아야 한다. 〈개정 2024. 2. 13.〉

⑥ 국가유산청장은 제5항에 따른 허가의 신청을 받은 날부터 30일 이내에 허가 여부를 신청인에게 통지하여야 한다. 〈신설 2018. 6. 12., 2024. 2. 13.〉

⑦ 국가유산청장이 제6항에서 정한 기간 내에 허가 여부 또는 민원 처리 관련 법령에 따른 처리기간의 연장을 신청인에게 통지하지 아니하면 그 기간(민원 처리 관련 법령에 따라 처리기간이 연장 또는 재연장된 경우에는 해당 처리기간을 말한다)이 끝난 날의 다음 날에 허가를 한 것으로 본다. 〈신설 2018. 6. 12., 2024. 2. 13.〉

[제목개정 2023. 8. 8.]

제49조(관람료의 징수 및 감면) ① 국가지정문화유산의 소유자는 그 문화유산을 공개하는 경우 관람자로부터 관람료를 징수할 수 있다. 다만, 관리단체가 지정된 경우에는 관리단체가 징수권자가 된다. 〈개정 2015. 3. 27., 2023. 8. 8.〉

② 제1항에 따른 관람료는 해당 국가지정문화유산의 소유자 또는 관리단체가 정한다. 〈개정 2015. 3. 27., 2023. 8. 8.〉

③ 국가 또는 지방자치단체는 제1항에도 불구하고 국가가 관리하는 국가지정문화유산의 경우 문화체육관광부령으로, 지방자치단체가 관리하는 국가지정문화유산의 경우 조례로 각각 정하는 바에 따라 지역주민 등에 대하여 관람료를 감면할 수 있다. 〈신설 2014. 1. 28., 2023. 8. 8.〉

④ 국가 또는 지방자치단체는 국가 또는 지방자치단체가 아닌 국가지정문화유산의 소유자 또는 관리단체가 제1항에 따른 관람료를 감면하는 경우 국가지정문화유산 관리를 위하여 대통령령으로 정하는 바에 따라 감면된 관람료에 해당하는 비용을 지원할 수 있다. 〈신설 2022. 5. 3., 2023. 8. 8.〉

[제목개정 2014. 1. 28.]

제50조 삭제 〈2015. 3. 27.〉

제4절 보조금 및 경비 지원

제51조(보조금) ① 국가는 다음 각 호의 경비의 전부나 일부를 보조할 수 있다. 〈개정 2023. 8. 8.〉

1. 제34조제1항에 따른 관리단체가 그 문화유산을 관리할 때 필요한 경비
2. 제42조제1항제1호부터 제3호까지에 따른 조치에 필요한 경비
3. 제1호와 제2호의 경우 외에 국가지정문화유산의 보존·관리 및 활용 또는 기록 작성을 위하여 필요한 경비

4. 삭제 〈2015. 3. 27.〉

② 국가유산청장은 제1항에 따른 보조를 하는 경우 그 문화유산의 수리나 그 밖의 공사를 감독할 수 있다. 〈개정 2023. 8. 8., 2024. 2. 13.〉

③ 제1항제2호 및 제3호의 경비에 대한 보조금은 시·도지사를 통하여 교부하고, 그 지시에 따라 관리·사용하게 한다. 다만, 국가유산청장이 필요하다고 인정하면 소유자, 관리자, 관리단체에게 직접 교부하고, 그 지시에 따라 관리·사용하게 할 수 있다. 〈개정 2015. 3. 27., 2024. 2. 13.〉

제52조(지방자치단체의 경비 부담) 지방자치단체는 그 관할구역에 있는 국가지정문화유산으로서 지방자치단체가 소유하거나 관리하지 아니하는 문화유산에 대한 보존·관리 및 활용 등에 필요한 경비를 부담하거나 보조할 수 있다. 〈개정 2023. 8. 8.〉

제5장 삭제 〈2023. 9. 14.〉

제53조 삭제 〈2023. 9. 14.〉

제54조 삭제 〈2023. 9. 14.〉

제55조 삭제 〈2023. 9. 14.〉

제56조 삭제 〈2023. 9. 14.〉

제57조 삭제 〈2023. 9. 14.〉

제58조 삭제 〈2023. 9. 14.〉

제59조 삭제 〈2023. 9. 14.〉

제6장 일반동산문화유산 〈개정 2023. 8. 8.〉

제60조(일반동산문화유산 수출 등의 금지) ① 이 법에 따라 지정 또는 「근현대문화유산의 보존 및 활용에 관한 법률」에 따라 등록되지 아니한 문화유산 중 동산에 속하는 문화유산(이하 "일반동산문화유산"이라 한다)에 관하여는 제39조제1항과 제3항을 준용한다. 다만, 일반동산문화유산의 국외전시, 조사·연구 등 국제적 문화교류를 목적으로 다음 각 호의 어느 하나에 해당하는 사항으로서 국가유산청장의 허가를 받은 경우에는 그러하지 아니하다. 〈개정 2016. 2. 3., 2023. 8. 8., 2023. 9. 14., 2024. 1. 23., 2024. 2. 13.〉

1. 「박물관 및 미술관 진흥법」에 따라 설립된 박물관 등이 외국의

박물관 등에 일반동산문화유산을 반출한 날부터 10년 이내에 다시 반입하는 경우

2. 외국 정부가 인증하는 박물관이나 문화유산 관련 단체가 문화유산 보호시설을 갖춘 자국의 박물관, 공공연구 기관 등에서 전시, 조사·연구 목적으로 국내에서 일반동산문화유산을 구입 또는 기증받아 반출하는 경우

② 국가유산청장은 제1항 단서에 따라 허가를 받은 자가 제37조제1항 각 호의 어느 하나에 해당하는 경우에는 허가를 취소할 수 있다. 〈개정 2024. 2. 13.〉

③ 제1항제2호에 따른 일반동산문화유산의 수출이나 반출에 관한 절차 등에 필요한 사항은 문화체육관광부령으로 정한다. 〈개정 2023. 8. 8.〉

④ 제1항 단서에 따라 허가받은 자는 허가된 일반동산문화유산을 반출한 후 이를 다시 반입한 경우 문화체육관광부령으로 정하는 바에 따라 국가유산청장에게 신고하여야 한다. 〈개정 2021. 5. 18., 2023. 8. 8., 2024. 2. 13.〉

⑤ 일반동산문화유산으로 오인될 우려가 있는 동산을 국외로 수출하거나 반출하려면 미리 국가유산청장의 확인을 받아야 한다. 〈개정 2023. 8. 8., 2024. 2. 13.〉

⑥ 제1항 및 제5항에 따른 일반동산문화유산의 범위와 확인 등에 필요한 사항은 대통령령으로 정한다. 〈개정 2023. 8. 8.〉

⑦ 국가유산청장은 제1항 단서(제1호의 경우에 한정한다)에 따라 반출을 허가받은 자가 그 반출 기간의 연장을 신청하면 당초 반출 목적 달성이나 문화유산의 안전 등을 위하여 필요하다고 인정되는 경우 제8항에 따른 심사기준에 부합하는 경우에 한정하여 당초 반출한 날부터 10년의 범위에서 그 반출 기간의 연장을 허가할 수 있다. 〈신설 2021. 5. 18., 2023. 8. 8., 2024. 2. 13.〉

⑧ 제1항 단서 및 제7항에 따른 일반동산문화유산의 국외 반출·수출 및 반출·수출 기간의 연장을 허가하기 위한 구체적 심사기준은 문화체육관광부령으로 정한다. 〈신설 2021. 5. 18., 2023. 8. 8.〉

⑨ 국가유산청장은 제1항 단서에 따라 국외 반출·수출을 허가받은 자에게 해당 문화유산의 현황 및 보존·관리 실태 등의 자료를 제출하도록 요구할 수 있다. 이 경우 요구를 받은 자는 특별한 사유

가 없으면 이에 따라야 한다. 〈신설 2021. 5. 18., 2023. 8. 8., 2024. 2. 13.〉

[제목개정 2023. 8. 8.]

제60조의2(문화유산감정위원의 배치 등) ① 국가유산청장은 문화유산의 불법반출 방지 및 국외 반출 동산에 대한 감정 등에 관한 업무를 수행하기 위하여 「공항시설법」 제2조제3호에 따른 공항, 「항만법」 제2조제2호의 무역항, 「관세법」 제256조제2항의 통관우체국 등에 문화유산감정위원을 배치할 수 있다. 〈개정 2016. 3. 29., 2023. 8. 8., 2024. 2. 13.〉

② 제1항에 따른 문화유산감정위원의 배치·운영 등에 필요한 사항은 대통령령으로 정한다. 〈개정 2023. 8. 8.〉

[본조신설 2015. 3. 27.]

[제목개정 2023. 8. 8.]

제61조(일반동산문화유산에 관한 조사) ① 국가유산청장은 필요하다고 인정하면 그 소속 공무원으로 하여금 국가기관 또는 지방자치단체가 소장하고 있는 일반동산문화유산에 관한 현상, 관리, 그 밖의 보존상황에 관하여 조사하게 할 수 있다. 이 경우 해당 국가기관 또는 지방자치단체의 장은 조사에 협조하여야 한다. 〈개정 2023. 8. 8., 2024. 2. 13.〉

② 국가유산청장은 제1항에 따라 조사한 결과 문화유산의 보존·관리가 적절하지 아니하다고 인정되면 해당 기관의 장에게 문화유산에 관한 보존·관리 방안을 마련하도록 요청할 수 있다. 〈개정 2023. 8. 8., 2024. 2. 13.〉

③ 제2항에 따라 국가유산청장의 요청을 받은 국가기관 또는 지방자치단체의 장은 해당 문화유산에 관한 보존·관리 방안을 마련하여 대통령령으로 정하는 바에 따라 국가유산청장에게 보고하여야 한다. 〈개정 2023. 8. 8., 2024. 2. 13.〉

④ 제1항에 따라 국가유산청장이 조사를 하는 경우 조사의 통지, 조사의 협조요구, 그 밖에 조사에 필요한 사항 등에 관하여는 제44조제3항부터 제5항까지의 규정을 준용한다. 〈개정 2024. 2. 13.〉

[제목개정 2023. 8. 8.]

제61조의2(건조물 등에 포장되어 있는 일반동산문화유산의 발견신고 등) ① 건조물 등에 포장(包藏)되어 있는 일반동산문화유산의 발

견자나 그 건조물 등의 소유자·점유자 또는 관리자는 그 현상을 변경하지 말고 대통령령으로 정하는 바에 따라 그 발견된 사실을 국가유산청장에게 신고하여야 한다. 〈개정 2024. 2. 13.〉

② 제1항에 따라 발견신고된 일반동산문화유산의 처리방법, 소유권 판정 및 국가귀속 등에 필요한 사항은 「매장유산 보호 및 조사에 관한 법률」 제18조부터 제20조까지를 준용한다.

③ 제2항에도 불구하고 제1항에 따라 발견신고된 일반동산문화유산의 소유권을 판정하는 경우 해당 일반동산문화유산이 발견된 건조물 등을 소유 또는 점유한 자가 제1항에 따른 발견신고 후 90일 이내에 그 일반동산문화유산의 소유자임을 주장하면서 그 건조물 등을 계속하여 소유 또는 점유(승계하여 소유 또는 점유하는 경우를 포함한다)하고 있음을 역사고증 등 대통령령으로 정하는 방법으로 증명하는 때에는 그 소유권 판정 결과 정당한 소유자가 있는 것으로 판정된 경우를 제외하고는 그 건조물 등의 소유자 또는 점유자를 해당 일반동산문화유산의 소유자로 추정한다.

[본조신설 2023. 9. 14.]

제7장 국유문화유산에 관한 특례 〈개정 2023. 8. 8.〉

제62조(관리청과 총괄청) ① 국유에 속하는 문화유산(이하 "국유문화유산"이라 한다)는 「국유재산법」 제8조와 「물품관리법」 제7조에도 불구하고 국가유산청장이 관리·총괄한다. 다만, 국유문화유산이 국가유산청장 외의 중앙관서의 장(「국가재정법」에 따른 중앙행정기관의 장을 말한다. 이하 같다)이 관리하고 있는 행정재산(行政財産)인 경우 또는 국가유산청장 외의 중앙관서의 장이 관리하여야 할 특별한 필요가 있는 것인 경우에는 국가유산청장은 관계 기관의 장 및 기획재정부장관과 협의하여 그 관리청을 정한다. 〈개정 2023. 8. 8., 2024. 2. 13.〉

② 국가유산청장은 제1항 단서에 따라 관리청을 정할 때에는 문화유산위원회의 의견을 들어야 한다. 〈개정 2023. 8. 8., 2024. 2. 13.〉

③ 국가유산청장은 제1항 단서에 해당하지 아니하는 국유문화유산의 관리를 지방자치단체에 위임하거나 비영리법인 또는 법인 아닌 비영리단체에 위탁할 수 있다. 이 경우 국유문화유산의 관리로 인하

여 생긴 수익은 관리를 위임받거나 위탁받은 자의 수입으로 한다. 〈개정 2023. 8. 8., 2024. 2. 13.〉

제63조(회계 간의 무상관리전환) 국유문화유산을 국가유산청장이 관리하기 위하여 소속을 달리하는 회계로부터 관리전환을 받을 때에는 「국유재산법」 제17조에도 불구하고 무상으로 할 수 있다. 〈개정 2023. 8. 8., 2024. 2. 13.〉

제64조(절차 및 방법의 특례) ① 국가유산청장이 제62조제1항 단서에 따라 그 관리청이 따로 정하여진 국유문화유산을 국가지정문화유산으로 지정 또는 임시지정하거나 그 지정이나 임시지정을 해제하는 경우 이 법에 따라 행하는 해당 문화유산의 소유자나 점유자에 대한 통지는 그 문화유산의 관리청에 대하여 하여야 한다. 〈개정 2019. 11. 26., 2023. 8. 8., 2024. 2. 13.〉

② 제62조제1항 단서에 따라 그 관리청이 따로 정하여진 국유문화유산에 관하여 제40조·제42조·제45조 및 제49조를 적용하는 경우 그 문화유산의 소유자란 그 문화유산의 관리청을 말한다. 〈개정 2023. 8. 8.〉

제65조(처분의 제한) 제62조제1항 단서에 따른 관리청이 그 관리에 속하는 국가지정문화유산 또는 임시지정문화유산에 관하여 제35조제1항 각 호에 정하여진 행위 외의 행위를 하려면 미리 국가유산청장의 동의를 받아야 한다. 〈개정 2019. 11. 26., 2023. 8. 8., 2024. 2. 13.〉

제66조(양도 및 사권설정의 금지) 국유문화유산(그 부지를 포함한다)은 이 법에 특별한 규정이 없으면 이를 양도하거나 사권(私權)을 설정할 수 없다. 다만, 그 보호에 지장이 없다고 인정되면 공공용, 공용 또는 공익사업에 필요한 경우에 한정하여 일정한 조건을 붙여 그 사용을 허가할 수 있다. 〈개정 2023. 8. 8.〉

제8장 국외소재문화유산 〈개정 2023. 8. 8.〉

제67조(국외소재문화유산의 보호) 국가는 국외소재문화유산의 보호·환수 등을 위하여 노력하여야 하며, 이에 필요한 조직과 예산을 확보하여야 한다. 〈개정 2023. 8. 8.〉

[제목개정 2023. 8. 8.]

제68조(국외소재문화유산의 조사·연구) ① 국가유산청장 또는 지방

자치단체의 장은 국외소재문화유산의 현황, 보존·관리 실태, 반출 경위 등에 관하여 조사·연구를 실시할 수 있다. 〈개정 2016. 2. 3., 2023. 8. 8., 2024. 2. 13.〉

② 국가유산청장 또는 지방자치단체의 장은 제1항에 따른 조사·연구의 효율적 수행을 위하여 박물관, 한국국제교류재단, 국사편찬위원회 및 각 대학 등 관련 기관에 필요한 자료의 제출과 정보제공 등을 요청할 수 있으며, 요청을 받은 관련 기관은 이에 협조하여야 한다. 〈개정 2016. 2. 3., 2024. 2. 13.〉

[제목개정 2023. 8. 8.]

제69조(국외소재문화유산 보호 및 환수 활동의 지원) ①국가유산청장 또는 지방자치단체의 장은 국외소재문화유산 보호 및 환수를 위하여 필요하면 관련 기관 또는 단체를 지원·육성할 수 있다. 〈개정 2016. 2. 3., 2023. 8. 8., 2024. 2. 13.〉

② 제1항에 따라 지방자치단체의 장이 지원·육성하는 기관 또는 단체의 선정 및 재정지원 등에 필요한 사항은 해당 지방자치단체의 조례로 정한다. 〈신설 2016. 2. 3.〉

[제목개정 2023. 8. 8.]

제69조의2(국외소재문화유산 환수 및 활용에 대한 의견 청취) 국가유산청장은 국외소재문화유산 환수 및 활용 관련 중요 정책 등에 대하여 관계 전문가 또는 관계 기관의 의견을 들을 수 있다. 〈개정 2023. 8. 8., 2024. 2. 13.〉

[전문개정 2016. 2. 3.]

[제목개정 2023. 8. 8.]

제69조의3(국외소재문화유산재단의 설립) ① 국외소재문화유산의 현황 및 반출 경위 등에 대한 조사·연구, 국외소재문화유산 환수·활용과 관련한 각종 전략·정책 연구 등 국외소재문화유산과 관련한 각종 사업을 종합적·체계적으로 수행하기 위하여 국가유산청 산하에 국외소재문화유산재단(이하 "국외문화유산재단"이라 한다)을 설립한다. 〈개정 2020. 12. 22., 2023. 8. 8., 2024. 2. 13.〉

② 국외문화유산재단은 법인으로 한다. 〈개정 2023. 8. 8.〉

③ 국외문화유산재단에는 정관으로 정하는 바에 따라 임원과 필요한 직원을 둔다. 〈개정 2023. 8. 8.〉

④ 국외문화유산재단에 관하여 이 법에서 규정한 것 외에는 「민

법」 중 재단법인에 관한 규정을 준용한다. 〈개정 2023. 8. 8.〉

⑤ 국가는 국외문화유산재단의 설립과 운영에 소요되는 경비를 예산의 범위에서 또는 「국가유산보호기금법」에 따른 국가유산보호기금에서 출연 또는 보조할 수 있다. 〈개정 2023. 8. 8.〉

⑥ 국외문화유산재단은 설립목적을 달성하기 위하여 다음 각 호의 사업을 행한다. 〈개정 2023. 8. 8., 2024. 2. 13.〉

1. 국외소재문화유산의 현황, 반출 경위 등에 대한 조사·연구
2. 국외소재문화유산 환수 및 보호에 관한 연구
3. 국외소재문화유산의 취득 및 보존·관리
4. 국외소재문화유산의 환수 및 활용 관련 단체에 대한 지원·교류 및 국제연대 강화
5. 국외소재문화유산 환수 및 활용 관련 홍보·교육·출판 및 보급
6. 외국박물관 한국실 운영 지원
7. 한국담당 학예사의 파견 및 교육 훈련
8. 국외소재문화유산의 보존처리 및 홍보 지원
9. 국외문화유산재단의 설립목적을 달성하기 위한 수익사업. 이 경우 수익사업은 국가유산청장의 사전승인을 받아야 한다.
10. 그 밖에 국외문화유산재단의 설립 목적을 달성하는 데 필요한 사업

⑦ 국외문화유산재단은 국가유산청장을 거쳐 관계 행정기관이나 국외소재문화유산 환수 및 활용과 관련된 법인 또는 단체의 장에게 사업수행에 필요한 자료의 제공을 요청할 수 있다. 〈개정 2023. 8. 8., 2024. 2. 13.〉

[본조신설 2012. 1. 26.]

[제목개정 2023. 8. 8.]

제69조의4(금전 등의 기부) ① 누구든지 국외소재문화유산의 환수·활용을 위하여 금전 및 그 밖의 재산을 국외문화유산재단에 기부할 수 있다. 〈개정 2023. 8. 8.〉

② 국외문화유산재단은 제1항에 따른 기부가 있을 때에는 「기부금품의 모집 및 사용에 관한 법률」 제5조제2항 각 호 외의 부분 본문에도 불구하고 자발적으로 기탁되는 금품을 사업목적에 부합하는 범위에서 접수할 수 있다. 이 경우 국외문화유산재단은 접수한 기부금을 별도 계정으로 관리하여야 한다. 〈개정 2023. 8. 8.〉

③ 제1항 및 제2항에 따른 기부 및 접수의 절차, 관리·운영 방법 등 필요한 사항은 대통령령으로 정한다.

④ 국외문화유산재단은 제2항에 따른 기부금품의 접수 및 처리 상황 등을 대통령령으로 정하는 바에 따라 국가유산청장에게 보고하여야 한다. 〈개정 2023. 8. 8., 2024. 2. 13.〉

⑤ 국가유산청장은 제1항에 따른 기부로 국외소재문화유산의 환수·활용에 현저한 공로가 있는 자에 대하여 시상(施賞) 등의 예우를 할 수 있다. 〈개정 2023. 8. 8., 2024. 2. 13.〉

[본조신설 2022. 1. 18.]

제9장 시·도지정문화유산 〈개정 2023. 9. 14.〉

제70조(시·도지정문화유산의 지정 등) ① 시·도지사는 그 관할구역에 있는 문화유산으로서 국가지정문화유산으로 지정되지 아니한 문화유산 중 보존가치가 있다고 인정되는 것을 시·도지정문화유산으로 지정할 수 있다. 〈개정 2015. 3. 27., 2023. 8. 8.〉

② 시·도지사는 제1항에 따라 지정되지 아니한 문화유산 중 향토문화 보존을 위하여 필요하다고 인정하는 것을 문화유산자료로 지정할 수 있다. 〈개정 2023. 8. 8.〉

③ 삭제 〈2023. 9. 14.〉

④ 국가유산청장은 문화유산위원회의 심의를 거쳐 필요하다고 인정되는 문화유산에 대하여 시·도지사에게 시·도지정문화유산이나 문화유산자료(보호물이나 보호구역을 포함한다. 이하 같다)로 지정·보존할 것을 권고할 수 있다. 이 경우 시·도지사는 특별한 사유가 있는 경우를 제외하고는 문화유산 지정절차를 이행하고 그 결과를 국가유산청장에게 보고하여야 한다. 〈개정 2018. 12. 24., 2023. 8. 8., 2023. 9. 14., 2024. 2. 13.〉

⑤ 제1항·제2항 및 제4항에 따라 시·도지정문화유산 또는 문화유산자료로 지정할 때에는 해당 특별시·광역시·특별자치시·도 또는 특별자치도가 지정하였다는 것을 알 수 있도록 "지정" 앞에 해당 특별시·광역시·특별자치시·도 또는 특별자치도의 명칭을 표시하여야 한다. 〈개정 2014. 1. 28., 2018. 12. 24., 2023. 8. 8., 2023. 9. 14.〉

⑥ 시·도지정문화유산과 문화유산자료의 지정 및 해제절차, 보호

등에 필요한 사항은 해당 지방자치단체의 조례로 정한다. 〈개정 2018. 12. 24., 2023. 8. 8., 2023. 9. 14.〉

[제목개정 2018. 12. 24., 2023. 8. 8., 2023. 9. 14.]

제70조의2(시·도지정문화유산 또는 문화유산자료의 보호물 또는 보호구역의 지정) ① 시·도지사는 제70조제1항 또는 제2항에 따른 지정을 할 때 문화유산 보호를 위하여 특히 필요하면 이를 위한 보호물 또는 보호구역을 지정할 수 있다. 〈개정 2023. 8. 8.〉

② 시·도지사는 인위적 또는 자연적 조건의 변화 등으로 인하여 조정이 필요하다고 인정하면 제1항에 따라 지정된 보호물 또는 보호구역을 조정할 수 있다.

③ 시·도지사는 제1항 및 제2항에 따라 보호물 또는 보호구역을 지정하거나 조정한 때에는 지정 또는 조정 후 매 10년이 되는 날 이전에 다음 각 호의 사항을 고려하여 그 지정 및 조정의 적정성을 검토하여야 한다. 다만, 특별한 사정으로 인하여 적정성을 검토하여야 할 시기에 이를 할 수 없는 경우에는 대통령령으로 정하는 기간까지 그 검토시기를 연기할 수 있다. 〈개정 2023. 8. 8.〉

1. 해당 문화유산의 보존가치
2. 보호물 또는 보호구역의 지정이 재산권 행사에 미치는 영향
3. 보호물 또는 보호구역의 주변 환경

④ 제1항부터 제3항까지의 규정에 따른 지정, 조정 및 적정성 검토 등에 필요한 사항은 시·도조례로 정한다.

⑤ 제2항에 따라 지정된 보호구역이 조정된 경우 시·도지사는 시·도지정문화유산의 보존에 영향을 미치지 않는다고 판단하면 제13조제3항에 따라 정한 역사문화환경 보존지역의 범위를 기존의 범위대로 유지할 수 있다. 〈개정 2023. 8. 8.〉

[본조신설 2019. 11. 26.]

[제목개정 2023. 8. 8.]

제71조(시·도문화유산위원회의 설치) ① 시·도지사의 관할구역에 있는 문화유산의 보존·관리와 활용에 관한 사항을 조사·심의하기 위하여 시·도에 문화유산위원회(이하 "시·도문화유산위원회"라 한다)를 둔다. 〈개정 2023. 8. 8.〉

② 시·도문화유산위원회의 조직과 운영 등에 관한 사항은 조례로 정하되, 다음 각 호의 사항을 포함하여야 한다. 〈개정 2023. 8. 8.〉

1. 문화유산의 보존·관리 및 활용과 관련된 조사·심의에 관한 사항

2. 위원의 위촉과 해촉에 관한 사항

3. 분과위원회의 설치와 운영에 관한 사항

4. 전문위원의 위촉과 활용에 관한 사항

③ 시·도지사가 그 관할구역에 있는 문화유산의 국가지정문화유산(보호물과 보호구역을 포함한다) 지정 또는 해제 및 「근현대문화유산의 보존 및 활용에 관한 법률」에 따른 국가등록문화유산 등록 또는 말소를 국가유산청장에게 요청하려면 시·도문화유산위원회의 사전 심의를 거쳐야 한다. 〈개정 2018. 12. 24., 2023. 8. 8., 2023. 9. 14., 2024. 2. 13.〉

[제목개정 2023. 8. 8.]

제72조(경비부담) ① 제70조제1항 및 제2항에 따라 지정된 시·도지정문화유산 또는 문화유산자료가 국유 또는 공유재산이면 그 보존을 위하여 필요한 경비는 국가나 해당 지방자치단체가 부담한다. 〈개정 2018. 12. 24., 2023. 8. 8., 2023. 9. 14.〉

② 국가나 지방자치단체는 국유 또는 공유재산이 아닌 시·도지정문화유산 및 문화유산자료의 보존·관리·활용 또는 기록 작성을 위한 경비의 전부 또는 일부를 보조할 수 있다. 〈개정 2015. 3. 27., 2018. 12. 24., 2023. 8. 8., 2023. 9. 14.〉

제73조(보고 등) ① 시·도지사는 다음 각 호의 어느 하나에 해당하는 사유가 있으면 대통령령으로 정하는 바에 따라 이를 국가유산청장에게 보고하여야 한다. 〈개정 2018. 12. 24., 2023. 8. 8., 2023. 9. 14., 2024. 2. 13.〉

1. 시·도지정문화유산이나 문화유산자료를 지정하거나 그 지정을 해제한 경우

2. 삭제 〈2023. 9. 14.〉

3. 시·도지정문화유산 또는 문화유산자료의 소재지나 보관 장소가 변경된 경우

4. 시·도지정문화유산이나 문화유산자료의 전부 또는 일부가 멸실, 유실, 도난 또는 훼손된 경우

② 국가유산청장은 제1항제1호 및 제3호의 행위가 적합하지 아니하다고 인정되면 시정이나 필요한 조치를 명할 수 있다. 〈개정

2018. 12. 24., 2023. 9. 14., 2024. 2. 13.〉

제74조(준용규정) ① 시·도지정문화유산 및 문화유산자료의 수출 또는 반출에 관하여는 제39조제1항부터 제5항까지를 준용한다. 〈개정 2016. 2. 3., 2017. 11. 28., 2018. 12. 24., 2023. 8. 8., 2023. 9. 14.〉

② 시·도지정문화유산과 문화유산자료의 지정해제 및 관리 등에 관하여는 제31조제1항·제4항, 제32조부터 제34조까지, 제35조제1항, 제36조, 제37조, 제40조, 제42조부터 제45조까지, 제48조, 제49조 및 제81조를 준용한다. 이 경우 "국가유산청장"은 "시·도지사"로, "대통령령"은 "시·도조례"로, "국가"는 "지방자치단체"로 본다. 〈개정 2015. 3. 27., 2018. 10. 16., 2019. 11. 26., 2023. 8. 8., 2024. 2. 13.〉

③ 삭제 〈2023. 9. 14.〉

제10장 문화유산매매업 등 〈개정 2023. 8. 8.〉

제75조(매매 등 영업의 허가) ① 동산에 속하는 유형문화유산이나 민속문화유산을 매매 또는 교환하는 것을 업으로 하려는 자(위탁을 받아 매매 또는 교환하는 것을 업으로 하는 자를 포함한다)는 대통령령으로 정하는 바에 따라 특별자치시장, 특별자치도지사, 시장·군수 또는 구청장의 문화유산매매업 허가를 받아야 한다. 〈개정 2014. 1. 28., 2023. 8. 8.〉

② 제1항에 따라 허가를 받은 자(이하 "문화유산매매업자"라 한다)는 특별자치시장, 특별자치도지사, 시장·군수 또는 구청장에게 대통령령으로 정하는 바에 따라 문화유산의 보존 상황, 매매 또는 교환의 실태를 신고하여야 한다. 〈개정 2014. 1. 28., 2023. 8. 8.〉

③ 제2항에 따라 신고를 받은 특별자치시장, 특별자치도지사, 시장·군수 또는 구청장은 신고받은 사항을 대통령령으로 정하는 바에 따라 국가유산청장에게 정기적으로 보고하여야 한다. 〈개정 2014. 1. 28., 2024. 2. 13.〉

④ 제1항에 따라 허가를 받은 자는 다음 각 호의 어느 하나에 해당하는 사항이 변경된 때에는 문화체육관광부령으로 정하는 바에 따라 특별자치시장, 특별자치도지사, 시장·군수 또는 구청장에게 변

경신고를 하여야 한다. 〈신설 2018. 6. 12., 2019. 11. 26., 2023. 8. 8.〉

1. 상호 변경
2. 영업장 주소지의 변경
3. 법인의 대표자의 변경
4. 제76조제1항제5호의 자격 요건으로 문화유산매매업의 허가를 받은 법인의 임원의 변경

제75조의2(영업의 승계) ① 제75조에 따라 문화유산매매업의 허가를 받은 자가 문화유산매매업을 다른 자에게 양도하거나 법인의 합병이 있는 경우에는 그 양수한 자 또는 합병 후 존속하는 법인이나 합병에 의하여 설립되는 법인은 문화유산매매업자로서의 지위를 승계한다. 〈개정 2023. 8. 8.〉

② 제1항에 따라 문화유산매매업자로서의 지위를 승계받은 자는 문화체육관광부령으로 정하는 바에 따라 특별자치시장, 특별자치도지사, 시장·군수 또는 구청장에게 신고하여야 한다. 〈개정 2023. 8. 8.〉

③ 제2항에 따른 신고에 관하여는 제76조제1항에 따른 자격 요건과 제77조에 따른 결격사유에 관한 규정을 준용한다.

[본조신설 2019. 11. 26.]

제76조(자격 요건) ① 제75조제1항에 따라 문화유산매매업의 허가를 받으려는 자는 다음 각 호의 어느 하나에 해당하는 자이어야 한다. 〈개정 2019. 11. 26., 2023. 8. 8.〉

1. 국가, 지방자치단체, 박물관 또는 미술관에서 2년 이상 문화유산을 취급한 사람
2. 전문대학 이상의 대학(대학원을 포함한다)에서 역사학·고고학·인류학·미술사학·민속학·서지학·전통공예학 또는 문화유산관리학 계통의 전공과목(이하 "문화유산 관련 전공과목"이라 한다)을 일정 학점 이상 이수한 사람
3. 「학점인정 등에 관한 법률」 제7조에 따라 문화유산 관련 전공과목을 일정 학점 이상을 이수한 것으로 학점인정을 받은 사람
4. 문화유산매매업자에게 고용되어 3년 이상 문화유산을 취급한 사람
5. 고미술품 등의 유통·거래를 목적으로 「상법」에 따라 설립된

법인으로서 제1호부터 제4호까지의 자격 요건 중 어느 하나를 갖춘 대표자 또는 임원을 1명 이상 보유한 법인

② 제1항에 따른 박물관·미술관의 범위, 일정 학점 등에 관하여 필요한 사항은 문화체육관광부령으로 정한다. 〈개정 2019. 11. 26.〉

제77조(결격사유) 다음 각 호의 어느 하나에 해당하는 자는 문화유산매매업자가 될 수 없다. 〈개정 2017. 3. 21., 2023. 8. 8.〉

1. 삭제 〈2020. 12. 8.〉

2. 이 법과 「형법」 제347조 또는 제362조를 위반하여 금고 이상의 실형을 선고받고 그 집행이 끝나거나 집행을 받지 아니하기로 확정된 후 3년이 지나지 아니한 자

3. 제80조에 따라 허가가 취소된 날부터 3년이 지나지 아니한 자

제77조의2(명의대여 등의 금지) 문화유산매매업자는 다른 자에게 자기의 명의 또는 상호를 사용하여 문화유산매매업을 하게 하거나 그 허가증을 다른 자에게 빌려 주어서는 아니 된다. 〈개정 2023. 8. 8.〉

[본조신설 2019. 11. 26.]

제78조(준수 사항) ①문화유산매매업자는 문화체육관광부령으로 정하는 바에 따라 매매·교환 등에 관한 장부를 갖추어 두고 그 거래내용을 기록하며, 해당 문화유산을 확인할 수 있도록 실물 사진을 촬영하여 붙여 놓아야 한다. 〈개정 2014. 1. 28., 2023. 8. 8.〉

② 문화유산매매업자는 문화체육관광부령으로 정하는 바에 따라 해마다 제1항에 따른 매매·교환 등에 관한 장부에 대하여 검인을 받아야 한다. 문화유산매매업을 폐업하려는 경우에도 또한 같다. 〈신설 2014. 1. 28., 2023. 8. 8.〉

제78조의2(국가기관 등의 문화유산 구입 사실 통지) ① 중앙행정기관(그 소속기관을 포함한다) 및 지방자치단체의 장과 「박물관 및 미술관 진흥법」 제3조에 따른 국·공립 박물관 및 국·공립 미술관은 동산에 속하는 문화유산으로서 다음 각 호의 어느 하나에 해당하는 문화유산을 구입하려는 경우에 그 사실을 미리 국가유산청장 또는 시·도지사에게 알려야 한다. 〈개정 2024. 2. 13.〉

1. 도난물품 또는 유실물인 사실이 공고된 문화유산

2. 그 출처를 알 수 있는 중요한 부분이나 기록을 인위적으로 훼

손한 문화유산

② 국가유산청장은 제1항에 따른 통지와 관련하여 관계 기관의 장에게 필요한 자료 또는 정보의 제공을 요청할 수 있다. 이 경우 자료 또는 정보의 제공을 요청받은 기관의 장은 특별한 사유가 없으면 이에 따라야 한다. 〈개정 2024. 2. 13.〉

[본조신설 2024. 1. 23.]

第79조(폐업신고의 의무) 제75조제1항에 따라 허가를 받은 자는 문화유산매매업을 폐업하면 3개월 이내에 문화체육관광부령으로 정하는 바에 따라 폐업신고서를 특별자치시장, 특별자치도지사, 시장·군수 또는 구청장에게 제출하여야 한다. 〈개정 2014. 1. 28., 2023. 8. 8.〉

第80조(허가취소 등) ① 특별자치시장, 특별자치도지사, 시장·군수 또는 구청장은 문화유산매매업자가 다음 각 호의 어느 하나에 해당하면 그 허가를 취소하거나 1년 이내의 기간을 정하여 그 영업의 전부 또는 일부의 정지를 명할 수 있다. 다만, 제1호부터 제3호까지의 규정에 해당하면 그 허가를 취소하여야 한다. 〈개정 2014. 1. 28., 2019. 11. 26., 2023. 8. 8.〉

1. 거짓이나 그 밖의 부정한 방법으로 허가를 받은 경우
2. 제90조·제92조 및 「매장유산 보호 및 조사에 관한 법률」 제31조를 위반하여 벌금 이상의 처벌을 받은 경우
3. 영업정지 기간 중에 영업을 한 경우
4. 제76조제1항제5호의 자격 요건으로 문화유산매매업을 허가받은 법인이 해당 자격 요건을 상실한 경우. 다만, 해당 법인이 3개월 이내에 자격 요건에 해당하는 자를 대표자 또는 임원으로 선임하는 경우에는 그러하지 아니하다.
5. 제77조의2에 따른 명의대여 등의 금지 사항을 위반한 경우
6. 제78조에 따른 준수 사항을 위반한 경우

② 제1항에 따른 행정처분의 세부 기준은 문화체육관광부령으로 정한다.

第80조의2(행정 제재처분 효과의 승계) 문화유산매매업자가 매매업을 양도하거나 법인이 합병되는 경우에는 제75조제2항, 같은 조 제4항, 제75조의2제2항, 제78조를 위반하거나 제80조제1항제1호부터 제3호까지의 규정에 해당되어 종전의 문화유산매매업자에게 행한

행정 제재처분의 효과는 그 처분기간이 끝난 날부터 1년간 양수한 자나 합병 후 존속하는 법인에 승계되며, 행정 제재처분의 절차가 진행 중인 경우에는 양수한 자나 합병 후 존속하는 법인에 대하여 행정 제재처분 절차를 계속할 수 있다. 다만, 양수한 자나 합병 후 존속하는 법인이 양수하거나 합병할 때에 그 처분 또는 위반사실을 알지 못하였음을 증명하는 때에는 그러하지 아니하다. 〈개정 2023. 8. 8.〉

[본조신설 2019. 11. 26.]

제10장의2 문화유산의 상시적 예방관리 〈신설 2020. 6. 9., 2023. 8. 8.〉

제80조의3(문화유산돌봄사업) ① 국가와 지방자치단체는 다음 각 호의 어느 하나에 해당하는 문화유산의 보존을 위하여 상시적인 예방관리 사업(이하 "문화유산돌봄사업"이라 한다)을 실시할 수 있다. 〈개정 2023. 8. 8.〉

1. 지정문화유산
2. 등록문화유산
3. 임시지정문화유산
4. 그 밖에 역사적·문화적·예술적 가치가 높은 문화유산으로서 대통령령으로 정하는 것

② 문화유산돌봄사업의 범위는 다음 각 호와 같다. 〈개정 2023. 8. 8.〉

1. 문화유산의 주기적인 모니터링
2. 문화유산 관람환경 개선을 위한 일상적·예방적 관리
3. 문화유산 주변지역 환경정비 및 재해예방
4. 문화유산 및 그 주변지역의 재해 발생에 대응한 신속한 조사 및 응급조치
5. 「국가유산수리 등에 관한 법률」 제5조제1항 단서에 따른 해당 문화유산의 보존에 영향을 미치지 아니하는 경미한 수리
6. 그 밖에 문화유산돌봄사업을 위하여 필요한 사업

③ 국가유산청장은 매년 문화유산돌봄사업 추진지침을 수립하여 시·도지사 및 제80조의4에 따른 중앙문화유산돌봄센터와 제80조의5에 따른 지역문화유산돌봄센터에 각각 통보하여야 한다. 〈개정

2023. 8. 8., 2024. 2. 13.〉

[본조신설 2020. 6. 9.]

[제목개정 2023. 8. 8.]

제80조의4(중앙문화유산돌봄센터) ① 국가유산청장은 문화유산돌봄사업에 관한 다음 각 호의 업무를 종합적이고 효율적으로 수행하기 위하여 중앙문화유산돌봄센터를 설치·운영한다. 〈개정 2023. 8. 8., 2024. 2. 13.〉

1. 문화유산돌봄사업의 관리 및 지원
2. 문화유산돌봄사업을 위한 연구 및 조사
3. 문화유산돌봄사업을 위한 정보관리시스템 구축 및 운영
4. 지역문화유산돌봄센터 평가의 지원
5. 지역문화유산돌봄센터 종사자에 대한 전문교육의 관리·지원
6. 지역문화유산돌봄센터 상호 간의 연계·협력 지원
7. 그 밖에 중앙문화유산돌봄센터의 설치목적 달성에 필요한 사업

② 국가유산청장은 제1항에 따른 중앙문화유산돌봄센터의 운영을 대통령령으로 정하는 바에 따라 문화유산 관련 기관 또는 단체에 위탁할 수 있다. 〈개정 2023. 8. 8., 2024. 2. 13.〉

③ 국가유산청장은 제2항에 따라 중앙문화유산돌봄센터의 운영을 문화유산 관련 기관 또는 단체에 위탁하는 경우 운영에 필요한 비용의 전부 또는 일부를 보조할 수 있다. 〈개정 2023. 8. 8., 2024. 2. 13.〉

④ 그 밖에 중앙문화유산돌봄센터의 설치·운영에 필요한 사항은 대통령령으로 정한다. 〈개정 2023. 8. 8.〉

[본조신설 2020. 6. 9.]

[제목개정 2023. 8. 8.]

제80조의5(지역문화유산돌봄센터) ① 시·도지사는 다음 각 호의 업무를 효율적으로 실시하기 위하여 문화유산 관련 기관 또는 단체를 지역문화유산돌봄센터로 지정할 수 있다. 〈개정 2023. 8. 8.〉

1. 지역여건에 적합한 문화유산돌봄사업
2. 지역여건에 적합한 문화유산돌봄사업을 위한 연구 및 조사
3. 지역문화유산돌봄센터 상호 간의 인적·물적 자원의 교류
4. 지역문화유산돌봄센터 종사자에 대한 안전교육 등 직장교육
5. 그 밖에 지역문화유산돌봄센터의 지정목적 달성에 필요한 사업

② 시·도지사는 지역문화유산돌봄센터가 다음 각 호의 어느 하나에 해당하는 경우 그 지정을 취소할 수 있다. 다만, 제1호에 해당하는 경우에는 지정을 취소하여야 한다. 〈개정 2023. 8. 8., 2024. 2. 13.〉

1. 거짓이나 그 밖의 부정한 방법으로 지정을 받은 경우
2. 제4항에 따른 지정기준에 적합하지 아니하게 된 경우
3. 문화유산돌봄사업을 하는 중에 지정문화유산을 파손하거나 원형을 훼손한 경우
4. 국가 및 지방자치단체에서 지원한 예산을 부당하게 집행하거나 목적과 다르게 집행한 경우

③ 국가와 지방자치단체는 지역문화유산돌봄센터의 운영에 필요한 비용의 전부 또는 일부를 보조할 수 있다. 〈개정 2023. 8. 8.〉

④ 지역문화유산돌봄센터의 지정 및 취소의 기준과 절차 등에 관하여 필요한 사항은 대통령령으로 정한다. 〈개정 2023. 8. 8.〉

[본조신설 2020. 6. 9.]

[제목개정 2023. 8. 8.]

제80조의6(지역문화유산돌봄센터의 평가 등) ① 국가유산청장은 지역문화유산돌봄센터가 제80조의3제3항에 따른 추진지침에 따라 적정하게 운영되었는지를 평가하여야 한다. 〈개정 2023. 8. 8., 2024. 2. 13.〉

② 국가유산청장은 제1항에 따른 평가 결과를 시·도지사에게 통보하고, 이를 공개하여야 한다. 〈개정 2024. 2. 13.〉

③ 제1항에 따른 평가 시기, 방법 및 제2항에 따른 평가 결과의 공개 등에 필요한 사항은 대통령령으로 정한다.

[본조신설 2020. 6. 9.]

[제목개정 2023. 8. 8.]

제80조의7(지역문화유산돌봄센터의 종사자에 대한 전문교육) ① 지역문화유산돌봄센터의 종사자는 문화체육관광부령으로 정하는 바에 따라 국가유산청장이 실시하는 문화유산돌봄사업에 필요한 교육(이하 "전문교육"이라 한다)을 받아야 한다. 〈개정 2023. 8. 8., 2024. 2. 13.〉

② 국가유산청장은 전문교육을 문화유산 관련 기관 또는 단체에 위임 또는 위탁할 수 있다. 〈개정 2023. 8. 8., 2024. 2. 13.〉

③ 제1항에 따른 전문교육의 내용·방법 및 시기와 제2항에 따른 전문교육의 위임 또는 위탁 등에 필요한 사항은 문화체육관광부령으로 정한다.

[본조신설 2020. 6. 9.]

[제목개정 2023. 8. 8.]

제11장 보칙

제81조(권리·의무의 승계) ① 국가지정문화유산(보호물과 보호구역 및 임시지정문화유산을 포함한다)의 소유자가 변경된 때에는 새 소유자는 이 법 또는 이 법에 따라 국가유산청장이 행하는 명령·지시, 그 밖의 처분으로 인한 전소유자(前所有者)의 권리·의무를 승계한다. 〈개정 2019. 11. 26., 2023. 8. 8., 2024. 2. 13.〉

② 제34조에 따라 관리단체가 지정되거나 그 지정이 해제된 경우에 관리단체와 소유자에 대하여는 제1항을 준용한다. 다만, 소유자에게 전속(專屬)하는 권리·의무는 그러하지 아니하다.

제82조(권한의 위임·위탁) 이 법에 따른 국가유산청장의 권한은 대통령령으로 정하는 바에 따라 그 일부를 소속 기관의 장, 시·도지사 또는 시장·군수·구청장에게 위임하거나 문화유산의 보호·보급 등을 목적으로 설립된 기관이나 법인 또는 단체 등에 위탁할 수 있다. 〈개정 2019. 11. 26., 2023. 8. 8., 2024. 2. 13.〉

제82조의2 삭제 〈2023. 8. 8.〉

제82조의3(금지행위) ① 누구든지 지정문화유산에 글씨 또는 그림 등을 쓰거나 그리거나 새기는 행위 등을 하여서는 아니 된다. 〈개정 2023. 8. 8.〉

② 국가유산청장 또는 지방자치단체의 장은 제1항의 행위를 한 사람에게 훼손된 문화유산의 원상 복구를 명할 수 있다. 〈개정 2023. 8. 8., 2024. 2. 13.〉

③ 국가유산청장 또는 지방자치단체의 장은 제2항에 따른 명령을 이행하지 아니하거나 제1항의 행위를 한 사람에게 원상 복구 조치를 하게 하는 것이 적당하지 아니하다고 인정되면 국가 또는 지방자치단체의 부담으로 훼손된 문화유산을 원상 복구하고, 대통령령으로 정하는 바에 따라 제1항의 행위를 한 사람에게 그 비용을 청구할 수 있다. 〈개정 2023. 8. 8., 2024. 2. 13.〉

④ 제3항에 따라 청구한 비용을 납부하여야 할 사람이 이를 납부하지 아니하는 때에는 국세 체납처분의 예 또는 「지방세외수입금의 징수 등에 관한 법률」에 따라 징수한다.

[본조신설 2020. 6. 9.]

제83조(토지의 수용 또는 사용) ① 국가유산청장이나 지방자치단체의 장은 문화유산의 보존·관리를 위하여 필요하면 지정문화유산이나 그 보호구역에 있는 토지, 건물, 나무, 대나무, 그 밖의 공작물을 「공익사업을 위한 토지 등의 취득 및 보상에 관한 법률」에 따라 수용(收用)하거나 사용할 수 있다. 〈개정 2020. 12. 22., 2023. 8. 8., 2024. 2. 13.〉

② 삭제 〈2014. 1. 28.〉

제84조(국·공유재산의 대부·사용 등) ① 국가 또는 지방자치단체는 문화유산의 보존·관리·활용 또는 전승을 위하여 필요하다고 인정하면 「국유재산법」 또는 「공유재산 및 물품 관리법」에도 불구하고 국유 또는 공유재산을 수의계약으로 대부·사용·수익하게 하거나 매각할 수 있다. 〈개정 2023. 8. 8.〉

② 제1항에 따른 국유 또는 공유재산의 대부·사용·수익·매각 등의 내용 및 조건에 관하여는 「국유재산법」 또는 「공유재산 및 물품 관리법」에서 정하는 바에 따른다.

제85조(문화유산 방재의 날) ① 문화유산을 화재 등의 재해로부터 안전하게 보존하고 국민의 문화유산에 대한 안전관리의식을 높이기 위하여 매년 2월 10일을 문화유산 방재의 날로 정한다. 〈개정 2023. 8. 8.〉

② 국가 및 지방자치단체는 문화유산 방재의 날 취지에 맞도록 문화유산에 대한 안전점검, 방재훈련 등의 사업 및 행사를 실시한다. 〈개정 2023. 8. 8.〉

③ 문화유산 방재의 날 행사에 관하여 필요한 사항은 국가유산청장 또는 시·도지사가 따로 정할 수 있다. 〈개정 2023. 8. 8., 2024. 2. 13.〉

[제목개정 2023. 8. 8.]

제86조(포상금) ① 국가유산청장은 제90조부터 제92조까지와 「매장유산 보호 및 조사에 관한 법률」 제31조의 죄를 저지른 자나 그 미수범(未遂犯)이 기소유예 처분을 받거나 유죄판결이 확정된 경우 그

자를 수사기관에 제보(提報)한 자와 체포에 공로가 있는 자에게 예산의 범위에서 포상금을 지급하여야 한다. 〈개정 2023. 8. 8., 2024. 2. 13.〉

② 수사기관의 범위, 제보의 처리, 포상금의 지급기준 등 포상금 지급에 필요한 사항은 대통령령으로 정한다.

제87조(다른 법률과의 관계) ① 국가유산청장이 「자연공원법」에 따른 공원구역에서 대통령령으로 정하는 면적 이상의 지역을 대상으로 다음 각 호의 어느 하나에 해당하는 행위를 하려면 해당 공원관리청과 협의하여야 한다. 〈개정 2014. 1. 28., 2023. 3. 21., 2024. 2. 13.〉

1. 제25조에 따라 일정한 지역을 사적으로 지정하는 경우
2. 제27조에 따라 보호구역을 지정하는 경우
3. 제35조제1항 본문에 따라 허가나 변경허가를 하는 경우

② 특별자치시장, 특별자치도지사, 시장·군수 또는 구청장이 「자연공원법」에 따른 공원구역에서 대통령령으로 정하는 면적 이상의 지역을 대상으로 제35조제1항 단서에 따라 허가나 변경허가를 하려면 해당 공원관리청과 협의하여야 한다. 〈신설 2014. 1. 28.〉

③ 제35조제1항(제74조제2항에 따라 준용되는 경우를 포함한다)에 따라 허가를 받은 때에는 다음 각 호의 허가를 받은 것으로 본다. 〈개정 2014. 1. 28.〉

1. 「자연공원법」 제23조에 따른 공원구역에서의 행위 허가
2. 「도시공원 및 녹지 등에 관한 법률」 제24조·제27조 및 제38조에 따른 도시공원·도시자연공원구역·녹지의 점용 및 사용 허가

④ 제23조, 제25조부터 제27조까지 또는 제70조제1항에 따라 국가지정문화유산 또는 시·도지정문화유산으로 지정되거나 그의 보호물 또는 보호구역으로 지정·고시된 지역이 「국토의 계획 및 이용에 관한 법률」 제6조제1호에 따른 도시지역에 속하는 경우에는 같은 법 제37조제1항제5호에 따른 보호지구로 지정·고시된 것으로 본다. 〈개정 2014. 1. 28., 2017. 4. 18., 2023. 8. 8.〉

⑤ 다음 각 호의 어느 하나에 해당하는 문화유산의 매매 등 거래행위에 관하여는 「민법」 제249조의 선의취득에 관한 규정을 적용하지 아니한다. 다만, 양수인이 경매나 문화유산매매업자 등으로부터 선의로 이를 매수한 경우에는 피해자 또는 유실자(遺失者)는 양수인

이 지급한 대가를 변상하고 반환을 청구할 수 있다. 〈개정 2014. 1. 28., 2023. 8. 8., 2024. 2. 13.〉

1. 국가유산청장이나 시·도지사가 지정한 문화유산

2. 도난물품 또는 유실물(遺失物)인 사실이 공고된 문화유산

3. 그 출처를 알 수 있는 중요한 부분이나 기록을 인위적으로 훼손한 문화유산

⑥ 제5항제2호에 따른 공고에 필요한 사항은 문화체육관광부령으로 정한다. 〈개정 2014. 1. 28.〉

제88조(청문) 국가유산청장, 시·도지사, 시장·군수 또는 구청장은 다음 각 호의 어느 하나에 해당하는 처분을 하려면 청문을 하여야 한다. 〈개정 2019. 11. 26., 2020. 6. 9., 2023. 8. 8., 2023. 9. 14., 2024. 2. 13.〉

1. 제22조의4제3항에 따른 지역센터의 지정 취소

2. 제22조의7에 따른 문화유산교육 프로그램의 인증 취소

3. 제35조제1항, 제39조 또는 제60조제1항 단서에 따라 허가받은 자가 그 허가 사항이나 허가 조건을 위반한 경우의 허가취소

4. 삭제 〈2023. 3. 21.〉

5. 제80조에 따른 문화유산매매업자의 허가취소 또는 영업정지

6. 제80조의5제2항에 따른 지역문화유산돌봄센터의 지정 취소

제89조(벌칙 적용에서의 공무원 의제) 다음 각 호의 어느 하나에 해당하는 자는 「형법」 제129조부터 제132조까지의 규정을 적용할 때에는 공무원으로 본다. 〈개정 2014. 1. 28., 2023. 8. 8., 2024. 2. 13.〉

1. 제8조제1항에 따라 문화유산 보존·관리에 관한 사항을 조사·심의하는 문화유산위원회 위원(제71조제1항에 따른 시·도문화유산위원회의 위원을 포함한다)

1의2. 제13조제2항 후단에 따라 지정문화유산 보존 영향 검토에 대한 의견을 제출하는 자

1의3. 제36조제2항에 따라 현상변경허가 조사 의견을 제출하는 자

2. 삭제 〈2023. 3. 21.〉

3. 제44조제6항에 따라 문화유산조사를 위탁받아 수행하는 자

4. 제82조에 따라 국가유산청장의 권한을 위탁받은 사무에 종사

하는 자

제12장 벌칙

제90조(무허가수출 등의 죄) ① 제39조제1항 본문(제74조제1항에 따라 준용하는 경우를 포함한다)을 위반하여 지정문화유산 또는 임시지정문화유산을 국외로 수출 또는 반출하거나 제39조제1항 단서 및 제2항부터 제4항까지(제74조제1항에 따라 준용하는 경우를 포함한다)에 따라 반출한 문화유산을 기한까지 다시 반입하지 아니한 자는 5년 이상의 유기징역에 처하고 그 문화유산은 몰수한다. 〈개정 2016. 2. 3., 2019. 11. 26., 2023. 8. 8., 2023. 9. 14.〉

② 제60조제1항을 위반하여 문화유산을 국외로 수출 또는 반출하거나 반출한 문화유산을 다시 반입하지 아니한 자는 3년 이상의 유기징역에 처하고 그 문화유산은 몰수한다. 〈개정 2023. 8. 8.〉

③ 제1항 또는 제2항을 위반하여 국외로 수출 또는 반출하는 사실을 알고 해당 문화유산을 양도·양수 또는 중개한 자는 3년 이상의 유기징역에 처하고 그 문화유산은 몰수한다. 〈개정 2020. 12. 22., 2023. 8. 8.〉

제90조의2(추징) 제90조에 따라 해당 문화유산을 몰수할 수 없을 때에는 해당 문화유산의 감정가격을 추징한다. 〈개정 2023. 8. 8.〉

[본조신설 2019. 11. 26.]

제91조(허위 지정 등 유도죄) 거짓이나 그 밖의 부정한 방법으로 지정문화유산 또는 임시지정문화유산으로 지정하게 한 자는 5년 이상의 유기징역에 처한다. 〈개정 2019. 11. 26., 2023. 8. 8.〉

제92조(손상 또는 은닉 등의 죄) ① 국가지정문화유산을 손상, 절취 또는 은닉하거나 그 밖의 방법으로 그 효용을 해한 자는 3년 이상의 유기징역에 처한다. 〈개정 2015. 3. 27., 2023. 8. 8.〉

② 다음 각 호의 어느 하나에 해당하는 자는 2년 이상의 유기징역에 처한다. 〈개정 2019. 11. 26., 2023. 8. 8.〉

1. 제1항에 규정된 것 외의 지정문화유산 또는 임시지정문화유산(건조물은 제외한다)을 손상, 절취 또는 은닉하거나 그 밖의 방법으로 그 효용을 해한 자

2. 일반동산문화유산인 것을 알고 일반동산문화유산을 손상, 절취 또는 은닉하거나 그 밖의 방법으로 그 효용을 해한 자

③ 다음 각 호의 어느 하나에 해당하는 자는 2년 이상의 유기징역이나 2천만원 이상 1억5천만원 이하의 벌금에 처한다. 〈개정 2023. 3. 21., 2023. 8. 8.〉

1. 삭제 〈2023. 3. 21.〉

2. 제1항 또는 제2항을 위반한 행위를 알고 해당 문화유산을 취득, 양도, 양수 또는 운반한 자

3. 제2호에 따른 행위를 알선한 자

④ 제1항과 제2항에 규정된 은닉 행위 이전에 타인에 의하여 행하여진 같은 항에 따른 손상, 절취, 은닉, 그 밖의 방법으로 그 지정문화유산, 임시지정문화유산 또는 일반동산문화유산의 효용을 해하는 행위가 처벌되지 아니한 경우에도 해당 은닉 행위자는 같은 항에서 정한 형으로 처벌한다. 〈개정 2019. 11. 26., 2023. 8. 8.〉

⑤ 제1항부터 제4항까지의 경우에 해당하는 문화유산은 몰수하되, 몰수하기가 불가능하면 해당 문화유산의 감정가격을 추징한다. 다만, 제4항에 따른 은닉 행위자가 선의로 해당 문화유산을 취득한 경우에는 그러하지 아니하다. 〈개정 2023. 8. 8.〉

제93조(가중죄) ① 단체나 다중(多衆)의 위력(威力)을 보이거나 위험한 물건을 몸에 지녀서 제90조부터 제92조까지의 죄를 저지르면 각 해당 조에서 정한 형의 2분의 1까지 가중한다. 〈개정 2023. 8. 8.〉

② 제1항의 죄를 저질러 지정문화유산이나 임시지정문화유산을 보호하는 사람을 상해에 이르게 한 때에는 무기 또는 5년 이상의 징역에 처한다. 사망에 이르게 한 때에는 사형, 무기 또는 5년 이상의 징역에 처한다. 〈개정 2019. 11. 26., 2023. 8. 8.〉

제94조(「형법」의 준용) 다음 각 호의 건조물에 대하여 방화, 일수(溢水) 또는 파괴의 죄를 저지른 자는 「형법」 제165조 · 제178조 또는 제367조와 같은 법 중 이들 조항과 관계되는 법조(法條)의 규정을 준용하여 처벌하되, 각 해당 조에서 정한 형의 2분의 1까지 가중한다. 〈개정 2019. 11. 26., 2023. 8. 8.〉

1. 지정문화유산이나 임시지정문화유산인 건조물

2. 지정문화유산이나 임시지정문화유산을 보호하기 위한 건조물

제95조(사적에의 일수죄) 물을 넘겨 국가유산청장이 지정 또는 임시지정한 사적이나 보호구역을 침해한 자는 2년 이상 10년 이하의 징역에 처한다. 〈개정 2019. 11. 26., 2023. 3. 21., 2024. 2. 13.〉

[제목개정 2023. 3. 21.]

제96조(그 밖의 일수죄) 물을 넘겨 제95조에서 규정한 것 외의 지정문화유산 또는 임시지정문화유산이나 그 보호구역을 침해한 자는 10년 이하의 징역이나 1억원 이하의 벌금에 처한다. 〈개정 2019. 11. 26., 2023. 8. 8.〉

제97조(미수범 등) ① 제90조부터 제92조까지, 제93조제1항, 제95조 및 제96조의 미수범은 처벌한다.

② 제90조의 죄를 저지를 목적으로 예비 또는 음모한 자는 2년 이하의 징역에 처한다. 〈신설 2019. 11. 26., 2023. 8. 8.〉

③ 제91조, 제92조, 제93조제1항, 제95조 및 제96조의 죄를 저지를 목적으로 예비 또는 음모한 자는 2년 이하의 징역이나 2천만원 이하의 벌금에 처한다. 〈개정 2019. 11. 26., 2023. 8. 8.〉

제98조(과실범) ① 과실로 인하여 제95조 또는 제96조의 죄를 저지른 자는 1천만원 이하의 벌금에 처한다. 〈개정 2023. 8. 8.〉

② 업무상 과실이나 중대한 과실로 인하여 제95조 또는 제96조의 죄를 저지른 자는 3년 이하의 금고나 3천만원 이하의 벌금에 처한다. 〈개정 2023. 8. 8.〉

제99조(무허가 행위 등의 죄) ① 다음 각 호의 어느 하나에 해당하는 자는 5년 이하의 징역이나 5천만원 이하의 벌금에 처한다. 〈개정 2019. 11. 26., 2023. 3. 21., 2023. 8. 8.〉

1. 제35조제1항제1호 또는 제2호(제47조와 제74조제2항에 따라 준용되는 경우를 포함한다)를 위반하여 지정문화유산(보호물 및 보호구역을 포함한다)이나 임시지정문화유산의 현상을 변경하거나 그 보존에 영향을 미칠 우려가 있는 행위를 한 자

2. 삭제 〈2023. 3. 21.〉

3. 제75조제1항을 위반하여 허가를 받지 아니하고 영업행위를 한 자

② 다음 각 호의 어느 하나에 해당하는 자는 2년 이하의 징역이나 2천만원 이하의 벌금에 처한다. 〈개정 2018. 12. 24., 2023. 8. 8.〉

1. 제1항 각 호의 경우 그 문화유산이 자기 소유인 자

2. 삭제 〈2023. 9. 14.〉

제100조(행정명령 위반 등의 죄) 다음 각 호의 어느 하나에 해당하는 자는 3년 이하의 징역이나 3천만원 이하의 벌금에 처한다. 〈개정 2019. 11. 26., 2023. 3. 21.〉

1. 정당한 사유 없이 제21조제1항이나 제42조제1항(제74조제2항에 따라 준용되는 경우를 포함한다)에 따른 명령을 위반한 자

2. 삭제 〈2023. 3. 21.〉

제101조(관리행위 방해 등의 죄) 다음 각 호의 어느 하나에 해당하는 자는 2년 이하의 징역이나 2천만원 이하의 벌금에 처한다. 〈개정 2019. 11. 26., 2023. 8. 8., 2024. 2. 13.〉

1. 정당한 사유 없이 제12조에 따른 지시를 따르지 아니한 자

2. 제34조제5항(제74조제2항에 따라 준용되는 경우를 포함한다)을 위반하여 관리단체의 관리행위를 방해하거나 그 밖에 정당한 사유 없이 지정문화유산이나 임시지정문화유산의 관리권자의 관리행위를 방해한 자

3. 허가 없이 제35조제1항제3호(제74조제2항에 따라 준용되는 경우를 포함한다)에 규정된 행위를 한 자

4. 제44조제4항 본문(제45조제2항과 제74조제2항에 따라 준용되는 경우를 포함한다)에 따른 협조를 거부하거나 필요한 행위를 방해한 자

5. 지정문화유산이나 임시지정문화유산의 관리·보존에 책임이 있는 자 중 중대한 과실로 인하여 해당 문화유산을 멸실 또는 훼손하게 한 자

6. 거짓의 신고 또는 보고를 한 자

7. 지정문화유산으로 지정된 구역이나 그 보호구역의 경계 표시를 고의로 손괴, 이동, 제거, 그 밖의 방법으로 그 구역의 경계를 식별할 수 없게 한 자

8. 제48조제2항에 따른 국가유산청장의 공개 제한을 위반하여 문화유산을 공개하거나 같은 조 제5항에 따른 허가를 받지 아니하고 출입한 자(제74조제2항에 따라 준용되는 경우를 포함한다)

제101조의2(명의 대여 등의 죄) 제77조의2를 위반하여 다른 자에게 자기의 명의 또는 상호를 사용하여 문화유산매매업을 하게 하거나 그 허가증을 다른 자에게 빌려 준 자는 1년 이하의 징역이나 1천만원 이하의 벌금에 처한다. 〈개정 2023. 8. 8.〉

[본조신설 2019. 11. 26.]

제102조(양벌규정) 법인의 대표자나 법인 또는 개인의 대리인, 사용인, 그 밖의 종업원이 그 법인 또는 개인의 업무에 관하여 제94조

부터 제96조까지 또는 제98조부터 제101조까지의 어느 하나에 해당하는 위반행위를 하면 그 행위자를 벌하는 외에 그 법인 또는 개인에게도 해당 조문의 벌금형을 과(科)하고 벌금형이 없는 경우에는 3억원 이하의 벌금에 처한다. 다만, 법인 또는 개인이 그 위반행위를 방지하기 위하여 해당 업무에 관하여 상당한 주의와 감독을 게을리하지 아니한 경우에는 그러하지 아니하다.

제103조(과태료) ① 다음 각 호의 어느 하나에 해당하는 자에게는 500만원 이하의 과태료를 부과한다. 〈개정 2023. 8. 8.〉

1. 제14조의4제3항에 따른 시정명령을 따르지 아니한 자
2. 제22조의6제6항을 위반하여 인증을 받지 아니한 문화유산교육 프로그램에 대하여 인증표시를 하거나 이와 비슷한 표시를 한 자
3. 제40조제1항제6호(제74조제2항에 따라 준용되는 경우를 포함한다)에 따른 신고를 하지 아니한 자
4. 삭제 〈2023. 9. 14.〉
5. 삭제 〈2023. 9. 14.〉

② 삭제 〈2023. 8. 8.〉

③ 다음 각 호의 어느 하나에 해당하는 자에게는 300만원 이하의 과태료를 부과한다. 〈개정 2023. 3. 21.〉

1. 제40조제1항제7호 또는 같은 조 제3항(제74조제2항에 따라 준용되는 경우를 포함한다)에 따른 신고를 하지 아니한 자
2. 삭제 〈2023. 3. 21.〉

④ 다음 각 호의 어느 하나에 해당하는 자에게는 200만원 이하의 과태료를 부과한다. 〈개정 2023. 3. 21.〉

1. 제40조제1항제1호부터 제5호까지, 제8호(제74조제2항에 따라 준용되는 경우를 포함한다)에 따른 신고를 하지 아니한 자
2. 삭제 〈2023. 9. 14.〉
3. 제60조제4항에 따른 신고를 하지 아니한 자
4. 제75조제2항에 따른 신고를 하지 아니한 자
5. 제75조제4항에 따른 변경신고를 하지 아니한 자
6. 제75조의2제2항에 따른 신고를 하지 아니한 자
7. 제78조에 따른 준수 사항을 이행하지 아니한 자
8. 제79조에 따른 폐업신고를 하지 아니한 자

⑤ 제14조의4제5항을 위반하여 금연구역에서 흡연을 한 사람에게

는 10만원 이하의 과태료를 부과한다.
[전문개정 2020. 12. 8.]

제104조(과태료의 부과 · 징수) 제103조에 따른 과태료는 대통령령으로 정하는 바에 따라 국가유산청장, 시 · 도지사 또는 시장 · 군수 · 구청장이 부과 · 징수한다. 〈개정 2024. 2. 13.〉

부칙 〈제10000호, 2010. 2. 4.〉

제1조(시행일) 이 법은 공포 후 1년이 경과한 날부터 시행한다. 다만, 제92조, 제98조 및 제102조는 공포한 날부터 시행한다.

제2조(시행일에 관한 경과조치) ① 이 법 공포 후 1년이 경과하기 전까지는 부칙 제1조 단서에 따라 시행되는 제92조제3항제1호 중 제35조제1항제1호는 종전의 제34조제3호로 본다.

② 이 법 공포 후 1년이 경과하기 전까지는 부칙 제1조 단서에 따라 시행되는 제98조제1항 중 제95조 또는 제96조는 종전의 제107조 또는 제108조로 보고, 같은 조 제2항 중 제95조 또는 제96조는 종전의 제104조제3항, 제107조 또는 제108조로 본다. 이 경우 종전의 제104조제3항에 따른 죄의 경우 해당 문화재 몰수에 관하여는 종전의 규정에 따른다.

③ 이 법 공포 후 1년이 경과하기 전까지는 부칙 제1조 단서에 따라 시행되는 제102조 중 위반행위에 관한 제94조부터 제96조까지 또는 제98조부터 제101조까지의 부분은 종전의 규정에 따른다.

제3조(중요민속자료에 관한 경과조치) 이 법 시행 당시 종전의 규정에 따라 지정된 중요민속자료는 이 법에 따른 중요민속문화재로 지정된 것으로 본다

제4조(지정문화재의 현상변경 등의 행위기준 고시에 관한 경과조치) 이 법 시행 당시 종전의 규정에 따라 문화재로 지정 고시된 문화재에 대하여는 제13조제4항의 개정규정에 따라 이 법 시행일부터 1년 이내에 구체적인 행위기준을 정하여 고시하여야 한다.

제5조(행정처분 등에 관한 일반적 경과조치) 이 법 시행 당시 종전의 규정에 따른 행정기관의 행위나 행정기관에 대한 행위는 그에 해당하는 이 법에 따른 행정기관의 행위나 행정기관에 대한 행위로 본다.

제6조(다른 법률의 개정) ① 국토의 계획 및 이용에 관한 법률 일부를 다음과 같이 개정한다.

제8조제3항제2호마목 중 “제7조 및 제9조”를 “제25조 및 제27조”로 한다.

② 법률 제9763호 산림보호법 일부를 다음과 같이 개정한다.

제11조제1항제1호마목 중 “제9조”를 “제27조”로 한다.

③ 상속세 및 증여세법 일부를 다음과 같이 개정한다.

제74조제1항제1호 중 “제47조제2항”을 “제53조제1항”으로, “제9조제1항”을 “제27조제1항”으로 한다.

④ 소나무재선충병 방제특별법 일부를 다음과 같이 개정한다.

제16조제2항 중 “제7조”를 “제25조”로 한다.

⑤ 야생동·식물보호법 일부를 다음과 같이 개정한다.

제7조제1항 단서 중 “제7조”를 “제25조”로 한다.

제14조제3항제3호 중 “제34조”를 “제35조”로 하고, 같은 조 제5항 단서 중 “제38조”를 “제40조”로 한다.

제19조제3항제3호 중 “제34조”를 “제35조”로 한다.

제21조제2항제1호 중 “제35조”를 “제39조”로 한다.

제54조제7호 및 제55조제5호 중 “제9조”를 각각 “제27조”로 한다.

⑥ 자연공원법 일부를 다음과 같이 개정한다.

제26조제2호 중 “제9조”를 “제27조”로 한다.

⑦ 자연재해대책법 일부를 다음과 같이 개정한다.

제49조제4항제11호 중 “제34조제1호·제3호”를 “제35조제1항제1호·제2호·제4호”로, “제70조 단서”를 “제66조 단서”로 한다.

⑧ 전기사업법 일부를 다음과 같이 개정한다.

제66조의2제2항 중 “제34조제3호”를 “제35조제1항제1호·제2호”로, “제75조”를 “제74조”로 한다.

⑨ 지방소도읍육성지원법 일부를 다음과 같이 개정한다.

제9조제1항제22호 중 “제34조제1호·제3호”를 “제35조제1항제1호·제2호·제4호”로, “제70조 단서”를 “제66조 단서”로 한다.

⑩ 지역균형개발 및 지방중소기업 육성에 관한 법률 일부를 다음과 같이 개정한다.

제18조제1항제2호 중 “제34조제1호·제3호”를 “제35조제1항제1호·제2호·제4호”로, “같은 법 제70조 단서”를 “같은 법 제66조 단서”로 한다.

⑪ 토지이용규제 기본법 일부를 다음과 같이 개정한다.

별표 연번 99의 근거법률란 중 "제9조 및 제75조"를 "제27조 및 제74조"로 하고, 같은 표 연번 100의 근거법률란 중 "제14조 및 제75조"를 "제32조 및 제74조"로 하며, 같은 표 연번 101의 근거법률란 중 "제47조"를 "제53조"로 한다.

⑫ 학점인정 등에 관한 법률 일부를 다음과 같이 개정한다.

제7조제2항제6호 중 "제6조"를 "제24조"로 한다.

제7조(다른 법령과의 관계) 이 법 시행 당시 다른 법령에서 종전의 「문화재보호법」의 규정을 인용한 경우에 이 법 가운데 그에 해당하는 규정이 있으면 종전의 규정을 갈음하여 이 법의 해당 규정을 인용한 것으로 본다.

부칙 〈제10562호, 2011. 4. 6.〉

이 법은 공포한 날부터 시행한다.

부칙 〈제10829호, 2011. 7. 14.〉

①(시행일) 이 법은 공포 후 3개월이 경과한 날부터 시행한다.

②(전문위원에 대한 경과조치) 이 법 시행 당시 「문화재위원회 규정」에 따라 위촉된 전문위원은 이 법에 따라 위촉된 전문위원으로 본다.

부칙 〈제11037호, 2011. 8. 4.〉 (소방시설 설치·유지 및 안전관리에 관한 법률)

제1조(시행일) 이 법은 공포 후 6개월이 경과한 날부터 시행한다.

제2조 부터 제5조까지 생략

제6조(다른 법률의 개정) ①부터 ⑦까지 생략

⑧ 문화재보호법 일부를 다음과 같이 개정한다.

제14조제4항 중 "「소방시설설치유지 및 안전관리에 관한 법률」"을 "「소방시설 설치·유지 및 안전관리에 관한 법률」"로 한다.

⑨부터 ㉕까지 생략

부칙 〈제11053호, 2011. 9. 16.〉

이 법은 공포 후 6개월이 경과한 날부터 시행한다.

부칙 〈제11228호, 2012. 1. 26.〉

제1조(시행일) 이 법은 공포 후 6개월이 경과한 날부터 시행한다. 다만, 부칙 제2조는 공포한 날부터 시행한다.

제2조(설립준비) ① 문화재청장은 국외문화재재단의 설립에 관한 사무를 처리하기 위하여 이 법 공포일부터 30일 이내에 국외소재문화재재단설립위원회(이하 "설립위원회"라 한다)를 설치한다.

② 설립위원회는 문화재청장이 위촉하는 7명 이내의 설립위원으로 구성하며, 위원장은 문화재청차장이 된다.

③ 설립위원회는 국외문화재재단의 정관을 작성하여 기명날인하거나 서명한 후 문화재청장의 인가를 받아야 한다.

④ 설립위원회는 이 법 시행일까지 국외문화재재단의 설립등기를 완료하여야 한다.

⑤ 설립위원회는 국외문화재재단의 이사장이 임명되면 지체 없이 그 사무를 이사장에게 인계하여야 한다.

⑥ 설립위원회는 제5항에 따른 사무인계가 끝난 때에는 해산된 것으로 보며, 설립위원은 해촉된 것으로 본다.

부칙 〈제12352호, 2014. 1. 28.〉

제1조(시행일) 이 법은 공포 후 1년이 경과한 날부터 시행한다.

제2조(처분 등에 관한 일반적 경과조치) 이 법 시행 전에 종전의 규정에 따라 행정기관이 한 행위와 행정기관에 대하여 한 행위는 이 법에 따라 행정기관이 한 행위 또는 행정기관에 대하여 한 행위로 본다.

제3조(토지의 수용 또는 사용에 관한 경과조치) 이 법 시행 당시 종전의 규정에 따라 「공익사업을 위한 토지 등의 취득 및 보상에 관한 법률」에 따른 사업인정 및 사업인정 고시가 있는 것으로 봄으로써 같은 법 제26조제1항, 제28조 또는 제61조에 따른 절차가 진행 중인 경우에는 제83조제2항의 개정규정에도 불구하고 종전의 규정에 따른다.

제4조(벌칙에 관한 경과조치) 이 법 시행 전의 행위에 대하여 벌칙을 적용할 때에는 종전의 규정에 따른다.

부칙 〈제12692호, 2014. 5. 28.〉

제1조(시행일) 이 법은 공포 후 3개월이 경과한 날부터 시행한다.
제2조(재단의 명칭변경에 따른 경과조치) ① 이 법 시행 당시 한국문화재보호재단은 이 법에 따른 한국문화재재단으로 본다. 이 경우 한국문화재재단은 이 법 시행 후 3개월 이내에 이 법의 개정규정에 따라 정관을 변경하여 문화재청장의 인가를 받아야 한다.
② 이 법 시행 당시 한국문화재보호재단 이사장·이사·감사 및 직원은 각각 이 법에 따라 한국문화재재단의 이사장·이사·감사 및 직원으로 임명된 것으로 본다. 이 경우 임원의 임기는 종전의 규정에 따른 임기의 남은 임기로 한다.
③ 이 법 시행 당시 한국문화재보호재단에 속하였던 모든 재산과 권리·의무는 한국문화재재단이 이를 승계한다.
④ 이 법 시행 전에 한국문화재보호재단이 행한 행위 또는 한국문화재보호재단에 대하여 행하여진 행위는 한국문화재재단이 행한 행위 또는 한국문화재재단에 대하여 행하여진 행위로 본다.
제3조(다른 법률의 개정) ① 매장문화재 보호 및 조사에 관한 법률 일부를 다음과 같이 개정한다.
제24조제1항제5호 중 "한국문화재보호재단"을 "한국문화재재단"으로 한다.
② 문화재보호기금법 일부를 다음과 같이 개정한다.
제6조제2항 중 "「문화재보호법」 제96조에 따라 설치된 한국문화재보호재단"을 "「문화재보호법」 제9조에 따라 설치된 한국문화재재단"으로 한다.

부칙 〈제13249호, 2015. 3. 27.〉
이 법은 공포 후 1년이 경과한 날부터 시행한다.

부칙 〈제13291호, 2015. 5. 18.〉 (이북5도 등에 관한 특별조치법)
제1조(시행일) 이 법은 공포 후 3개월이 경과한 날부터 시행한다.
제2조(다른 법률의 개정) 문화재보호법 일부를 다음과 같이 개정한다.
제70조제6항 중 "「이북5도에 관한 특별조치법」"을 "「이북5도 등에 관한 특별조치법」"으로 한다.

부칙 〈제13964호, 2016. 2. 3.〉

제1조(시행일) 이 법은 공포 후 6개월이 경과한 날부터 시행한다. 다만, 제34조제6항 및 제69조의 개정규정은 공포한 날부터 시행한다.
제2조(문화재의 국외 반출 허가 신청 등에 관한 적용례) 제39조제2항부터 제4항까지의 개정규정은 이 법 시행 후 최초로 문화재의 국외 반출 또는 반출 기간의 연장 허가를 신청하는 경우부터 적용한다.

부칙 〈제14113호, 2016. 3. 29.〉 (공항시설법)

제1조(시행일) 이 법은 공포 후 1년이 경과한 날부터 시행한다.
제2조 부터 제16조까지 생략
제17조(다른 법률의 개정) ①부터 ⑩까지 생략
⑪ 문화재보호법 일부를 다음과 같이 개정한다.
제60조의2제1항 중 "「항공법」 제2조제7호의 공항"을 "「공항시설법」 제2조제3호에 따른 공항"으로 한다.
⑫부터 ㉖까지 생략
제18조 생략

부칙 〈제14436호, 2016. 12. 20.〉

이 법은 공포 후 6개월이 경과한 날부터 시행한다.

부칙 〈제14640호, 2017. 3. 21.〉

제1조(시행일) 이 법은 공포한 날부터 시행한다. 다만, 제2조제8항의 개정규정은 공포 후 6개월이 경과한 날부터 시행하고, 제6조의2, 제14조, 제14조의2부터 제14조의6까지, 제53조제1항, 제59조제2항 전단, 제103조제1항제1호 및 같은 조 제5항의 개정규정은 공포 후 1년이 경과한 날부터 시행한다.
제2조(중요민속문화재에 관한 경과조치) 이 법 시행 당시 종전의 제26조에 따라 지정된 중요민속문화재는 제26조의 개정규정에 따른 국가민속문화재로 지정된 것으로 본다.
제3조(금치산자 등의 결격사유에 관한 경과조치) 이 법 시행 당시 이미 금치산 또는 한정치산의 선고를 받고 법률 제10429호 민법 일부개정법률 부칙 제2조에 따라 금치산 또는 한정치산 선고의 효력이 유지되는 사람에 대해서는 제77조제1호의 개정규정에도 불구

하고 종전의 규정에 따른다.

부칙 〈제14795호, 2017. 4. 18.〉 (국토의 계획 및 이용에 관한 법률)

제1조(시행일) 이 법은 공포 후 1년이 경과한 날부터 시행한다. 〈단서 생략〉

제2조 부터 제4조까지 생략

제5조(다른 법률의 개정) ①부터 ④까지 생략

⑤ 문화재보호법 일부를 다음과 같이 개정한다.

제87조제4항 중 “제37조제1항제6호에 따른 보존지구”를 “제37조제1항제5호에 따른 보호지구”로 한다.

⑥부터 ⑧까지 생략

부칙 〈제15065호, 2017. 11. 28.〉

제1조(시행일) 이 법은 공포 후 6개월이 경과한 날부터 시행한다. 다만, 제11조제2항부터 제4항까지, 제39조제5항 · 제6항 및 제74조제1항의 개정규정은 공포한 날부터 시행한다.

제2조(동물의 수입 · 반입 신고에 관한 경과조치) 이 법 시행 당시 천연기념물로 지정된 동물의 종(種)[아종(亞種)을 포함한다] 중에서 국외로부터 수입 · 반입한 동물의 종의 소유자 또는 관리자는 이 법 시행 후 3개월 이내에 제41조의 개정규정에 따라 문화재청장에게 신고하여야 한다.

부칙 〈제15639호, 2018. 6. 12.〉

제1조(시행일) 이 법은 공포 후 1개월이 경과한 날부터 시행한다. 다만, 제75조제4항 및 제103조제4항제4호의 개정규정은 공포 후 6개월이 경과한 날부터 시행한다.

제2조(국가지정문화재의 현상변경 행위 허가 등에 관한 적용례) 제35조제4항 · 제5항, 제39조제7항 · 제8항 및 제48조제6항 · 제7항의 개정규정은 이 법 시행 후 최초로 국가지정문화재의 현상변경 등의 행위 허가 · 변경허가, 표본 · 박제 등으로 제작한 천연기념물 등의 수출 허가 및 국가지정문화재 공개 제한 지역의 출입 허가를 신청하는 경우부터 적용한다.

제3조(매매 등 영업의 허가에 관한 경과조치) 제75조제4항의 개정규정 시행 당시 종전의 규정에 따라 상호 변경과 영업장 주소지 변경 허가를 받은 자는 같은 개정규정에 따라 신고한 것으로 본다.

부칙 〈제15827호, 2018. 10. 16.〉

제1조(시행일) 이 법은 공포 후 6개월이 경과한 날부터 시행한다.

제2조(권리·의무 승계의 준용에 관한 적용례) 제74조제2항의 개정규정은 이 법 시행 후 시·도지정문화재와 문화재자료의 소유자가 변경된 경우 또는 관리단체가 지정되거나 그 지정이 해제된 경우부터 적용한다.

부칙 〈제16057호, 2018. 12. 24.〉

제1조(시행일) 이 법은 공포 후 1년이 경과한 날부터 시행한다.

제2조(등록문화재의 명칭변경에 관한 경과조치) 이 법 시행 당시 등록문화재는 이 법에 따른 국가등록문화재로 본다.

제3조(다른 법률의 개정) ① 상속세 및 증여세법 일부를 다음과 같이 개정한다.

제74조제1항제1호 중 "등록문화재"를 "국가등록문화재"로 한다.

② 소규모 공공시설 안전관리 등에 관한 법률 일부를 다음과 같이 개정한다.

제13조제1항제6호 중 "등록문화재"를 "국가등록문화재"로 한다.

③ 수자원의 조사·계획 및 관리에 관한 법률 일부를 다음과 같이 개정한다.

제14조제1항제10호 중 "등록문화재"를 "국가등록문화재"로 한다.

④ 자연재해대책법 일부를 다음과 같이 개정한다.

제14조의2제2항제13호 중 "등록문화재"를 "국가등록문화재"로 한다.

⑤ 전통사찰의 보존 및 지원에 관한 법률 일부를 다음과 같이 개정한다.

제10조의2제2항 중 "제53조제1항"을 "제2조제3항"으로 한다.

제20조 중 "같은 법 제56조제2항에 따른 현상변경 허가"를 "같은 법 제56조제2항에 따른 현상변경 허가(「문화재보호법」 제74조제3항에 따라 준용되는 경우를 포함한다)"로 한다.

⑥ 지방세특례제한법 일부를 다음과 같이 개정한다.

제55조제2항제2호 중 "따라 등록한 문화재"를 "따른 국가등록문화재"로 한다.

⑦ 지방자치법 일부를 다음과 같이 개정한다.

제9조제2항제5호다목 중 "지정 · 보존 및 관리"를 "지정 · 등록 · 보존 및 관리"로 한다.

⑧ 하천법 일부를 다음과 같이 개정한다.

제32조제1항제11호 중 "제50조에 따른 등록문화재"를 "제56조에 따른 국가등록문화재"로 한다.

⑨ 한옥 등 건축자산의 진흥에 관한 법률 일부를 다음과 같이 개정한다.

제16조 각 호 외의 부분 중 "문화재"를 "국가등록문화재"로 한다.

부칙 〈제16596호, 2019. 11. 26.〉

제1조(시행일) 이 법은 공포 후 6개월이 경과한 날부터 시행한다. 다만, 제39조제2항의 개정규정은 공포 후 1년이 경과한 날부터 시행한다.

제2조(국회 보고에 관한 적용례) 제7조의2의 개정규정은 이 법 시행 후 수립한 문화재기본계획 및 시행계획부터 적용한다.

제3조(변경신고에 관한 적용례) 제75조제4항의 개정규정은 이 법 시행 후 최초로 법인의 대표자가 변경되거나 제76조제1항제5호의 자격 요건으로 문화재매매업의 허가를 받은 법인의 대표자 또는 임원이 변경되는 경우부터 적용한다.

제4조(영업의 승계에 관한 적용례) 제75조의2의 개정규정은 이 법 시행 후 최초로 합병 또는 영업 양도가 발생하는 경우부터 적용한다.

제5조(명의대여 등의 금지에 관한 적용례) 제80조제1항제5호 및 제101조의2의 개정규정은 이 법 시행 후 최초로 명의대여 등의 금지사항을 위반한 경우부터 적용한다.

제6조(행정 제재처분 효과의 승계에 관한 적용례) 제80조의2의 개정규정은 이 법 시행 후 최초로 하는 행정 제재처분부터 적용한다.

제7조(가지정 · 가지정문화재 또는 가지정서의 용어 변경에 따른 경과조치) 이 법 시행 당시 종전의 규정에 따른 가지정 · 가지정문화재 또는 가지정서는 각각 제32조제1항 · 제2항 및 제4항의 개정규정에

따른 임시지정·임시지정문화재 또는 임시지정서로 본다.

제8조(자격요건 변경에 따른 경과조치) 이 법 시행 당시 문화재매매업의 허가를 받은 자는 제76조의 개정규정에도 불구하고 이 법에 따라 허가를 받은 것으로 본다.

제9조(다른 법률의 개정) ① 건축법 일부를 다음과 같이 개정한다.

제3조제1항제1호 중 "가지정(假指定) 문화재"를 "임시지정문화재"로 한다.

② 고도 보존 및 육성에 관한 특별법 일부를 다음과 같이 개정한다.

제11조의2제1항 중 "가지정문화재"를 "임시지정문화재"로 한다.

③ 문화유산과 자연환경자산에 관한 국민신탁법 일부를 다음과 같이 개정한다.

제2조제2호나목 중 "제2조제3항"을 "제2조제5항"으로 한다.

④ 문화재보호기금법 일부를 다음과 같이 개정한다.

제2조 중 "제2항"을 "제3항"으로 한다.

⑤ 문화재수리 등에 관한 법률 일부를 다음과 같이 개정한다.

제2조제1호가목 중 "제2조제2항"을 "제2조제3항"으로 하고, 같은 호 나목 및 다목 중 "가지정문화재"를 각각 "임시지정문화재"로 한다.

⑥ 매장문화재 보호 및 조사에 관한 법률 일부를 다음과 같이 개정한다.

제31조제1항 및 제32조제2항 전단 중 "가지정문화재"를 각각 "임시지정문화재"로 한다.

⑦ 부동산 거래신고 등에 관한 법률 일부를 다음과 같이 개정한다.

제9조제1항제2호 중 "제2조제2항"을 "제2조제3항"으로 한다.

⑧ 산림문화·휴양에 관한 법률 일부를 다음과 같이 개정한다.

제29조제1항 단서 중 "가지정문화재"를 "임시지정문화재"로 한다.

⑨ 상속세 및 증여세법 일부를 다음과 같이 개정한다.

제74조제1항제1호 중 "제2조제2항제3호"를 "제2조제3항제3호"로 한다.

⑩ 자연공원법 일부를 다음과 같이 개정한다.

제18조제1항제6호 및 제71조제2항 각 호 외의 부분 단서 중 "제2조제2항"을 각각 "제2조제3항"으로 한다.

⑪ 법률 제16057호 전통사찰의 보존 및 지원에 관한 법률 일부개정법률 일부를 다음과 같이 개정한다.

제10조의2제2항 중 "제2조제2항"을 "제2조제3항"으로, "제2조제3항"을 "제2조제4항"으로 한다.

⑫ 지방세특례제한법 일부를 다음과 같이 개정한다.

제55조제2항제1호 전단 중 "제2조제2항"을 "제2조제3항"으로 한다.

⑬ 토지이용규제 기본법 일부를 다음과 같이 개정한다.

별표 연번 100의 근거 법률란 중 "제2조제2항"를 "제2조제3항"으로 한다.

별표 연번 102의 근거 법률란 중 "제74조"를 "제70조의2"로 한다.

별표 연번 103의 지역·지구등의 명칭란 중 "가지정문화재"를 "임시지정문화재"로 한다.

⑭ 화재예방, 소방시설 설치·유지 및 안전관리에 관한 법률 일부를 다음과 같이 개정한다.

제20조의2제1항제5호 중 "제2조제2항"을 "제2조제3항"으로 한다.

제10조(다른 법령과의 관계) 이 법 시행 당시 다른 법령에서 가지정문화재 또는 「문화재보호법」의 규정을 인용하고 있는 경우에는 종전의 규정을 갈음하여 이 법의 임시지정문화재 또는 「문화재보호법」의 규정을 인용한 것으로 본다.

부칙 〈제17409호, 2020. 6. 9.〉

이 법은 공포 후 1년이 경과한 날부터 시행한다. 다만, 제15조의2의 개정규정은 공포한 날부터 시행하고, 제22조의8 및 제82조의3의 개정규정은 공포 후 6개월이 경과한 날부터 시행한다.

부칙 〈제17586호, 2020. 12. 8.〉

이 법은 공포한 날부터 시행한다. 다만, 제46조, 제59조제2항 및 제74조제3항의 개정규정은 공포 후 6개월이 경과한 날부터 시행한다.

부칙 〈제17592호, 2020. 12. 8.〉 (피후견인 결격조항 정비를 위한 경륜·경정법 등 7개 법률의 일부개정에 관한 법률)

이 법은 공포한 날부터 시행한다.

부칙 〈제17711호, 2020. 12. 22.〉

이 법은 공포한 날부터 시행한다.

부칙 〈제18157호, 2021. 5. 18.〉

이 법은 공포 후 6개월이 경과한 날부터 시행한다.

부칙 〈제18522호, 2021. 11. 30.〉 (소방시설 설치 및 관리에 관한 법률)

제1조(시행일) 이 법은 공포 후 1년이 경과한 날부터 시행한다. 〈단서 생략〉

제2조 부터 제13조까지 생략

제14조(다른 법률의 개정) ①부터 ㉒까지 생략

㉓ 문화재보호법 일부를 다음과 같이 개정한다.

제14조의3제1항 중 "「화재예방, 소방시설 설치ㆍ유지 및 안전관리에 관한 법률」"을 "「소방시설 설치 및 관리에 관한 법률」"로 한다.

㉔부터 〈54〉까지 생략

제15조 생략

부칙 〈제18770호, 2022. 1. 18.〉

이 법은 공포 후 6개월이 경과한 날부터 시행한다.

부칙 〈제18859호, 2022. 5. 3.〉

이 법은 공포 후 1년이 경과한 날부터 시행한다.

부칙 〈제19248호, 2023. 3. 21.〉

이 법은 2024년 5월 17일부터 시행한다.

[전문개정 2024. 2. 6.]

부칙 〈제19590호, 2023. 8. 8.〉

제1조(시행일) 이 법은 2024년 5월 17일부터 시행한다.

제2조(국가지정문화재, 시ㆍ도지정문화재, 문화재자료, 국가등록문화재, 시ㆍ도등록문화재, 임시지정문화재의 용어 변경에 따른 경과조치) 이 법 시행 당시 종전의 규정에 따른 국가지정문화재, 시ㆍ도지

정문화재, 문화재자료, 국가등록문화재, 시·도등록문화재, 임시지정 문화재는 각각 이 법에 따른 국가지정문화유산, 시·도지정문화유산, 문화유산자료, 국가등록문화유산, 시·도등록문화유산, 임시지정 문화유산으로 본다.

제3조(문화재기본계획의 수립에 관한 경과조치) 이 법 시행 당시 종전의 규정에 따라 수립된 문화재기본계획은 이 법에 따라 수립된 문화유산기본계획으로 본다.

제4조(위원회의 설치에 관한 경과조치) 이 법 시행 당시 종전의 규정에 따라 설치된 문화재위원회, 문화재수증심의위원회 및 시·도문화재위원회는 각각 이 법에 따라 설치된 문화유산위원회, 문화유산수증심의위원회 및 시·도문화유산위원회로 본다.

제5조(센터의 지정에 관한 경과조치) ① 이 법 시행 당시 종전의 규정에 따라 지정된 문화재교육지원센터는 이 법에 따라 지정된 문화유산교육지원센터로 본다.

② 이 법 시행 당시 종전의 규정에 따라 지정된 중앙문화재돌봄센터 및 지역문화재돌봄센터는 각각 이 법에 따라 지정된 중앙문화유산돌봄센터 및 지역문화유산돌봄센터로 본다.

제6조(단체의 지정에 관한 경과조치) 이 법 시행 당시 종전의 규정에 따라 지정된 국가등록문화재관리단체 및 시·도등록문화재관리단체는 이 법에 따라 지정된 국가등록문화유산관리단체 및 시·도등록문화유산관리단체로 본다.

제7조(재단의 명칭변경에 따른 경과조치) ① 이 법 시행 당시 종전의 규정에 따른 국외소재문화재재단은 이 법에 따른 국외소재문화유산재단으로 본다. 이 경우 국외소재문화유산재단은 이 법 시행 이후 3개월 이내에 이 법의 개정규정에 따라 정관을 변경하여 국가유산청장의 인가를 받아야 한다. 〈개정 2024. 2. 13.〉

② 이 법 시행 당시 국외소재문화재재단 이사장·이사·감사 및 직원은 각각 이 법에 따라 국외소재문화유산재단의 이사장·이사·감사 및 직원으로 임명된 것으로 본다. 이 경우 임원의 임기는 종전의 규정에 따른 임기의 남은 임기로 한다.

③ 이 법 시행 당시 국외소재문화재재단에 속하였던 모든 재산과 권리·의무는 국외소재문화유산재단이 이를 승계한다.

④ 이 법 시행 전에 국외소재문화재재단이 행한 행위 또는 국외

소재문화재재단에 대하여 행하여진 행위는 국외소재문화유산재단이 행한 행위 또는 국외소재문화유산재단에 대하여 행하여진 행위로 본다.

제8조(매매 등의 영업 허가에 관한 경과조치) 이 법 시행 당시 종전의 규정에 따라 허가를 받은 문화재매매업자는 이 법에 따라 허가를 받은 문화유산매매업자로 본다.

제9조(다른 법률의 개정) ① 법률 제19251호 5·18민주화운동 진상규명을 위한 특별법 일부개정법률 일부를 다음과 같이 개정한다.

제27조의2제3항을 다음과 같이 한다.

③ 위원회는 제1항에 따른 토지등이 「문화유산의 보존 및 활용에 관한 법률」 제48조제2항·제3항 또는 「자연유산의 보존 및 활용에 관한 법률」 제23조제2항·제3항에 따라 공개가 제한되는 국가지정문화유산 또는 천연기념물 및 명승이 있는 지역에 해당하거나 「매장유산 보호 및 조사에 관한 법률」 제4조에 따른 매장유산이 존재하는 것으로 인정되는 지역에 해당하는 경우에는 「문화유산의 보존 및 활용에 관한 법률」 제35조 및 같은 법 제48조제5항, 「자연유산의 보존 및 활용에 관한 법률」 제17조 및 같은 법 제23조제5항 및 「매장유산 보호 및 조사에 관한 법률」 제11조에도 불구하고 문화재청장과의 협의를 거친 후 그 협의 결과에 따라 유해를 조사·발굴할 수 있다. 이 경우 조사·발굴 과정에서 매장유산이 발견되었을 때에는 그 사실을 바로 문화재청장에게 알리고 문화재청장과 다시 협의하여야 한다.

② 법률 제19251호 6·25 전사자유해의 발굴 등에 관한 법률 일부개정법률 일부를 다음과 같이 개정한다.

제9조제3항을 다음과 같이 한다.

③ 국방부장관은 전사자유해가 매장되어 있다고 인정되는 토지등이 「문화유산의 보존 및 활용에 관한 법률」 제48조제2항·제3항 및 「자연유산의 보존 및 활용에 관한 법률」 제23조제2항·제3항에 따라 공개가 제한되는 국가지정문화유산 또는 천연기념물 및 명승이 있는 지역에 해당하거나 「매장유산 보호 및 조사에 관한 법률」 제4조에 따른 매장유산이 존재하는 것으로 인정되는 지역에 해당하는 경우에는 「문화유산의 보존 및 활용에 관한 법률」 제35조, 제48조제5항, 「자연유산의 보존 및 활용에 관한 법률」 제17조, 제23조제5

항 및 「매장유산 보호 및 조사에 관한 법률」 제11조에도 불구하고 문화재청장과의 협의를 거친 후 그 협의 결과에 따라 전사자유해를 조사·발굴할 수 있다. 이 경우 조사·발굴 과정에서 매장유산이 발견되었을 때에는 그 사실을 바로 문화재청장에게 알리고 문화재청장과 다시 협의하여야 한다.

③ 개발제한구역의 지정 및 관리에 관한 특별조치법 일부를 다음과 같이 개정한다.

별표 제7호를 다음과 같이 한다.

7. 제1호부터 제6호까지에서 규정한 것 외의 토지 형질변경 및 건축물 건축		
가. 「전통사찰의 보존 및 지원에 관한 법률」에 따른 전통사찰, 「문화유산의 보존 및 활용에 관한 법률」에 따른 지정문화유산 또는 등록문화유산, 「자연유산의 보존 및 활용에 관한 법률」에 따른 천연기념물등	100분의 50	없음
나. 제13조에 따른 건축물 또는 공작물의 기존 부지 안에서의 증축	없음	100분의 50
다. 그 밖의 토지 형질변경 및 건축물 건축	100분의 100	100분의 100

④ 법률 제19251호 갯벌 및 그 주변지역의 지속가능한 관리와 복원에 관한 법률 일부개정법률 일부를 다음과 같이 개정한다.

제16조제1항을 다음과 같이 한다.

① 누구든지 관리구역에서 다음 각 호의 어느 하나에 해당하는 행위를 하여서는 아니 된다. 다만, 관리구역에 「습지보전법」 제8조에 따라 지정된 습지보호지역, 「자연공원법」 제4조에 따라 지정된 공원구역, 「문화유산의 보존 및 활용에 관한 법률」 제25조에 따른 국가지정문화유산(보호물·보호구역 및 역사문화환경 보존지역을 포함한다) 또는 「자연유산의 보존 및 활용에 관한 법률」 제11조 및 제12조에 따른 천연기념물 및 명승(보호물·보호구역 및 역사문화환경 보존지역을 포함한다)이 포함된 경우에는 「습지보전법」, 「자연공원법」, 「문화유산의 보존 및 활용에 관한 법률」, 「자연유산의 보존 및 활용에 관한 법률」에서 정하는 바에 따른다.

제20조제5항을 다음과 같이 한다.

⑤ 제1항부터 제4항까지에 따라 갯벌복원사업을 시행할 때 「문화유산의 보존 및 활용에 관한 법률」 제25조에 따른 국가지정문화유산(보호물·보호구역 및 역사문화환경 보존지역을 포함한다) 또는 「자

연유산의 보존 및 활용에 관한 법률」 제11조 및 제12조에 따른 천연기념물 및 명승(보호물 · 보호구역 및 역사문화환경 보존지역을 포함한다)이 포함된 경우에는 「문화유산의 보존 및 활용에 관한 법률」, 「자연유산의 보존 및 활용에 관한 법률」에서 정하는 바에 따른다.

⑤ 법률 제19251호 건축법 일부개정법률 일부를 다음과 같이 개정한다.

제3조제1항제1호를 다음과 같이 한다.

1. 「문화유산의 보존 및 활용에 관한 법률」에 따른 지정문화유산이나 임시지정문화유산 또는 「자연유산의 보존 및 활용에 관한 법률」에 따라 지정된 천연기념물등이나 임시지정천연기념물, 임시지정명승, 임시지정시 · 도자연유산

⑥ 공익사업을 위한 토지 등의 취득 및 보상에 관한 법률 일부를 다음과 같이 개정한다.

별표 제1호(8)을 다음과 같이 한다.

(8) 「문화유산의 보존 및 활용에 관한 법률」, 「자연유산의 보존 및 활용에 관한 법률」에 따른 문화유산과 자연유산의 보존 · 관리

⑦ 공익신고자 보호법 일부를 다음과 같이 개정한다. 〈개정 2024. 2. 27.〉

별표 제151호를 다음과 같이 한다.

151. 「문화유산의 보존 및 활용에 관한 법률」

별표에 제340호의2를 다음과 같이 신설한다.

340의2. 「자연유산의 보존 및 활용에 관한 법률」

⑧ 국유림의 경영 및 관리에 관한 법률 일부를 다음과 같이 개정한다.

제16조제1항제1호나목 중 "유형문화재"를 "유형문화유산"으로 한다.

⑨ 법률 제19251호 국토의 계획 및 이용에 관한 법률 일부개정법률 일부를 다음과 같이 개정한다.

제76조제5항제4호를 다음과 같이 한다.

4. 자연환경보전지역 중 「자연공원법」에 따른 공원구역, 「수도법」에 따른 상수원보호구역, 「문화유산의 보존 및 활용에 관한 법률」에 따라 지정된 지정문화유산과 그 보호구역, 「자연유산의 보존 및 활용에 관한 법률」에 따라 지정된 천연기념물등과 그 보호구역, 「해양생태계의 보전 및 관리에 관한 법률」에 따른 해양보호구역인

경우에는 각각 「자연공원법」, 「수도법」, 「문화유산의 보존 및 활용에 관한 법률」, 「자연유산의 보존 및 활용에 관한 법률」 또는 「해양생태계의 보전 및 관리에 관한 법률」에서 정하는 바에 따른다.

제83조의2제2항을 다음과 같이 한다.

② 입지규제최소구역계획에 대한 도시계획위원회 심의 시 「학교보건법」 제6조제1항에 따른 학교환경위생정화위원회 또는 「문화유산의 보존 및 활용에 관한 법률」 제8조에 따른 문화유산위원회(같은 법 제70조에 따른 시ㆍ도지정문화유산에 관한 사항의 경우 같은 법 제71조에 따른 시ㆍ도문화유산위원회를 말한다)와 공동으로 심의를 개최하고, 그 결과에 따라 다음 각 호의 법률 규정을 완화하여 적용할 수 있다. 이 경우 다음 각 호의 완화 여부는 각각 학교환경위생정화위원회와 문화유산위원회의 의결에 따른다.

1. 「학교보건법」 제6조에 따른 학교환경위생 정화구역에서의 행위제한

2. 「문화유산의 보존 및 활용에 관한 법률」 제13조 또는 「자연유산의 보존 및 활용에 관한 법률」 제10조에 따른 역사문화환경 보존지역에서의 행위제한

⑩ 궤도운송법 일부를 다음과 같이 개정한다.

제4조제3항제2호 중 "문화재보호구역"을 "문화유산보호구역 또는 자연유산보호구역"으로 한다.

⑪ 규제자유특구 및 지역특화발전특구에 관한 규제특례법 일부를 다음과 같이 개정한다.

제132조의 제목 중 "「문화재보호법」"을 "「문화유산의 보존 및 활용에 관한 법률」"로 하고, 같은 조 중 "「문화재보호법」 제25조에 따라 지정된 국가지정문화재"를 "「문화유산의 보존 및 활용에 관한 법률」 제25조에 따라 지정된 국가지정문화유산"으로 한다.

⑫ 법률 제19251호 농어촌정비법 일부개정법률 일부를 다음과 같이 개정한다.

제106조제2항제12호를 다음과 같이 한다.

12. 「문화유산의 보존 및 활용에 관한 법률」 제35조제1항제1호ㆍ제2호에 따른 허가 및 같은 법 제66조 단서(「자연유산의 보존 및 활용에 관한 법률」 제63조에 따라 준용하는 경우를 포함한다)에 따른 국유지 사용허가와 「자연유산의 보존 및 활용에 관한 법률」 제

17조제1항제1호 · 제2호 · 제4호 및 제5호에 따른 허가

⑬ 법률 제19251호 도시공원 및 녹지 등에 관한 법률 일부개정법률 일부를 다음과 같이 개정한다.

제48조를 다음과 같이 한다.

제48조(문화유산 등에 대한 특례) ① 시 · 도지사는 「문화유산의 보존 및 활용에 관한 법률」에 따른 국가지정문화유산 또는 「자연유산의 보존 및 활용에 관한 법률」에 따른 천연기념물 · 명승으로 지정된 지역이나 그 보호구역에 도시공원 또는 녹지에 관한 도시 · 군관리계획을 결정하려는 경우에는 미리 문화재청장과 협의하여야 한다.

② 제1항에 따른 협의를 거쳐 결정된 도시공원 또는 녹지의 설치 및 관리에 관하여는 「문화유산의 보존 및 활용에 관한 법률」 또는 「자연유산의 보존 및 활용에 관한 법률」에서 정하는 바에 따른다.

⑭ 도시 및 주거환경정비법 일부개정법률 일부를 다음과 같이 개정한다.

제54조제3항제6호 중 "「문화재보호법」 제12조에 따른 건설공사 시 문화재 보호"를 "「문화유산의 보존 및 활용에 관한 법률」 제12조에 따른 건설공사 시 문화유산 보호"로 한다.

⑮ 법률 제19251호 독도 등 도서지역의 생태계 보전에 관한 특별법 일부개정법률 일부를 다음과 같이 개정한다.

제7조제1항 단서를 다음과 같이 한다.

다만, 「문화유산의 보존 및 활용에 관한 법률」에 따라 문화유산(그 보호물 및 보호구역을 포함한다. 이하 같다)으로 지정된 도서 및 「자연유산의 보존 및 활용에 관한 법률」에 따라 자연유산(그 보호물 및 보호구역을 포함한다)으로 지정된 도서에서는 문화재청장 또는 시 · 도지사와 미리 협의하여야 한다.

제8조제2항제5호를 다음과 같이 한다.

5. 「문화유산의 보존 및 활용에 관한 법률」 또는 「자연유산의 보존 및 활용에 관한 법률」에 따라 문화재청장 또는 시 · 도지사가 필요하다고 인정하는 행위

제9조제1항 각 호 외의 부분 단서를 다음과 같이 한다.

다만, 「문화유산의 보존 및 활용에 관한 법률」에 따라 문화유산 또는 「자연유산의 보존 및 활용에 관한 법률」에 따라 자연유산(그

보호물 및 보호구역을 포함한다)으로 지정된 도서에 대하여는 미리 문화재청장 또는 시·도지사와 협의하여야 한다.

제10조제1항제5호를 다음과 같이 한다.

5. 「문화유산의 보존 및 활용에 관한 법률」 및 「자연유산의 보존 및 활용에 관한 법률」에 따라 문화재청장 또는 시·도지사가 필요하다고 인정하는 경우

⑯ 무인도서의 보전 및 관리에 관한 법률 일부를 다음과 같이 개정한다. 〈개정 2023. 8. 16.〉

제9조제4항 각 호 외의 부분 및 같은 항 제1호를 각각 다음과 같이 한다.

해양수산부장관은 제1항에 따른 실태조사 결과 다음 각 호의 어느 하나에 해당하는 것(이하 "문화유산등"이라 한다)의 지정요건에 해당하는 문화유산, 동식물, 지형, 경관 및 자연적 생성물 등을 발견한 때에는 관계 중앙행정기관의 장에게 그 사실을 통보하여야 한다.

1. 「문화유산의 보존 및 활용에 관한 법률」에 따른 문화유산(문화유산보호구역을 포함하며, 이하 같다)

법률 제19690호 무인도서의 보전 및 관리에 관한 법률 일부개정법률 제12조제3항을 다음과 같이 한다.

③ 제1항 및 제2항에도 불구하고 절대보전무인도서 안에 있는 문화유산등에 대한 각종 행위제한에 관하여는 각각 「문화유산의 보존 및 활용에 관한 법률」, 「자연유산의 보존 및 활용에 관한 법률」, 「야생생물 보호 및 관리에 관한 법률」, 「자연환경보전법」, 「자연공원법」, 「습지보전법」, 「산림자원의 조성 및 관리에 관한 법률」 및 「산림보호법」에서 정한 바에 따른다.

법률 제19690호 무인도서의 보전 및 관리에 관한 법률 일부개정법률 제12조의2제5항 및 제12조의3제5항 중 "문화재등"을 각각 "문화유산등"으로 한다.

법률 제19690호 무인도서의 보전 및 관리에 관한 법률 일부개정법률 제13조제4항을 다음과 같이 한다.

④ 제1항에도 불구하고 절대보전무인도서 안에 있는 문화유산등에 대한 출입제한에 관하여는 각각 「문화유산의 보존 및 활용에 관한 법률」, 「자연유산의 보존 및 활용에 관한 법률」, 「야생생물 보호 및 관리에 관한 법률」, 「자연환경보전법」, 「자연공원법」, 「습지보

전법」, 「산림자원의 조성 및 관리에 관한 법률」 및 「산림보호법」에서 정한 바에 따른다.

⑰ 문화유산과 자연환경자산에 관한 국민신탁법 일부를 다음과 같이 개정한다.

제2조제2호 가목 중 "「문화재보호법」 제2조제1항"을 "「문화유산의 보존 및 활용에 관한 법률」 제2조제1항"으로, "따른 문화재"를 "따른 문화유산"으로 하고, 같은 호 나목 중 "문화재를"을 "문화유산을"로, "「문화재보호법」 제2조제5항의 규정에 따른 보호구역"을 "「문화유산의 보존 및 활용에 관한 법률」 제2조제5항에 따른 보호구역"으로 하며, 같은 호 다목 중 "문화재와"를 "문화유산과"로 한다.

⑱ 법률 제19251호 민간인 통제선 이북지역의 산지관리에 관한 특별법 일부개정법률 일부를 다음과 같이 개정한다.

제12조제5호를 다음과 같이 한다.

5. 「문화유산의 보존 및 활용에 관한 법률」에 따른 지정문화유산 및 그 보호구역, 「자연유산의 보존 및 활용에 관한 법률」에 따른 천연기념물등과 그 보호구역

⑲ 박물관 및 미술관 진흥법 일부를 다음과 같이 개정한다.

제10조제3항제1호 중 "문화재의"를 "문화유산의"로 한다.

제32조제1항 각 호 외의 부분 중 "「문화재보호법」 제8조"를 "「문화유산의 보존 및 활용에 관한 법률」 제8조"로, "문화재위원회에"를 "문화유산위원회에"로 하고, 같은 조 제2항 각 호 외의 부분 중 "「문화재보호법」 제71조제1항에"를 "「문화유산의 보존 및 활용에 관한 법률」 제71조제1항에"로, "시 · 도문화재위원회에"를 "시 · 도문화유산위원회에"로 한다.

⑳ 부동산 거래신고 등에 관한 법률 일부를 다음과 같이 개정한다.

제9조제1항제2호 중 "「문화재보호법」 제2조제3항에 따른 지정문화재와"를 "「문화유산의 보존 및 활용에 관한 법률」 제2조제3항에 따른 지정문화유산과"로 한다.

㉑ 사법경찰관리의 직무를 수행할 자와 그 직무범위에 관한 법률 일부를 다음과 같이 개정한다.

제6조제11호 중 "「문화재보호법」 및"을 "「문화유산의 보존 및 활용에 관한 법률」, 「자연유산의 보존 및 활용에 관한 법률」,"로, "「문화재보호법」에"를 "「문화유산의 보존 및 활용에 관한 법률」 또는

「자연유산의 보존 및 활용에 관한 법률」에”로, “국가지정문화재의”를 “국가지정문화유산 또는 천연기념물 · 명승의”로, “시 · 도지정문화재의”를 “시 · 도지정문화유산 또는 시 · 도자연유산의”로 한다.

㉒ 법률 제19251호 산림문화 · 휴양에 관한 법률 일부개정법률 일부를 다음과 같이 개정한다.

제29조제1항 단서 및 같은 조 제3항제1호를 각각 다음과 같이 한다.

다만, 「문화유산의 보존 및 활용에 관한 법률」에 따른 지정문화유산 · 임시지정문화유산 · 등록문화유산 · 보호물 또는 보호구역과 「자연유산의 보존 및 활용에 관한 법률」에 따른 천연기념물등 · 임시지정천연기념물 · 임시지정명승 · 임시지정시 · 도자연유산 · 보호물 또는 보호구역은 제외한다.

1. 「문화유산의 보존 및 활용에 관한 법률」에 따른 지정문화유산 · 보호물 또는 보호구역으로 지정되거나 등록문화유산으로 등록되거나 「자연유산의 보존 및 활용에 관한 법률」에 따른 천연기념물등 · 보호물 또는 보호구역으로 지정된 경우

㉓ 법률 제19251호 산림보호법 일부개정법률 일부를 다음과 같이 개정한다.

제11조제1항제1호마목 및 아목을 각각 다음과 같이 한다.

마. 「문화유산의 보존 및 활용에 관한 법률」 제27조에 따른 보호구역(국가지정문화유산의 점유 면적을 포함한다) 및 「자연유산의 보존 및 활용에 관한 법률」 제13조에 따른 보호구역(천연기념물 · 명승의 점유 면적을 포함한다)의 지정 및 관리 등 공익 목적을 위하여 지정해제가 불가피하다고 인정되는 경우로서 대통령령으로 정하는 사유가 발생한 경우

아. 「문화유산의 보존 및 활용에 관한 법률」 제74조제2항에 따른 시 · 도지정문화유산 보호구역(시 · 도지정문화유산의 점유 면적을 포함한다) 및 「자연유산의 보존 및 활용에 관한 법률」 제41조제1항에 따른 시 · 도자연유산 보호구역(시 · 도자연유산의 점유 면적을 포함한다)의 지정 및 관리 등 공익 목적을 위하여 지정해제가 불가피하다고 인정되는 경우로서 대통령령으로 정하는 사유가 발생한 경우

㉔ 산지관리법 일부를 다음과 같이 개정한다.

제4조제1항제1호나목6)을 다음과 같이 한다.

6) 「문화유산의 보존 및 활용에 관한 법률」에 따른 문화유산보호구역의 산지 또는 「자연유산의 보존 및 활용에 관한 법률」에 따른 자연유산보호구역의 산지

㉕ 상속세 및 증여세법 일부를 다음과 같이 개정한다.

제73조의2의 제목, 같은 조 제1항 각 호 외의 부분 및 같은 조 제3항부터 제5항까지 중 "문화재"를 각각 "문화유산"으로 한다.

법률 제19251호 상속세 및 증여세법 일부개정법률 제74조의 제목 중 "지정문화재"를 "지정문화유산"으로 하고, 같은 조 제1항제1호 중 "「문화재보호법」"을 "「문화유산의 보존 및 활용에 관한 법률」"로, "문화재자료 및"을 "문화유산자료 및"으로, "국가등록문화재(이하 이 조에서 "문화재자료등"이라 한다)와"를 "국가등록문화유산(이하 이 조에서 "문화유산자료등"이라 한다)과"로 하며, 같은 항 제3호 중 "「문화재보호법」"을 "「문화유산의 보존 및 활용에 관한 법률」"로, "국가지정문화재 및 시·도지정문화재와"를 "국가지정문화유산 및 시·도지정문화유산과"로, "국가지정문화재등"을 "국가지정문화유산등"으로 하고, 같은 조 제2항 및 제3항 중 "문화재자료등"을 각각 "문화유산자료등"으로, "국가지정문화재등"을 각각 "국가지정문화유산등"으로 하며, 같은 조 제5항부터 제7항까지 중 "국가지정문화재등"을 각각 "국가지정문화유산등"으로 한다.

제78조제15항제1호 및 제2호 중 "국가지정문화재등의"를 각각 "국가지정문화유산등 및 천연기념물등의"로 한다.

㉖ 법률 제19251호 새만금사업 추진 및 지원에 관한 특별법 일부개정법률 일부를 다음과 같이 개정한다.

제70조제1항제10호를 다음과 같이 한다.

10. 「문화유산의 보존 및 활용에 관한 법률」, 「자연유산의 보존 및 활용에 관한 법률」 및 「매장유산 보호 및 조사에 관한 법률」에 따른 문화유산보호 등에 관한 사무

㉗ 법률 제19251호 소규모 공공시설 안전관리 등에 관한 법률 일부개정법률 일부를 다음과 같이 개정한다.

제13조제1항제6호를 다음과 같이 한다.

6. 「문화유산의 보존 및 활용에 관한 법률」 제35조제1항제1호·제2호에 따른 국가지정문화유산의 현상 변경 등 허가, 같은 법 제

56조에 따른 국가등록문화유산의 현상 변경 신고 및 같은 법 제66조 단서(「자연유산의 보존 및 활용에 관한 법률」 제63조에 따라 준용하는 경우를 포함한다)에 따른 국유문화유산 및 국유자연유산 사용허가와 「자연유산의 보존 및 활용에 관한 법률」제17조제1항제1호·제2호·제4호·제5호에 따른 허가, 「매장유산 보호 및 조사에 관한 법률」 제8조에 따른 협의

㉘ 소나무재선충병 방제특별법 일부를 다음과 같이 개정한다.

제8조제3항 중 "문화재보호구역"을 "문화유산보호구역·자연유산보호구역"으로 한다.

법률 제19251호 소나무재선충병 방제특별법 일부개정법률 제16조의3제1항제5호를 다음과 같이 한다.

5. 「문화유산의 보존 및 활용에 관한 법률」 제35조제1항에 따른 허가 및 「자연유산의 보존 및 활용에 관한 법률」 제17조제1항에 따른 허가

㉙ 소득세법 일부를 다음과 같이 개정한다.

제12조제5호바목 중 "「문화재보호법」"을 "「문화유산의 보존 및 활용에 관한 법률」"로, "국가지정문화재로"를 "국가지정문화유산으로"로 한다.

㉚ 법률 제19251호 수목원·정원의 조성 및 진흥에 관한 법률 일부개정법률 일부를 다음과 같이 개정한다.

제2조제1호의2 단서를 다음과 같이 한다.

다만, 「문화유산의 보존 및 활용에 관한 법률」 제2조에 따른 문화유산, 「자연유산의 보존 및 활용에 관한 법률」에 따른 자연유산, 「자연공원법」에 따른 자연공원, 「도시공원 및 녹지 등에 관한 법률」에 따른 도시공원 등 대통령령으로 정하는 공간은 제외한다.

㉛ 수자원의 조사·계획 및 관리에 관한 법률 일부를 다음과 같이 개정한다.

제14조제1항제10호 중 "「문화재보호법」"을 "「문화유산의 보존 및 활용에 관한 법률」"로, "국가등록문화재"를 "국가등록문화유산"으로 한다.

㉜ 야생생물 보호 및 관리에 관한 법률 일부를 다음과 같이 개정한다.

법률 제19251호 야생생물 보호 및 관리에 관한 법률 일부개정법

률 제28조제1항 각 호 외의 부분 단서를 다음과 같이 한다.

다만, 「문화유산의 보존 및 활용에 관한 법률」 제2조에 따른 문화유산(보호구역을 포함한다)과 「자연유산의 보존 및 활용에 관한 법률」 제2조에 따른 자연유산(보호구역을 포함한다)에 대하여는 그 법에서 정하는 바에 따른다.

법률 제19251호 야생생물 보호 및 관리에 관한 법률 일부개정법률 제29조제1항 각 호 외의 부분 단서를 다음과 같이 한다.

다만, 다음 각 호의 어느 하나의 행위를 하기 위하여 출입하는 경우에는 그러하지 아니하며, 「문화유산의 보존 및 활용에 관한 법률」 제2조에 따른 문화유산(보호구역을 포함한다)과 「자연유산의 보존 및 활용에 관한 법률」 제2조에 따른 자연유산(보호구역을 포함한다)에 대하여는 문화재청장과 협의하여야 한다.

제54조제7호 중 "「문화재보호법」"을 "「문화유산의 보존 및 활용에 관한 법률」"로, "문화재가"를 "문화유산이"로 한다.

법률 제19251호 야생생물 보호 및 관리에 관한 법률 일부개정법률 제54조제7호의2를 다음과 같이 한다.

7의2. 「자연유산의 보존 및 활용에 관한 법률」 제2조에 따른 자연유산이 있는 장소 및 같은 법 제13조에 따라 지정된 보호구역

제55조제5호 중 "「문화재보호법」"을 "「문화유산의 보존 및 활용에 관한 법률」"로, "문화재가"를 "문화유산이"로 한다.

법률 제19251호 야생생물 보호 및 관리에 관한 법률 일부개정법률 제55조제5호의2를 다음과 같이 한다.

5의2. 「자연유산의 보존 및 활용에 관한 법률」 제2조에 따른 자연유산이 있는 장소 및 같은 법 제13조에 따라 지정된 보호구역으로부터 1킬로미터 이내의 장소

㉝ 법률 제19251호 옥외광고물 등의 관리와 옥외광고산업 진흥에 관한 법률 일부개정법률 일부를 다음과 같이 개정한다.

제3조제1항제2호를 다음과 같이 한다.

2. 「문화유산의 보존 및 활용에 관한 법률」에 따른 문화유산 및 보호구역과 「자연유산의 보존 및 활용에 관한 법률」에 따른 자연유산 및 보호구역

㉞ 법률 제19251호 울산과학기술원법 일부개정법률 일부를 다음과 같이 개정한다.

제15조제1항 단서를 다음과 같이 한다.

다만, 「문화유산의 보존 및 활용에 관한 법률」 제66조(「자연유산의 보존 및 활용에 관한 법률」 제63조에 따라 준용하는 경우를 포함한다)에 따른 국유문화유산 및 국유자연유산은 제외한다.

㉟ 인쇄문화산업 진흥법 일부를 다음과 같이 개정한다.

제3조제2항 중 "문화재의"를 "문화유산의"로 한다.

㊱ 자연공원법 일부를 다음과 같이 개정한다.

제18조제1항제6호 및 제2항제1호가목을 각각 다음과 같이 한다.

6. 공원문화유산지구: 「문화유산의 보존 및 활용에 관한 법률」 제2조제3항에 따른 지정문화유산 및 「자연유산의 보존 및 활용에 관한 법률」 제2조제5호에 따른 천연기념물등을 보유한 사찰(寺刹)과 전통사찰보존지 중 문화유산 및 자연유산의 보전에 필요하거나 불사(佛事)에 필요한 시설을 설치하고자 하는 지역

가. 학술연구, 자연보호 또는 문화유산 및 자연유산의 보존·관리를 위하여 필요하다고 인정되는 최소한의 행위

제26조제2호를 다음과 같이 한다.

2. 「문화유산의 보존 및 활용에 관한 법률」 제2조제1항에 따른 문화유산(같은 법 제27조에 따른 보호물 및 보호구역을 포함한다. 이하 같다)

법률 제19251호 자연공원법 일부개정법률 제26조제2호의2를 다음과 같이 한다.

2의2. 「자연유산의 보존 및 활용에 관한 법률」에 따른 자연유산(같은 법 제13조에 따른 보호물 및 보호구역을 포함한다)

법률 제19251호 자연공원법 일부개정법률 제37조제2항을 다음과 같이 한다.

② 제18조제1항제6호에 따른 사찰의 주지는 공원관리청과 협의하여 공원문화유산지구에 입장하는 사람에게 입장료를 징수할 수 있다. 이 경우 입장료를 징수하는 사찰은 「문화유산의 보존 및 활용에 관한 법률」 제49조(「자연유산의 보존 및 활용에 관한 법률」 제63조에 따라 준용하는 경우를 포함한다)에 따른 관람료를 징수할 수 없다.

제42조제2항을 다음과 같이 하고, 같은 조 제3항 중 "문화재의"를 "문화유산 및 자연유산의"로, "문화재를"을 "문화유산 및 자연유산을"로 한다.

② 제1항에 따른 수입은 자연공원의 관리와 자연공원에 있는 문화유산 및 자연유산의 관리·보수를 위한 비용으로만 사용하여야 한다. 다만, 제37조제2항에 따른 수입은 공원문화유산지구의 유지·관리를 위한 비용으로 사용하여야 한다.

법률 제19251호 자연공원법 일부개정법률 제71조제2항 각 호 외의 부분을 다음과 같이 한다.

자연공원에서 다음 각 호의 법령에 따라 허가 또는 인가 등을 하려는 행정기관의 장은 대통령령으로 정하는 바에 따라 공원관리청과 협의하여야 하며, 협의가 이루어져 관계 행정기관의 장의 허가 또는 인가 등을 받은 경우에는 이 법에 따라 공원관리청의 허가를 받아야 하는 사항에 관하여 공원관리청의 허가를 받은 것으로 본다. 다만, 「문화유산의 보존 및 활용에 관한 법률」 제2조제3항에 따른 지정문화유산과 그 보호물 또는 「자연유산의 보존 및 활용에 관한 법률」 제2조제5호에 따른 천연기념물등과 그 보호물의 증축·개축·재축·이축과 외부를 칠하는 행위와 제18조제2항제6호가목 및 나목의 행위에 관하여는 공원관리청과의 협의가 필요하지 아니하며, 관계 행정기관의 장의 허가를 받은 경우에는 이 법에 따라 공원관리청의 허가를 받은 것으로 본다. 이 경우 제18조제1항제6호에 따른 공원문화유산지구에서 허가 또는 인가 등을 하려는 행정기관의 장은 허가 또는 인가 등에 관한 신청서 사본을 지체 없이 공원관리청에 보내야 하며, 공원관리청은 그 신청내용대로 허가 또는 인가 등을 할 경우 자연공원의 유지·관리에 상당한 지장을 줄 우려가 있다고 판단되는 경우에는 보완의견을 행정기관의 장에게 제시할 수 있다.

법률 제19251호 자연공원법 일부개정법률 제71조제2항제9호를 다음과 같이 한다.

9. 「문화유산의 보존 및 활용에 관한 법률」, 「자연유산의 보존 및 활용에 관한 법률」, 「매장유산 보호 및 조사에 관한 법률」

㊲ 법률 제19251호 자연재해대책법 일부개정법률 일부를 다음과 같이 개정한다.

제14조의2제2항제13호를 다음과 같이 한다.

13. 「문화유산의 보존 및 활용에 관한 법률」 제35조제1항제1호에 따른 국가지정문화유산의 현상 변경 등 허가, 같은 법 제56조에 따른 국가등록문화유산의 현상 변경 신고 및 같은 법 제66조 단

서(「자연유산의 보존 및 활용에 관한 법률」 제63조에 따라 준용하는 경우를 포함한다)에 따른 국유문화유산 및 국유자연유산 사용허가, 「자연유산의 보존 및 활용에 관한 법률」 제17조제1항제1호 · 제2호에 따른 허가와 「매장유산 보호 및 조사에 관한 법률」 제8조에 따른 협의

㊳ 자연환경보전법 일부를 다음과 같이 개정한다.

법률 제19251호 자연환경보전법 일부개정법률 제15조제1항 각 호 외의 부분 단서를 다음과 같이 한다.

다만, 생태 · 경관보전지역안에 「자연공원법」에 따라 지정된 공원구역, 「자연유산의 보존 및 활용에 관한 법률」에 따른 자연유산(보호구역을 포함한다) 또는 「문화유산의 보존 및 활용에 관한 법률」에 따른 문화유산(보호구역을 포함한다)이 포함된 경우에는 「자연공원법」, 「자연유산의 보존 및 활용에 관한 법률」 또는 「문화유산의 보존 및 활용에 관한 법률」에서 정하는 바에 따른다.

제18조제1항 중 "문화재의"를 "문화유산 및 자연유산의"로 한다.

㊴ 법률 제19251호 장사 등에 관한 법률 일부개정법률 일부를 다음과 같이 개정한다.

제17조제3호 본문을 다음과 같이 한다.

「문화유산의 보존 및 활용에 관한 법률」 제27조 · 제70조제3항 및 「자연유산의 보존 및 활용에 관한 법률」 제13조 · 제41조제1항에 따른 보호구역.

㊵ 전기안전관리법 일부를 다음과 같이 개정한다.

제13조제2항 중 "「문화재보호법」에 따른 지정문화재"를 "「문화유산의 보존 및 활용에 관한 법률」에 따른 지정문화유산"으로 한다.

㊶ 전통사찰의 보존 및 지원에 관한 법률 일부를 다음과 같이 개정한다.

제7조제2항 후단 중 "문화재"를 "문화유산"으로 한다.

법률 제19251호 전통사찰의 보존 및 지원에 관한 법률 일부개정법률 제10조의2제2항을 다음과 같이 한다.

② 제1항에 따른 전통사찰과 전통사찰의 문화유산 또는 자연유산의 범위에는 「문화유산의 보존 및 활용에 관한 법률」 제2조제3항에 따른 지정문화유산, 같은 법 제2조제4항에 따른 등록문화유산, 「자연유산의 보존 및 활용에 관한 법률」 제2조제5호에 따른 천연기

념물등, 그 밖에 보호·보존할 가치가 있는 전통사찰보존지 안의 비지정문화유산을 포함한다.

법률 제19251호 전통사찰의 보존 및 지원에 관한 법률 일부개정법률 제20조를 다음과 같이 한다.

제20조(문화유산 등의 현상변경허가) 「문화유산의 보존 및 활용에 관한 법률」 제35조제1항제1호 또는 제2호(「문화유산의 보존 및 활용에 관한 법률」 제74조제2항에 따라 준용되는 경우를 포함한다)에 따른 현상변경 등의 허가, 같은 법 제56조제2항에 따른 현상변경허가(「문화유산의 보존 및 활용에 관한 법률」 제74조제3항에 따라 준용되는 경우를 포함한다) 및 「자연유산의 보존 및 활용에 관한 법률」 제17조제1항제1호·제2호·제4호·제5호에 따른 허가(같은 법 제42조제1항에 따라 준용하는 경우를 포함한다)를 받은 경우에는 제9조의2제1항제1호에 따른 허가를 받은 것으로 본다.

㊷ 지방세특례제한법 일부를 다음과 같이 개정한다.

제55조의 제목 중 "문화재"를 "문화유산 등"으로 하고, 같은 조 제1항 본문 중 "「문화재보호법」"을 "「문화유산의 보존 및 활용에 관한 법률」"로 한다.

법률 제19251호 지방세특례제한법 일부개정법률 제55조제2항을 다음과 같이 한다.

② 「문화유산의 보존 및 활용에 관한 법률」에 따른 문화유산, 「자연유산의 보존 및 활용에 관한 법률」에 따른 자연유산에 대해서는 다음 각 호에 따라 재산세를 감면한다.

1. 「문화유산의 보존 및 활용에 관한 법률」 제2조제3항에 따른 지정문화유산 및 「자연유산의 보존 및 활용에 관한 법률」 제2조제5호에 따른 천연기념물등으로 지정된 부동산에 대해서는 재산세(「지방세법」 제112조에 따른 부과액을 포함한다. 이하 이 항에서 같다)를 면제하고, 「문화유산의 보존 및 활용에 관한 법률」 제27조 및 「자연유산의 보존 및 활용에 관한 법률」 제13조에 따라 지정된 보호구역에 있는 부동산에 대해서는 재산세의 100분의 50을 경감한다. 이 경우 지방자치단체의 장이 해당 보호구역의 재정여건 등을 고려하여 100분의 50의 범위에서 조례로 정하는 율을 추가로 경감할 수 있다.

2. 「문화유산의 보존 및 활용에 관한 법률」 제53조제1항에 따

른 국가등록문화유산과 그 부속토지에 대해서는 재산세의 100분의 50을 경감한다.

㊸ 법률 제19251호 지방소도읍 육성 지원법 일부개정법률 일부를 다음과 같이 개정한다.

제9조제1항제21호를 다음과 같이 한다.

21. 「문화유산의 보존 및 활용에 관한 법률」 제35조제1항제1호 · 제2호에 따른 허가 및 같은 법 제66조 단서(「자연유산의 보존 및 활용에 관한 법률」 제63조에 따라 준용하는 경우를 포함한다)에 따른 사용허가, 「자연유산의 보존 및 활용에 관한 법률」 제17조제1항제1호 · 제2호 · 제4호 · 제5호에 따른 허가

㊹ 지방자치법 일부를 다음과 같이 개정한다.

제13조제2항제5호다목 중 "지방문화재"를 "시 · 도지정문화유산 또는 시 · 도자연유산"으로 한다.

㊺ 지역 개발 및 지원에 관한 법률 일부를 다음과 같이 개정한다.

제57조제1항 중 "문화재"를 "문화유산 또는 자연유산"으로 한다.

㊻ 토지이용규제 기본법 일부를 다음과 같이 개정한다.

별표 연번 100부터 104까지를 각각 다음과 같이 한다.

100	「문화유산의 보존 및 활용에 관한 법률」 제2조제3항	지정문화유산
101	「문화유산의 보존 및 활용에 관한 법률」 제13조	역사문화환경 보존지역
102	「문화유산의 보존 및 활용에 관한 법률」 제27조 및 제70조의2	보호구역
103	「문화유산의 보존 및 활용에 관한 법률」 제32조 및 제74조	임시지정문화유산
104	「문화유산의 보존 및 활용에 관한 법률」 제53조	등록문화유산

법률 제19432호 토지이용규제 기본법 일부개정법률 별표 연번 245부터 248까지를 각각 다음과 같이 신설한다.

245	「자연유산의 보존 및 활용에 관한 법률」 제2조제5호	천연기념물등
246	「자연유산의 보존 및 활용에 관한 법률」 제10조	역사문화환경 보존지역
247	「자연유산의 보존 및 활용에 관한 법률」 제13조 및 제41조	보호구역
248	「자연유산의 보존 및 활용에 관한 법률」 제16조 및 제42조	임시지정천연기념물 또는 임시지정명승

㊼ 법률 제19251호 하수도법 일부개정법률 일부를 다음과 같이 개정한다.

제17조제1항제6호를 다음과 같이 한다.

6. 「문화유산의 보존 및 활용에 관한 법률」 제35조제1항제1호

· 제2호에 따른 허가 및 같은 법 제66조 단서(「자연유산의 보존 및 활용에 관한 법률」 제63조에 따라 준용하는 경우를 포함한다)에 따른 국유문화유산 및 국유자연유산의 사용허가, 「자연유산의 보존 및 활용에 관한 법률」 제17조제1항제1호 · 제2호 · 제4호 · 제5호에 따른 허가

㊽ 하천법 일부를 다음과 같이 개정한다.

제7조제2항제3호다목 중 "문화재보호구역"을 "문화유산보호구역 및 자연유산보호구역"으로 한다.

제32조제1항제11호 중 "「문화재보호법」"을 "「문화유산의 보존 및 활용에 관한 법률」"로, "국가등록문화재의"를 "국가등록문화유산의"로 한다.

㊾ 한국에너지공과대학교법 일부를 다음과 같이 개정한다.

제12조제1항 단서를 다음과 같이 한다.

다만, 「문화유산의 보존 및 활용에 관한 법률」 제66조 단서(「자연유산의 보존 및 활용에 관한 법률」 제63조에 따라 준용하는 경우를 포함한다)에 따른 국유문화유산 및 국유자연유산은 제외한다.

㊿ 한옥 등 건축자산의 진흥에 관한 법률 일부를 다음과 같이 개정한다.

제2조제1호 각 목 외의 부분 단서 중 "「문화재보호법」"을 "「문화유산의 보존 및 활용에 관한 법률」 또는 「자연유산의 보존 및 활용에 관한 법률」"로, "문화재는"을 "문화유산 또는 자연유산은"으로 한다.

제10조제2항 후단 중 "문화재"를 "문화유산 및 자연유산"으로 한다.

제15조제3항 본문 중 "「문화재보호법」"을 "「문화유산의 보존 및 활용에 관한 법률」 또는 「자연유산의 보존 및 활용에 관한 법률」"로, "문화재로"를 "문화유산 및 자연유산으로"로 하고, 같은 항 단서 중 "「문화재보호법」"을 "「문화유산의 보존 및 활용에 관한 법률」 또는 「자연유산의 보존 및 활용에 관한 법률」"로 한다.

제16조의 제목 중 "문화재"를 "문화유산"으로 하고, 같은 조 각 호 외의 부분 중 "「문화재보호법」"을 "「문화유산의 보존 및 활용에 관한 법률」"로, "국가등록문화재"를 "국가등록문화유산"으로 하며, 같은 조 제2호 중 "문화재로서"를 "문화유산으로서"로 한다.

〈51〉 법률 제19251호 해양생태계의 보전 및 관리에 관한 법률 일부개정법률 일부를 다음과 같이 개정한다.

제20조제3항제5호를 다음과 같이 한다.

5. 「문화유산의 보존 및 활용에 관한 법률」 제35조 또는 「자연유산의 보존 및 활용에 관한 법률」 제17조에 따른 허가사항인 경우

제27조제1항 각 호 외의 부분 단서를 다음과 같이 한다.

다만, 해양보호구역에 「자연공원법」에 따라 지정된 공원구역 또는 「문화유산의 보존 및 활용에 관한 법률」에 따른 문화유산(보호구역을 포함한다) 및 「자연유산의 보존 및 활용에 관한 법률」에 따른 자연유산(보호구역을 포함한다)이 포함된 경우에는 「자연공원법」 또는 「문화유산의 보존 및 활용에 관한 법률」 및 「자연유산의 보존 및 활용에 관한 법률」에서 정하는 바에 따른다.

제42조제1항 단서를 다음과 같이 한다.

다만, 「문화유산의 보존 및 활용에 관한 법률」 제39조, 「자연유산의 보존 및 활용에 관한 법률」 제20조와 「야생생물 보호 및 관리에 관한 법률」 제21조 및 「생물다양성 보전 및 이용에 관한 법률」 제11조에 따라 허가를 받거나 승인을 얻은 경우에는 해양수산부장관의 허가를 받은 것으로 본다.

〈52〉 향교재산법 일부를 다음과 같이 개정한다.

제8조제1항 각 호 외의 부분 단서 중 "「문화재보호법」 제34조제3호"를 "「문화유산의 보존 및 활용에 관한 법률」 제35조"로 한다.

〈53〉 법률 제19251호 화재의 예방 및 안전관리에 관한 법률 일부개정법률 일부를 다음과 같이 개정한다.

제40조제1항제5호를 다음과 같이 한다.

5. 「문화유산의 보존 및 활용에 관한 법률」 제2조제3항의 지정문화유산 및 「자연유산의 보존 및 활용에 관한 법률」 제2조제5호에 따른 천연기념물등인 시설(시설이 아닌 지정문화유산 및 천연기념물등을 보호하거나 소장하고 있는 시설을 포함한다)

제10조(다른 법령과의 관계) 이 법 시행 당시 다른 법령(이 법 시행 전에 공포되었으나 시행일이 도래하지 아니한 법령을 포함한다)에서 종전의 「문화재보호법」 또는 그 규정을 인용한 경우에 이 법 가운데 그에 해당하는 규정이 있으면 종전의 「문화재보호법」 또는 그 규정을 갈음하여 이 법 또는 이 법의 해당 규정을 인용한 것으로 본다.

부칙 〈제19592호, 2023. 8. 8.〉 (법률용어 정비를 위한 문

화체육관광위원회 소관 43개 법률 일부개정법률)
이 법은 공포한 날부터 시행한다.

부칙 〈제19690호, 2023. 8. 16.〉 (무인도서의 보전 및 관리에 관한 법률)

제1조(시행일) 이 법은 공포 후 6개월이 경과한 날부터 시행한다. 다만, 부칙 제3조는 2024년 5월 17일부터 시행한다. 〈개정 2024. 2. 6.〉

제2조 생략

제3조(다른 법률의 개정) ① 법률 제19590호 문화재보호법 일부개정법률 일부를 다음과 같이 개정한다.

부칙 제9조제16항을 다음과 같이 한다.

⑯ 무인도서의 보전 및 관리에 관한 법률 일부를 다음과 같이 개정한다.

제9조제4항 각 호 외의 부분 및 같은 항 제1호를 각각 다음과 같이 한다.

해양수산부장관은 제1항에 따른 실태조사 결과 다음 각 호의 어느 하나에 해당하는 것(이하 "문화유산등"이라 한다)의 지정요건에 해당하는 문화유산, 동식물, 지형, 경관 및 자연적 생성물 등을 발견한 때에는 관계 중앙행정기관의 장에게 그 사실을 통보하여야 한다.

1. 「문화유산의 보존 및 활용에 관한 법률」에 따른 문화유산(문화유산보호구역을 포함하며, 이하 같다)

법률 제19690호 무인도서의 보전 및 관리에 관한 법률 일부개정법률 제12조제3항을 다음과 같이 한다.

③ 제1항 및 제2항에도 불구하고 절대보전무인도서 안에 있는 문화유산등에 대한 각종 행위제한에 관하여는 각각 「문화유산의 보존 및 활용에 관한 법률」, 「자연유산의 보존 및 활용에 관한 법률」, 「야생생물 보호 및 관리에 관한 법률」, 「자연환경보전법」, 「자연공원법」, 「습지보전법」, 「산림자원의 조성 및 관리에 관한 법률」 및 「산림보호법」에서 정한 바에 따른다.

법률 제19690호 무인도서의 보전 및 관리에 관한 법률 일부개정법률 제12조의2제5항 및 제12조의3제5항 중 "문화재등"을 각각

"문화유산등"으로 한다.

법률 제19690호 무인도서의 보전 및 관리에 관한 법률 일부개정법률 제13조제4항을 다음과 같이 한다.

④ 제1항에도 불구하고 절대보전무인도서 안에 있는 문화유산등에 대한 출입제한에 관하여는 각각 「문화유산의 보존 및 활용에 관한 법률」, 「자연유산의 보존 및 활용에 관한 법률」, 「야생생물 보호 및 관리에 관한 법률」, 「자연환경보전법」, 「자연공원법」, 「습지보전법」, 「산림자원의 조성 및 관리에 관한 법률」 및 「산림보호법」에서 정한 바에 따른다.

② 생략

부칙 〈제19704호, 2023. 9. 14.〉

이 법은 공포 후 1년이 경과한 날부터 시행한다.

부칙 〈제19796호, 2023. 10. 31.〉

이 법은 공포 후 1년이 경과한 날부터 시행한다.

부칙 〈제19951호, 2024. 1. 9.〉

제1조(시행일) 이 법은 2024년 5월 17일부터 시행한다.

제2조(기본계획 수립에 관한 적용례) 제6조제1항제6호의3의 개정규정은 이 법 시행 이후 제6조제1항에 따라 문화유산기본계획을 수립하는 경우부터 적용한다.

제3조(다른 법률의 개정) 법률 제19590호 지방자치법 일부개정법률 일부를 다음과 같이 개정한다.

제13조제2항제5호다목을 다음과 같이 한다.

다. 시·도유산의 지정·등록·보존 및 관리

부칙 〈제20077호, 2024. 1. 23.〉

제1조(시행일) 이 법은 공포 후 6개월이 경과한 날부터 시행한다. 다만, 제14조제1항, 제39조제1항, 제60조제1항의 개정규정은 공포 후 1년이 경과한 날부터 시행한다.

제2조(허가 처리기간에 관한 적용례) 제35조제4항의 개정규정은 이 법 시행 이후 국가지정문화유산에 대하여 제35조제1항 각 호의 어

느 하나에 해당하는 허가를 받으려는 경우부터 적용한다.

부칙 〈제20194호, 2024. 2. 6.〉 (자연유산의 보존 및 활용에 관한 법률)

제1조(시행일) 이 법은 2024년 5월 17일부터 시행한다. 다만, · · · 〈생략〉 · · ·, 이 법 부칙 제2조제4항의 개정규정은 2024년 3월 22일부터 시행한다.

제2조(다른 법률의 개정) ①부터 ③까지 생략

④ 법률 제19248호 문화유산의 보존 및 활용에 관한 법률 일부를 다음과 같이 개정한다.

부칙을 다음과 같이 한다.

이 법은 2024년 5월 17일부터 시행한다.

⑤부터 ⑨까지 생략

부칙 〈제20286호, 2024. 2. 13.〉

제1조(시행일) 이 법은 공포 후 1년이 경과한 날부터 시행한다. 다만, 제80조의5제2항제3호 및 제4호의 개정규정은 공포 후 6개월이 경과한 날부터 시행한다.

제2조(지정취소에 관한 적용례) 제80조의5제2항제3호 및 제4호의 개정규정은 같은 개정규정 시행 이후 지정취소 사유가 발생한 경우부터 적용한다.

부칙 〈제20309호, 2024. 2. 13.〉 (정부조직법)

제1조(시행일) 이 법은 2024년 5월 17일부터 시행한다. 다만, 부칙 제4조에 따라 개정되는 법률 중 이 법 시행 전에 공포되었으나 시행일이 도래하지 아니한 법률을 개정한 부분은 각각 해당 법률의 시행일부터 시행한다.

제2조 및 제3조 생략

제4조(다른 법률의 개정) ①부터 ⑭까지 생략

⑮ 문화재보호법 일부를 다음과 같이 개정한다.

제2조제3항제1호, 같은 조 제4항제1호, 제6조제1항 각 호 외의 부분, 같은 조 제2항부터 제4항까지, 제6조의2제1항 · 제3항, 제7조제1항부터 제3항까지, 제7조의2, 제8조제1항제11호, 같은 조 제2항

각 호 외의 부분, 같은 조 제9항, 제10조제2항 · 제3항, 제11조제1항, 같은 조 제2항 전단, 같은 조 제3항, 제12조 전단, 제13조제1항, 같은 조 제4항부터 제6항까지, 제14조제1항부터 제3항까지, 제14조의2제1항, 제14조의3제3항 각 호 외의 부분, 제14조의5 각 호 외의 부분, 제14조의6제1항 전단 · 후단, 제15조, 제15조의2, 제16조제1항부터 제5항까지, 제21조제1항, 같은 조 제2항 전단, 제22조, 제22조의3제1항, 제22조의4제1항, 같은 조 제2항제5호, 같은 조 제3항 각 호 외의 부분 본문, 같은 조 제4항, 제22조의6제1항부터 제3항까지, 제22조의7 각 호 외의 부분 본문, 제22조의8제2항 · 제4항 · 제5항, 제22조의9제1항, 제22조의10제1항 각 호 외의 부분, 같은 조 제2항 · 제3항, 제22조의11제1항 각 호 외의 부분, 같은 조 제2항, 제22조의12제1항 각 호 외의 부분, 같은 조 제2항, 같은 조 제3항 전단, 제22조의13제1항 · 제2항, 제23조제1항 · 제2항, 제26조제1항, 제27조제1항 · 제2항, 같은 조 제3항 각 호 외의 부분 본문, 제28조제1항, 제29조제1항, 제31조제1항, 같은 조 제4항 전단, 같은 조 제6항, 제32조제1항, 제34조제1항 전단, 같은 조 제2항부터 제4항까지, 제34조의2제1항, 제35조제1항 각 호 외의 부분 본문, 같은 조 제2항부터 제5항까지, 제36조제1항 각 호 외의 부분, 같은 조 제2항, 제37조제1항 각 호 외의 부분, 제39조제2항 · 제3항, 같은 조 제5항 전단, 제40조제1항 각 호 외의 부분 본문, 같은 조 제3항 본문, 제42조제1항 각 호 외의 부분, 같은 조 제2항부터 제4항까지, 제43조제1항 · 제2항, 제44조제1항 · 제2항 · 제6항, 같은 조 제7항 각 호 외의 부분, 제45조제1항, 제48조제2항 전단 · 후단, 같은 조 제3항, 같은 조 제4항 전단 · 후단, 같은 조 제5항부터 제7항까지, 제51조제2항, 같은 조 제3항 단서, 제54조제2항 · 제3항, 제55조 각 호 외의 부분 본문, 제56조제2항 각 호 외의 부분 전단, 같은 조 제3항 · 제4항, 제58조제1항 · 제3항, 제60조제1항 각 호 외의 부분 단서, 같은 조 제2항 · 제4항 · 제5항 · 제7항, 같은 조 제9항 전단, 제60조의2제1항, 제61조제1항 전단, 같은 조 제2항부터 제4항까지, 제62조제1항 본문 · 단서, 같은 조 제2항, 같은 조 제3항 전단, 제63조, 제64조제1항, 제65조, 제68조제1항 · 제2항, 제69조제1항, 제69조의2, 제69조의3제6항제9호 후단, 같은 조 제7항, 제69조의4제4항 · 제5항, 제70조제4항 전단 · 후단, 제71조제3

항, 제73조제1항 각 호 외의 부분, 같은 조 제2항, 제74조제2항 후단, 제75조제3항, 제80조의3제3항, 제80조의4제1항 각 호 외의 부분, 같은 조 제2항·제3항, 제80조의6제1항·제2항, 제80조의7제1항·제2항, 제81조제1항, 제82조, 제82조의3제2항·제3항, 제83조제1항, 제85조제3항, 제86조제1항, 제87조제1항 각 호 외의 부분, 같은 조 제5항제1호, 제88조 각 호 외의 부분, 제89조제4호, 제95조, 제101조제8호 및 제104조 중 "문화재청장"을 각각 "국가유산청장"으로 한다.

제8조제1항 각 호 외의 부분, 제22조의8제1항·제3항 및 제69조의3제1항 중 "문화재청"을 각각 "국가유산청"으로 한다.

법률 제19590호 문화재보호법 일부개정법률 제25조제1항, 제39조제1항 단서, 제53조제1항, 제74조제3항 후단 및 부칙 제7조제1항 후단 중 "문화재청장"을 각각 "국가유산청장"으로 한다.

법률 제19704호 문화재보호법 일부개정법률 제61조의2제1항 중 "문화재청장"을 "국가유산청장"으로 한다.

법률 제19796호 문화재보호법 일부개정법률 제13조의2제1항 중 "문화재청장"을 "국가유산청장"으로 한다.

법률 제19951호 문화재보호법 일부개정법률 제22조의14제3항, 제22조의15제1항·제2항, 제22조의16제1항 각 호 외의 부분, 같은 조 제2항, 제22조의17제1항 전단, 같은 조 제2항, 제22조의18제1항·제2항, 제22조의19 각 호 외의 부분, 제22조의20제1항·제2항, 제22조의21제1항 본문, 같은 조 제2항, 제22조의22제1항·제2항, 제22조의23 각 호 외의 부분, 제22조의24 중 "문화재청장"을 각각 "국가유산청장"으로 한다.

법률 제20077호 문화재보호법 일부개정법률 제13조제5항을 다음과 같이 한다.

⑤ 국가유산청장이 국가지정문화유산을 지정하거나 시·도지사가 시·도지정문화유산 및 문화유산자료를 지정하면 그 지정 고시가 있는 날부터 6개월 안에 역사문화환경 보존지역에서 지정문화유산의 보존에 영향을 미칠 우려가 있는 행위에 관한 구체적인 행위기준을 정하여 고시하여야 한다.

법률 제20077호 문화재보호법 일부개정법률 제14조제3항, 제15조의3제1항·제3항, 제45조의2, 제78조의2제1항 각 호 외의 부분, 같은 조 제2항 전단 중 “문화재청장”을 각각 “국가유산청장”으로 한다.

⑯부터 ㉝까지 생략

제5조 생략

부칙 <제20369호, 2024. 2. 27.> (공익신고자 보호법)

제1조(시행일) 이 법은 공포한 날부터 시행한다. 다만, 부칙 제2조 제1항은 2024년 5월 17일부터 · · · <생략> · · · 시행한다.

제2조(다른 법률의 개정) ① 법률 제19590호 문화재보호법 일부개정법률 일부를 다음과 같이 개정한다.

부칙 제9조제7항을 다음과 같이 한다.

⑦ 공익신고자 보호법 일부를 다음과 같이 개정한다.

별표 제151호를 다음과 같이 한다.

151. 「문화유산의 보존 및 활용에 관한 법률」

별표에 제340호의2를 다음과 같이 신설한다.

340의2. 「자연유산의 보존 및 활용에 관한 법률」

②부터 ⑥까지 생략

문화유산의 보존 및 활용에 관한 법률 시행령

(약칭 : 문화유산법 시행령)

[시행 2025. 7. 8.] [대통령령 제35645호, 2025. 7. 8., 일부개정]

제10조의11(문화유산데이터 관련 사업 등 업무의 위탁)
제10조의12(문화유산디지털콘텐츠의 수집)
제10조의13(문화유산디지털콘텐츠 제작 · 개발의 지원)
제10조의14(문화유산디지털콘텐츠의 공공정보 이용 촉진)
제10조의15(문화유산디지털콘텐츠플랫폼의 구축 · 운영 및 이용 · 활용)
제10조의16(문화유산디지털콘텐츠의 복제 등)
제10조의17(문화유산디지털콘텐츠플랫폼 운영 업무의 위탁)
제11조(국가지정문화유산의 지정기준 및 절차)
제12조삭 제
제13조(보호물 또는 보호구역의 지정기준)
제14조(보호물 또는 보호구역의 적정성 검토)
제15조(보호물 또는 보호구역의 적정성 검토시기의 연기)
제16조(지정 및 해제 등의 고시)
제17조(지정에 관한 자료의 제출)
제18조삭 제
제19조(임시지정)
제20조(문화유산별 종합정비계획의 수립)
제21조(허가절차)
제21조의2(국가지정문화유산 등의 현상변경 등의 행위)
제21조의3(특별자치시장 등의 허가 대상 행위)
제21조의4(처리기간에 포함하지 않는 기간)
제21조의5(현상변경 등 허가를 위한 조사 시 관계 전문가의 범위)
제22조(허가서)
제23조(관리자 선임 등의 신고)
제24조삭 제
제25조삭 제
제26조삭 제
제27조삭 제
제28조(정기조사 등의 위탁)
제29조(손실 보상의 신청)
제30조(관람료 감면에 따른 비용지원)
제31조삭 제
제32조삭 제
제33조삭 제
제33조의2삭 제

**개정 예정 법률 밑줄 별도 표시.

문화유산의 보존 및 활용에 관한 법률 시행령
(약칭 : 문화유산법 시행령)

[시행 2025. 7. 8.] [대통령령 제35645호, 2025. 7. 8., 일부개정]

제1조(목적) 이 영은 「문화유산의 보존 및 활용에 관한 법률」에서 위임된 사항과 그 시행에 필요한 사항을 규정함을 목적으로 한다. 〈개정 2024. 5. 7.〉

제1조의2(문화유산교육의 범위 및 유형) ① 「문화유산의 보존 및 활용에 관한 법률」(이하 "법"이라 한다) 제2조제2항에 따른 문화유산교육의 범위는 다음 각 호와 같다. 다만, 「문화예술교육 지원법」 제2조제1호에 따른 문화예술교육 중 「문화예술진흥법」 제2조제1항제1호에 따른 문화예술을 교육내용으로 하거나 교육과정에 활용하는 문화예술교육은 제외한다. 〈개정 2024. 5. 7.〉

1. 문화유산을 통하여 전통문화 계승과 지역문화 발전에 기여하고 인류의 보편적 가치와 문화다양성을 증진하는 교육

2. 문화유산에 대한 보호의식을 함양하고 문화유산의 보호활동을 장려하는 교육

② 법 제2조제2항에 따른 문화유산교육의 유형은 다음 각 호와 같다. 〈개정 2024. 5. 7.〉

1. 학교문화유산교육: 「유아교육법」 제2조제2호에 따른 유치원 및 「초·중등교육법」 제2조에 따른 학교에서 실시하는 문화유산교육

2. 사회문화유산교육: 법 제22조의4제1항에 따른 문화유산교육지원센터, 「평생교육법」 제2조제2호에 따른 평생교육기관 및 그 밖에 문화유산교육과 관련된 기관 및 법인·단체에서 실시하는 학교문화

유산교육 외의 모든 형태의 문화유산교육

[본조신설 2020. 5. 26.]

[제목개정 2024. 5. 7.]

제2조(건설공사의 범위) 법 제2조제8항에서 "대통령령으로 정하는 공사"란 다음 각 호의 공사를 말한다. 다만, 제2호부터 제4호까지의 공사는 지표(地表)의 원형을 변형하는 경우만 해당한다. 〈개정 2018. 5. 28., 2019. 7. 2., 2020. 5. 26., 2024. 5. 7., 2025. 2. 13.〉

1. 「건설산업기본법」 제2조제4호에 따른 건설공사

2. 「전기공사업법」 제2조제1호에 따른 전기공사

3. 「정보통신공사업법」 제2조제2호에 따른 정보통신공사

4. 「소방시설공사업법」에 따른 소방시설공사

5. 수목을 식재(植栽)하거나 제거하는 공사

5의2. 삭제 〈2025. 2. 13.〉

6. 그 밖에 토지 또는 해저(「내수면어업법」 제2조제1호에 따른 내수면과 「연안관리법」 제2조제2호에 따른 연안해역을 말한다)의 원형변경[땅깎기, 다시 메우기, 땅파기, 골재 채취(採取), 광물 채취, 준설(浚渫), 수몰 또는 매립 등을 말한다]

[제목개정 2020. 5. 26.]

제2조의2(문화유산전담관의 지정 등) ① 지방자치단체의 장은 법 제4조의2제1항에 따라 문화유산의 보존·관리 및 활용 관련 업무를 담당하는 부서의 장을 문화유산전담관으로 지정한다.

② 제1항에 따른 문화유산전담관의 업무는 다음 각 호와 같다.

1. 문화유산 관련 법령에 따른 관할 지역 문화유산의 보존·관리 및 활용을 위한 시책·계획의 수립과 추진

2. 문화유산 관련 법령에 따른 관할 지역 문화유산의 조사·연구 계획의 수립과 추진

3. 법 제4조의2제1항에 따른 문화유산 관리 전문인력(이하 "문화유산 관리 전문인력"이라 한다)에 대한 지도와 감독

4. 그 밖에 문화유산의 보존·관리 및 활용을 위한 시책의 수립·시행을 위하여 지방자치단체의 장이 필요하다고 인정하는 업무

③ 문화유산 관리 전문인력은 해당 지방자치단체에서 문화유산 업무를 담당하는 다음 각 호의 어느 하나에 해당하는 공무원을 말한다.

1. 학예연구관, 학예연구사 또는 나군 이상의 전문경력관
2. 문화유산 관련 업무를 2년 이상 수행한 공무원
3. 「연구직 및 지도직공무원의 임용 등에 관한 규정」 별표 2의3 학예연구 직렬 학예일반 직류의 연구관·연구사란에 따른 학문을 전공하고 해당 분야의 석사 이상의 학위를 받은 공무원

④ 문화유산 관리 전문인력의 업무는 다음 각 호와 같다.
1. 문화유산 관련 법령에 따른 관할 지역 문화유산의 보존·관리 및 활용을 위한 시책·계획의 시행 및 사업의 추진
2. 문화유산 관련 법령에 따른 관할 지역 문화유산의 조사·연구 추진

⑤ 문화유산 관리 전문인력은 해당 지방자치단체의 장이 정하는 바에 따라 「한국전통문화대학교 설치법」 제14조제2항에 따른 전통문화전문과정을 이수해야 한다.

[본조신설 2024. 10. 29.]

제3조(문화유산기본계획 수립을 위한 의견 청취 대상자) 법 제6조제2항에서 "대통령령으로 정하는 소유자, 관리자 또는 관리단체 및 관련 전문가"란 다음 각 호의 어느 하나에 해당하는 자를 말한다. 〈개정 2014. 12. 23., 2024. 5. 7., 2024. 9. 10.〉
1. 지정문화유산이나 「근현대문화유산의 보존 및 활용에 관한 법률」 제2조제2호에 따른 등록문화유산(이하 "등록문화유산"이라 한다)의 소유자 또는 관리자
2. 지정문화유산이나 등록문화유산의 관리단체
3. 법 제8조에 따른 문화유산위원회(이하 "문화유산위원회"라 한다)의 위원
4. 그 밖에 문화유산과 관련된 전문적인 지식이나 경험을 가진 자로서 국가유산청장이 정하여 고시하는 자

[제목개정 2024. 5. 7.]

제3조의2(공동연구의 대상 사업) 법 제6조의2제1항에 따른 공동연구의 대상 사업은 다음 각 호와 같다. 〈개정 2024. 5. 7.〉
1. 문화유산의 보존·관리 및 활용과 관련된 다른 분야와의 상호협력이 필요한 연구개발 사업
2. 다른 중앙행정기관의 장 또는 지방자치단체의 장 등이 요청한 연구개발 사업으로서 국가유산청장이 필요하다고 인정하는 사업

3. 제1호 및 제2호에 따른 연구개발 사업의 기초가 되는 사업

4. 그 밖에 국가유산청장이 문화유산의 보존·관리 및 활용 등의 연구개발을 효율적으로 추진하기 위하여 필요하다고 인정하는 사업

[본조신설 2018. 2. 27.]

제4조(문화유산 보존 시행계획의 수립절차 등) ① 법 제7조제1항에 따른 기본계획에 관한 연도별 시행계획(이하 "시행계획"이라 한다)에는 다음 각 호의 사항이 포함되어야 한다. 〈개정 2024. 5. 7.〉

1. 해당 연도의 사업 추진방향

2. 주요 사업별 추진방침

3. 주요 사업별 세부계획

4. 그 밖에 문화유산의 보존·관리 및 활용을 위하여 필요한 사항

② 특별시장·광역시장·특별자치시장·도지사 또는 특별자치도지사(이하 "시·도지사"라 한다)는 법 제7조제2항에 따라 해당 연도의 시행계획 및 전년도의 추진실적을 매년 1월 31일까지 국가유산청장에게 제출하여야 한다. 〈개정 2014. 12. 23., 2020. 5. 26., 2024. 5. 7.〉

③ 국가유산청장 및 시·도지사는 법 제7조제3항에 따라 해당 연도의 시행계획을 매년 2월 말일까지 국가유산청 및 해당 특별시·광역시·특별자치시·도 또는 특별자치도(이하 "시·도"라 한다)의 게시판과 인터넷 홈페이지를 통하여 공고해야 한다. 〈개정 2014. 12. 23., 2021. 4. 6., 2024. 5. 7.〉

[제목개정 2024. 5. 7.]

제5조 삭제 〈2024. 5. 7.〉

제6조(문화유산 기초조사의 절차) ① 국가유산청장은 법 제10조제1항에 따른 조사를 하려면 조사자, 조사대상, 조사 경위 등 조사에 관한 전반적인 사항이 포함된 조사계획서를 조사 착수 전까지 작성하여야 한다. 〈개정 2024. 5. 7.〉

② 중앙행정기관의 장(국가유산청장은 제외한다) 또는 지방자치단체의 장은 법 제10조제1항에 따른 조사를 하려면 제1항에 따른 조사계획서를 작성하여 조사 착수 전까지 국가유산청장에게 제출하여야 한다. 〈개정 2024. 5. 7.〉

③ 국가유산청장은 법 제10조제1항에 따른 조사가 끝난 후 60일 안에 다음 각 호의 사항이 포함된 결과보고서를 작성하여야 한다.

이 경우 조사의 기간이 1년을 초과할 때에는 다음 각 호의 사항이 포함된 중간보고서를 조사가 시작된 후 1년이 되는 때마다 작성하여야 한다. 〈개정 2024. 5. 7.〉

1. 조사자, 조사경과, 조사방법 등 조사의 일반적인 사항

2. 조사한 문화유산의 상세한 현재 상태

3. 조사한 문화유산의 소유자 또는 관리자, 소재지 및 이력 등에 관한 사항

④ 중앙행정기관의 장(국가유산청장은 제외한다) 또는 지방자치단체의 장은 법 제10조제1항에 따른 조사가 끝난 후 60일 안에 제3항 각 호의 사항이 포함된 결과보고서를 작성하여 국가유산청장에게 제출하여야 한다. 이 경우 조사의 기간이 1년을 초과할 때에는 제3항 각 호의 사항이 포함된 중간보고서를 조사가 시작된 후 1년이 되는 때마다 작성하여 제출하여야 한다. 〈개정 2024. 5. 7.〉

[제목개정 2024. 5. 7.]

제7조(문화유산정보체계 구축 범위 및 운영 등) ① 법 제11조제1항에 따른 문화유산정보체계의 구축 범위는 다음 각 호와 같다. 〈개정 2024. 5. 7.〉

1. 문화유산의 명칭, 소재지, 소유자 등이 포함된 기본현황자료

2. 문화유산의 보존·관리 및 활용에 관한 자료

3. 문화유산 조사·발굴 및 연구 자료

4. 사진, 도면, 동영상 등 해당 문화유산의 이해에 도움이 되는 자료

5. 그 밖에 문화유산으로서의 정보가치가 있는 자료로서 국가유산청장이 필요하다고 인정하는 사항

② 국가유산청장은 제1항 각 호의 자료를 전자정보, 책자 등의 형태로 구축하고, 문화유산 정보의 효율적인 활용을 위하여 그 구축한 내용을 국가유산청 자료관이나 인터넷 홈페이지 등을 통하여 국민에게 제공할 수 있다. 〈개정 2024. 5. 7.〉

[제목개정 2024. 5. 7.]

제7조의2 삭제 〈2025. 2. 13.〉

제7조의3(주민지원사업 계획의 수립·시행절차 등) ① 시·도지사는 법 제13조의2제1항에 따른 주민지원사업(이하 "주민지원사업"이라 한다)에 관한 계획을 수립·시행하려면 다음 각 호의 사항을 포함한

사업계획서를 작성하여 국가유산청장에게 협의를 요청해야 한다.

1. 주민지원사업의 목적
2. 주민지원사업의 필요성 및 개요
3. 주민지원사업의 대상지역 및 그 주변지역의 현황과 특성
4. 주민지원사업의 내용 및 추진계획
5. 법 제13조의2제3항에 따른 주민 의견 청취 결과
6. 주민지원사업 비용 및 재원 조달 방안
7. 그 밖에 시·도지사가 주민지원사업 계획의 수립·시행에 필요하다고 인정하는 사항

② 주민지원사업의 지원대상은 제4항 전단에 따른 공고 당시 법 제13조제1항에 따른 역사문화환경 보존지역(이하 "역사문화환경 보존지역"이라 한다)에 거주하는 주민으로서 역사문화환경 보존지역을 관할하는 특별자치시·특별자치도·시·군·구(자치구를 말한다)에 주민등록이 되어 있으면서 해당 역사문화환경 보존지역에 토지 또는 건축물을 소유하고 있는 주민으로 한다. 〈개정 2025. 2. 13.〉

③ 시·도지사는 주민지원사업 계획을 수립할 때에는 다음 각 호의 기준을 고려해야 한다.

1. 역사문화환경 보존지역 및 그 주변 경관에 미치는 영향이 적을 것
2. 주민의 생활환경 개선 및 복리 증진의 실효성이 클 것

④ 시·도지사는 법 제13조의2제3항에 따라 주민 의견을 청취하려는 경우에는 해당 시·도의 인터넷 홈페이지에 14일 이상 주민지원사업 계획의 주요내용을 공고하여 주민 의견을 청취해야 한다. 이 경우 시·도지사는 충분한 의견을 수렴하기 위하여 필요한 경우 공청회를 개최할 수 있다.

⑤ 국가유산청장은 주민지원사업의 추진상황을 점검할 수 있으며, 시·도지사에게 관련 자료의 제출을 요청할 수 있다.

⑥ 제1항부터 제5항까지에서 규정한 사항 외에 주민지원사업 계획의 수립·시행 절차 등에 필요한 사항은 국가유산청장이 정하여 고시한다.

[본조신설 2024. 10. 29.]

제8조(화재, 재난 및 도난 대응매뉴얼 마련 등) ① 법 제14조의2제1항에 따라 화재 및 재난 대응매뉴얼을 마련하여야 하는 문화유산

의 범위는 다음 각 호와 같다. 〈개정 2017. 6. 13., 2018. 2. 27., 2024. 5. 7.〉

1. 지정문화유산 중 목조건축물류, 석조건축물류, 분묘(墳墓), 조적조(組積造) 및 콘크리트조 건축물류

2. 지정문화유산 안에 있는 목조건축물과 보호구역 안에 있는 목조건축물. 다만, 화장실, 휴게시설 등 중요도가 낮은 건축물은 제외한다.

3. 「국가유산기본법」 제31조제1항에 따른 세계유산 안에 있는 목조건축물. 다만, 화장실, 휴게시설 등 중요도가 낮은 건축물은 제외한다.

4. 등록문화유산 중 건축물. 다만, 다른 법령에 따라 화재 및 재난에 대비한 매뉴얼 등을 마련한 경우에는 법 제14조의2에 따른 화재 및 재난 대응매뉴얼을 마련한 것으로 본다.

② 법 제14조의2제1항에 따라 도난 대응매뉴얼을 마련하여야 하는 문화유산의 범위는 다음 각 호와 같다. 〈신설 2017. 6. 13., 2018. 2. 27., 2024. 5. 7.〉

1. 지정문화유산 중 동산에 해당하는 문화유산

2. 등록문화유산 중 동산에 해당하는 문화유산

③ 제1항 및 제2항에 따른 대응매뉴얼에는 다음 각 호의 사항이 포함되어야 한다. 〈개정 2018. 2. 27., 2024. 5. 7.〉

1. 화재, 재난 및 도난(이하 "화재등"이라 한다) 예방 활동

2. 화재등 발생 시 신고방법

3. 화재 및 재난 시 문화유산의 이동·분산대피 등 대응방법

④ 국가유산청장 및 시·도지사는 제1항 및 제2항에 따른 대응매뉴얼을 연 1회 이상 점검·보완하여야 한다. 이 경우 시·도지사는 보완한 대응매뉴얼을 보완한 날부터 15일 이내에 국가유산청장에게 제출하여야 한다. 〈신설 2018. 2. 27., 2024. 5. 7.〉

[제목개정 2018. 2. 27.]

제8조의2(문화유산 방재 관련 정보의 구축 및 관리) ① 법 제14조의6제1항에 따라 국가유산청장이 구축·관리하여야 하는 문화유산 방재 관련 정보의 범위는 다음 각 호와 같다. 〈개정 2024. 5. 7.〉

1. 문화유산 방재 시설의 종류 및 수량

2. 문화유산 방재 시설의 사용 교육 및 훈련 현황

3. 문화유산 안전관리 인력 현황
4. 그 밖에 화재등 문화유산 피해에 효과적으로 대응하기 위하여 필요한 정보로서 국가유산청장이 정하는 정보
② 국가유산청장은 제1항 각 호의 정보를 전자정보의 형태로 구축하고, 지방자치단체의 장이 공동으로 활용할 수 있도록 하여야 한다. 〈개정 2024. 5. 7.〉
③ 제1항 및 제2항에서 규정한 사항 외에 문화유산 방재 관련 정보의 구축 및 관리에 필요한 세부사항은 국가유산청장이 정한다. 〈개정 2024. 5. 7.〉
[본조신설 2018. 2. 27.]
[제목개정 2024. 5. 7.]
제9조 삭제 〈2024. 5. 7.〉
제10조 삭제 〈2024. 5. 7.〉
제10조의2(문화유산교육 실태조사의 범위 등) ① 법 제22조의3제1항에 따른 문화유산교육 현황 등에 대한 실태조사(이하 "실태조사"라 한다)의 범위는 다음 각 호와 같다. 〈개정 2024. 5. 7.〉
1. 지역별 · 유형별 문화유산교육 프로그램 현황
2. 문화유산교육 전문인력 현황
3. 문화유산교육 관련 기관 및 법인 · 단체 현황
4. 문화유산교육 시설 현황
5. 문화유산교육 현장의 수요
6. 그 밖에 국가유산청장이 문화유산교육 관련 정책의 수립 · 시행을 위하여 실태조사가 필요하다고 인정하는 사항
② 실태조사는 다음 각 호의 구분에 따라 실시한다. 〈개정 2024. 5. 7.〉
1. 정기조사: 3년마다 실시
2. 수시조사: 국가유산청장이 문화유산교육 관련 정책의 수립 · 변경을 위하여 필요하다고 인정하는 경우에 실시
③ 국가유산청장은 실태조사를 위하여 필요한 경우 관계 중앙행정기관의 장 또는 지방자치단체의 장에게 필요한 자료의 제출을 요청할 수 있다. 〈개정 2024. 5. 7.〉
[본조신설 2020. 5. 26.]
[제목개정 2024. 5. 7.]

제10조의3(문화유산교육지원센터의 지정요건 등) ① 법 제22조의4 제1항에 따라 같은 항에 따른 문화유산교육지원센터(이하 "지원센터"라 한다)로 지정받으려는 자는 다음 각 호의 요건을 모두 갖추어 문화체육관광부령으로 정하는 바에 따라 국가유산청장에게 신청해야 한다. 〈개정 2024. 5. 7.〉

1. 삭제 〈2021. 1. 5.〉

2. 다음 각 목의 시설을 갖출 것

가. 지원센터의 업무를 수행하기 위한 사무실

나. 강의실

다. 문화유산교육에 필요한 교재 및 교육장비 등을 보관할 수 있는 시설

3. 다음 각 목의 어느 하나에 해당하는 전문인력 1명 이상이 상시근무할 것

가. 「고등교육법」 제2조에 따른 학교에서 문화유산 관련 분야 또는 교육 관련 분야의 학사학위를 취득한 후 3년 이상의 문화유산교육 경력을 갖춘 사람

나. 「고등교육법」 제2조에 따른 학교에서 문화유산 관련 분야 또는 교육 관련 분야의 석사학위를 취득한 후 1년 이상의 문화유산교육 경력을 갖춘 사람

다. 「고등교육법」 제2조에 따른 학교에서 문화유산 관련 분야 또는 교육 관련 분야의 박사학위를 취득한 사람

라. 그 밖에 가목부터 다목까지의 규정에 해당하는 자격과 동등한 수준 이상이라고 국가유산청장이 인정하여 고시하는 자격을 갖춘 사람

② 국가유산청장은 제1항에 따른 신청을 받은 경우에는 같은 항 각 호의 요건을 모두 갖추었는지를 검토하여 지정 여부를 결정해야 한다. 〈신설 2021. 1. 5., 2024. 5. 7.〉

③ 국가유산청장은 제2항에 따라 지정 여부를 결정할 때에는 최근 3년간 문화유산교육을 실시한 실적을 고려할 수 있다. 〈신설 2021. 1. 5., 2024. 5. 7.〉

④ 국가유산청장은 지원센터를 지정한 경우에는 문화체육관광부령으로 정하는 지정서를 발급하고, 그 사실을 국가유산청의 인터넷 홈페이지에 게시해야 한다. 〈개정 2021. 1. 5., 2024. 5. 7.〉

⑤ 법 제22조의4제3항에 따른 지원센터의 지정취소 및 업무정지의 기준은 별표 1과 같다. 〈개정 2021. 1. 5.〉

⑥ 제1항부터 제5항까지에서 규정한 사항 외에 지원센터의 지정에 필요한 사항은 국가유산청장이 정하여 고시한다. 〈개정 2021. 1. 5., 2024. 5. 7.〉

[본조신설 2020. 5. 26.]

[제목개정 2024. 5. 7.]

제10조의4(문화유산교육 업무의 위탁) ① 법 제22조의4제4항에서 "대통령령으로 정하는 기관"이란 다음 각 호의 기관을 말한다. 〈개정 2021. 4. 6., 2022. 7. 19., 2024. 5. 7.〉

1. 「국가유산기본법」 제32조제1항에 따른 국가유산진흥원

2. 「매장유산 보호 및 조사에 관한 법률」 제29조제2항에 따라 매장유산의 조사, 발굴 및 보호에 관한 업무를 위탁받은 법인

3. 「문화유산과 자연환경자산에 관한 국민신탁법」 제3조제1항에 따른 문화유산국민신탁

4. 「국가유산수리 등에 관한 법률」 제41조의2에 따른 전통건축수리기술진흥재단(이하 "전통건축수리기술진흥재단"이라 한다)

5. 「한국전통문화대학교 설치법」 제2조에 따른 한국전통문화대학교가 「산업교육진흥 및 산학연협력촉진에 관한 법률」 제25조제1항에 따라 설립한 산학협력단

6. 그 밖에 국가유산청장이 문화유산교육에 관한 업무를 수행할 능력이 있다고 인정하는 기관

② 국가유산청장은 법 제22조의4제4항에 따라 문화유산교육에 관한 업무를 위탁받은 지원센터 또는 제1항 각 호의 기관이 업무를 수행하는 데 필요한 비용의 전부 또는 일부를 지원할 수 있다. 〈개정 2024. 5. 7.〉

③ 제2항에 따라 지원을 받은 지원센터 또는 제1항 각 호의 기관은 다음 연도의 사업추진계획을 매년 12월 31일까지, 전년도의 사업추진실적과 예산집행실적을 매년 1월 31일까지 국가유산청장에게 제출해야 한다. 〈개정 2024. 5. 7.〉

④ 국가유산청장은 법 제22조의4제4항에 따라 업무를 위탁한 경우에는 수탁기관 및 위탁업무의 내용을 고시해야 한다. 〈개정 2024. 5. 7.〉

[본조신설 2020. 5. 26.]
[제목개정 2024. 5. 7.]
제10조의5(문화유산수증심의위원회의 구성 및 운영) ① 법 제22조의8제3항에 따른 문화유산수증심의위원회(이하 "수증심의위원회"라 한다)는 성별을 고려하여 위원장 1명을 포함한 5명 이상 10명 이내의 위원으로 구성한다. 〈개정 2024. 5. 7.〉
② 수증심의위원회 위원은 문화유산 전시 및 관리에 관한 학식과 경험이 풍부한 사람 중에서 국가유산청장이 위촉한다. 〈개정 2024. 5. 7.〉
③ 수증심의위원회의 위원장은 위원 중에서 호선(互選)한다.
④ 수증심의위원회의 회의는 구성위원 과반수의 출석으로 개의(開議)하고, 출석위원 과반수의 찬성으로 의결한다.
⑤ 제1항부터 제4항까지에서 규정한 사항 외에 수증심의위원회의 구성 및 운영 등에 필요한 사항은 국가유산청장이 정한다. 〈개정 2024. 5. 7.〉
[본조신설 2020. 12. 1.]
[제목개정 2024. 5. 7.]
제10조의6(문화유산지능정보화 정책의 내용) 국가유산청장은 법 제22조의9제1항에 따라 문화유산지능정보화 정책을 수립할 때에는 다음 각 호의 사항을 포함해야 한다. 〈개정 2024. 5. 7.〉
1. 문화유산지능정보화의 기반 구축
2. 문화유산지능정보화 관련 산업의 지원 · 육성
3. 문화유산지능정보화 관련 전문인력의 양성
4. 문화유산지능정보기술 및 문화유산데이터에 포함된 지식재산권의 보호
5. 문화유산데이터 수집을 위한 「지능정보화 기본법」에 따른 초연결지능정보통신망의 구축 · 지원
6. 그 밖에 객관적이고 과학적인 문화유산의 보존 · 관리 및 활용 등을 위하여 국가유산청장이 문화유산지능정보화 정책에 포함할 필요가 있다고 인정하는 사항
[본조신설 2022. 7. 19.]
[제목개정 2024. 5. 7.]
제10조의7(전문인력 양성 시책 등의 내용) 국가유산청장은 법 제22

조의10제3항에 따라 전문인력을 양성하기 위한 다음 각 호의 시책을 마련해야 한다. 〈개정 2024. 5. 7.〉

1. 전문인력의 수요 실태 조사와 중장기 수급 계획 수립

2. 전문인력 양성 교육훈련 프로그램의 개발·보급

3. 전문인력 고용 지원

4. 그 밖에 문화유산데이터의 효율적 관리를 위한 전문인력을 양성하기 위하여 국가유산청장이 필요하다고 인정하는 사항

[본조신설 2022. 7. 19.]

제10조의8(문화유산데이터 공동활용체계의 구축 등) ① 법 제22조의10제3항에 따른 공동활용체계(이하 "문화유산데이터공동활용체계"라 한다)는 다음 각 호의 어느 하나에 해당하는 데이터를 관리하는 국가기관, 지방자치단체 및 대학과 연계하여 구축한다. 〈개정 2024. 5. 7.〉

1. 문화유산에 관한 데이터로서 「국가지식정보 연계 및 활용 촉진에 관한 법률」에 따른 디지털화(이하 "디지털화"라 한다)된 데이터 또는 디지털화가 필요하다고 인정되는 데이터

2. 문화유산을 안전하게 보존·관리하는 데 필요하다고 인정되는 데이터

3. 문화유산지능정보기술의 개발에 사용되는 데이터

4. 그 밖에 문화유산지능정보화를 위하여 문화유산데이터공동활용체계에서 관리가 필요하다고 인정되는 데이터

② 문화유산데이터공동활용체계는 다음 각 호의 기능을 수행한다. 〈개정 2024. 5. 7.〉

1. 문화유산지능정보기술에 필요한 데이터의 디지털화

2. 문화유산데이터의 유통·거래 시스템 구축·운영

3. 문화유산데이터의 이용 활성화를 위한 문화유산데이터의 가공·활용

[본조신설 2022. 7. 19.]

[제목개정 2024. 5. 7.]

제10조의9(문화유산지능정보기술 협력체계의 지원 등) ① 국가유산청장은 법 제22조의11제2항에 따른 협력체계(이하 "문화유산지능정보기술협력체계"라 한다)를 다음 각 호의 기관과 구축할 수 있다. 〈개정 2024. 5. 7.〉

1. 「정부출연연구기관 등의 설립·운영 및 육성에 관한 법률」 제8조에 따라 설립된 연구기관

2. 「과학기술분야 정부출연연구기관 등의 설립·운영 및 육성에 관한 법률」 제8조에 따라 설립된 연구기관

3. 문화유산 또는 「지능정보화 기본법」에 따른 지능정보기술(이하 "지능정보기술"이라 한다) 관련 학부·학과가 설치된 대학

4. 문화유산 또는 지능정보기술을 연구하는 법인 또는 단체

② 문화유산지능정보기술협력체계의 지원 등에 필요한 구체적인 사항은 국가유산청장이 정한다. 〈개정 2024. 5. 7.〉

[본조신설 2022. 7. 19.]

[제목개정 2024. 5. 7.]

제10조의10(계약 또는 업무협약의 내용 등) ① 법 제22조의12제2항에 따라 체결되는 계약 또는 업무협약에는 다음 각 호의 사항이 포함되어야 한다.

1. 데이터의 이용 목적

2. 제공 대상 데이터의 항목

3. 데이터의 이용 기간

4. 데이터의 안전성 확보 조치에 관한 사항

5. 비밀유지에 관한 사항

② 법 제22조의12제3항에 따른 시스템의 상호 연계 및 사전 협의의 내용에는 다음 각 호의 사항이 포함되어야 한다. 〈개정 2024. 5. 7.〉

1. 데이터의 최신성, 정확성 및 상호 연계성의 유지에 관한 사항

2. 시스템의 상호 연계를 중단하려는 경우에는 중단 예정일 3개월 전까지 국가유산청장에게 통보하도록 하는 등 상호 연계 중단 시의 조치 사항

[본조신설 2022. 7. 19.]

제10조의11(문화유산데이터 관련 사업 등 업무의 위탁) 국가유산청장은 법 제22조의13제1항에 따라 다음 각 호의 업무를 「국가유산기본법」 제32조제1항에 따른 국가유산진흥원에 위탁한다. 〈개정 2024. 5. 7.〉

1. 법 제22조의10제1항에 따른 문화유산데이터 관련 사업의 추진

2. 법 제22조의10제2항에 따른 문화유산데이터에 대한 메타데이터 및 데이터관계도의 관리

3. 법 제22조의11제1항에 따른 문화유산지능정보기술의 개발 사업 등의 추진

4. 법 제22조의12제1항에 따른 문화유산지능정보서비스플랫폼의 구축 · 운영

[본조신설 2022. 7. 19.]

[제목개정 2024. 5. 7.]

제10조의12(문화유산디지털콘텐츠의 수집) 국가유산청장은 법 제22조의15제1항 및 제2항에 따라 수집하려는 문화유산디지털콘텐츠의 이용 활성화의 가치가 높은지 여부를 판단하는데 필요한 경우 관계 전문기관 또는 전문가에게 자문할 수 있다.

[본조신설 2024. 5. 7.]

제10조의13(문화유산디지털콘텐츠 제작 · 개발의 지원) ① 법 제22조의16제2항에 따른 지원대상은 다음 각 호와 같다.

1. 「고등교육법」 제2조에 따른 학교 중 문화유산디지털콘텐츠의 제작 · 개발과 관련된 학과 · 학부 또는 이에 상응하는 조직이 설치된 학교

2. 「문화산업진흥 기본법」에 따른 디지털콘텐츠 또는 멀티미디어 콘텐츠의 제작자로서 문화유산디지털콘텐츠의 제작 또는 개발과 관련된 업무를 수행하는 자

3. 그 설립 및 운영 목적이 문화유산디지털콘텐츠의 연구 · 개발 · 제작 등과 관련된 법인 · 단체

② 법 제22조의16제2항에 따라 지원을 받으려는 자는 문화체육관광부령으로 정하는 지원신청서에 다음 각 호의 서류를 첨부하여 국가유산청장에게 제출해야 한다.

1. 문화유산디지털콘텐츠의 제작 · 개발 계획서

2. 문화유산디지털콘텐츠 제작 · 개발을 위한 인력 현황

3. 문화유산디지털콘텐츠 제작 · 개발과 관련된 시설 · 장비 및 기술 보유 현황

4. 최근 3년간 문화유산디지털콘텐츠의 제작 · 개발 실적(실적이 있는 경우만 해당한다)

5. 그 밖에 국가유산청장이 문화유산디지털콘텐츠의 제작 · 개발

지원에 필요하다고 인정하는 서류

③ 국가유산청장은 제2항에 따라 지원신청을 받은 경우에는 다음 각 호의 사항을 검토하여 지원 대상을 선정한다.

1. 문화유산디지털콘텐츠의 제작ㆍ개발을 수행할 인력ㆍ시설ㆍ장비 및 기술의 적정성 여부

2. 다른 문화유산디지털콘텐츠(문화유산디지털콘텐츠의 제작ㆍ개발 사업을 포함한다)와의 중복성 여부

3. 제작ㆍ개발하려는 문화유산디지털콘텐츠의 이용 활성화의 가치가 높은지 여부

④ 국가유산청장은 제3항에 따라 지원 대상을 선정한 경우에는 다음 각 호의 사항이 포함된 협약을 체결해야 한다.

1. 제작ㆍ개발 과제의 명칭 및 내용

2. 제작ㆍ개발 과제 수행 책임자

3. 지원 금액 및 지원 기간

4. 성과물의 공유 및 활용

5. 그 밖에 국가유산청장이 문화유산디지털콘텐츠의 제작ㆍ개발 과제 수행에 필요하다고 인정하는 사항

⑤ 제1항부터 제4항까지에서 규정한 사항 외에 문화유산디지털콘텐츠의 제작ㆍ개발의 절차ㆍ방법에 관하여 필요한 사항은 국가유산청장이 정하여 고시한다.

[본조신설 2024. 5. 7.]

제10조의14(문화유산디지털콘텐츠의 공공정보 이용 촉진) ① 국가유산청장과 지방자치단체의 장은 법 제22조의17제2항에 따라 같은 조 제1항에 따른 공공정보(이하 "공공정보"라 한다)의 이용 촉진을 위해 다음 각 호의 사항을 미리 공개해야 한다.

1. 공공정보의 이용 조건 및 기준

2. 공공정보의 이용 방법 및 절차

3. 공공정보의 제공 방식 및 형태

4. 공공정보의 이용에 따른 사용료 또는 수수료

5. 그 밖에 국가유산청장 또는 지방자치단체의 장이 공공정보의 이용과 관련하여 필요하다고 인정하는 사항

② 국가유산청장과 지방자치단체의 장은 법 제22조의17제2항에 따라 이용 조건ㆍ방법 등을 정한 경우에는 해당 기관의 인터넷 홈페

이지에 게재해야 한다.

[본조신설 2024. 5. 7.]

제10조의15(문화유산디지털콘텐츠플랫폼의 구축·운영 및 이용·활용) ① 국가유산청장은 법 제22조의20제1항에 따른 문화유산디지털콘텐츠플랫폼(이하 "문화유산디지털콘텐츠플랫폼"이라 한다)을 구축·운영하는 경우에는 일반 국민의 접근 편의성과 이용 편의성을 적극 고려해야 한다.

② 국가유산청장은 문화유산디지털콘텐츠플랫폼의 효율적 구축·운영을 위해 필요한 경우에는 관계 행정기관, 공공기관 및 법인·단체에 자료·의견 제출 등 필요한 협조를 요청할 수 있다.

③ 국가유산청장은 문화유산디지털콘텐츠플랫폼의 이용·활용을 촉진하기 위하여 필요한 경우에는 홍보 또는 교육 등 필요한 조치를 할 수 있다.

④ 제1항부터 제3항까지에서 규정한 사항 외에 문화유산디지털콘텐츠플랫폼의 구축·운영 및 이용·활용에 필요한 세부사항은 국가유산청장이 정하여 고시한다.

[본조신설 2024. 5. 7.]

제10조의16(문화유산디지털콘텐츠의 복제 등) ① 국가유산청장은 법 제22조의21제2항에 따른 문화유산디지털콘텐츠플랫폼의 문화유산디지털콘텐츠 복제 또는 출력의 활용에 대한 수수료를 정하였을 때에는 국가유산청의 인터넷 홈페이지에 그 내용을 게재해야 한다.

② 국가유산청장은 문화유산디지털콘텐츠의 복제 또는 출력의 활용이 다음 각 호의 어느 하나에 해당하는 경우에는 법 제22조의21제2항에 따른 수수료를 감면할 수 있다.

1. 국가 또는 지방자치단체가 그 업무에 직접 활용하는 경우
2. 국가유산청장이 정하여 고시하는 교육연구기관이 교육연구용으로 직접 활용하는 경우

③ 국가유산청장은 제2항 따른 감면비율을 정하였을 때에는 국가유산청의 인터넷 홈페이지에 그 내용을 게재해야 한다.

[본조신설 2024. 5. 7.]

제10조의17(문화유산디지털콘텐츠플랫폼 운영 업무의 위탁) 국가유산청장은 법 제22조의22제1항에 따라 문화유산디지털콘텐츠플랫폼의 운영 업무를 「국가유산기본법」 제32조에 따른 국가유산진흥원에

위탁한다.

[본조신설 2024. 5. 7.]

제11조(국가지정문화유산의 지정기준 및 절차) ① 법 제23조에 따른 국보와 보물, 법 제25조에 따른 사적 및 법 제26조에 따른 국가민속문화유산의 지정기준은 별표 1의2와 같다. 〈개정 2015. 10. 6., 2017. 6. 13., 2020. 5. 26., 2024. 5. 7.〉

② 국가유산청장은 제1항에 따라 해당 문화유산을 국가지정문화유산으로 지정하려면 문화유산위원회의 해당 분야 문화유산위원이나 전문위원 등 관계 전문가 3명 이상에게 해당 문화유산에 대한 조사를 요청해야 한다. 〈개정 2024. 5. 7.〉

③ 제2항에 따라 조사 요청을 받은 사람은 조사를 한 후 조사보고서를 작성하여 국가유산청장에게 제출하여야 한다. 〈개정 2024. 5. 7.〉

④ 국가유산청장은 제3항에 따른 조사보고서를 검토하여 해당 문화유산이 국가지정문화유산으로 지정될 만한 가치가 있다고 판단되면 문화유산위원회의 심의 전에 그 심의할 내용과 해당 문화유산(동산에 속하는 문화유산은 제외한다)에 관한 지형도면 또는 지적도를 관보에 30일 이상 예고하여야 한다. 〈개정 2024. 5. 7., 2024. 5. 28.〉

⑤ 국가유산청장은 제4항에 따른 예고가 끝난 날부터 6개월 안에 문화유산위원회의 심의를 거쳐 국가지정문화유산 지정 여부를 결정하여야 한다. 〈개정 2024. 5. 7.〉

⑥ 국가유산청장은 이해관계자의 이의제기 등 부득이한 사유로 6개월 안에 제5항에 따라 지정 여부를 결정하지 못한 경우에 그 지정 여부를 다시 결정할 필요가 있으면 제4항에 따른 예고 및 제5항에 따른 지정 절차를 다시 거쳐야 한다. 〈개정 2024. 5. 7.〉

[제목개정 2024. 5. 7.]

제12조 삭제 〈2015. 10. 6.〉

제13조(보호물 또는 보호구역의 지정기준) ① 법 제27조제1항에 따른 국보, 보물, 사적 및 국가민속문화유산의 보호물 또는 보호구역의 지정기준은 별표 2와 같다. 〈개정 2017. 6. 13., 2024. 5. 7.〉

② 국가유산청장은 자연적 조건, 인위적 조건, 그 밖의 특수한 사정이 있어 특히 필요하다고 인정하면 제1항에 따른 보호물 또는 보호

구역의 지정기준을 확대하거나 축소할 수 있다. 〈개정 2024. 5. 7.〉

③ 제1항에 따른 국보, 보물, 사적 및 국가민속문화유산의 보호물 또는 보호구역의 지정에 관하여는 제11조제2항부터 제5항까지의 규정을 준용한다. 〈개정 2017. 6. 13., 2024. 5. 7.〉

제14조(보호물 또는 보호구역의 적정성 검토) ① 국가유산청장은 법 제27조제3항에 따라 보호물 또는 보호구역 지정 및 조정의 적정성(이하 "보호구역등의 적정성"이라 한다)을 검토하기 위하여 시·도지사에게 다음 각 호에 해당하는 자료의 제출을 요청할 수 있다. 이 경우 관련 자료의 제출을 요청 받은 시·도지사는 특별한 사유가 없으면 요청을 받은 날부터 30일 이내에 요청받은 자료를 국가유산청장에게 제출하여야 한다. 〈개정 2024. 5. 7.〉

1. 보호구역등의 적정성에 관한 해당 지정문화유산의 소유자, 관리자, 관리단체와 해당 보호물·보호구역의 토지 또는 건물 소유자의 의견
2. 보호물 또는 보호구역의 역사문화환경에 관한 자료
3. 그 밖에 보호구역등의 적정성 검토에 필요한 자료

② 국가유산청장은 법 제27조제3항에 따라 보호구역등의 적정성 검토를 하는 경우에는 문화유산위원회 위원이나 전문위원 등 관계 전문가 3명 이상에게 해당 보호구역등의 적정성에 관한 의견을 들어야 한다. 〈개정 2024. 5. 7.〉

③ 국가유산청장은 보호구역등의 적정성 검토 결과에 따라 해당 보호물 또는 보호구역을 조정할 필요가 있다고 판단되면 그 내용과 해당 보호구역에 관한 지형도면 또는 지적도를 관보에 30일 이상 예고하여야 한다. 〈개정 2024. 5. 7., 2024. 5. 28.〉

④ 국가유산청장은 제3항에 따른 예고가 끝난 날부터 6개월 안에 문화유산위원회의 심의를 거쳐 해당 보호물 또는 보호구역의 조정 여부를 결정하여야 한다. 〈개정 2024. 5. 7.〉

⑤ 국가유산청장은 이해관계자의 이의제기 등 부득이한 사유로 6개월 안에 제4항에 따라 조정 여부를 결정하지 못한 경우에 그 조정 여부를 다시 결정할 필요가 있으면 제3항에 따른 예고 및 제4항에 따른 조정 절차를 다시 거쳐야 한다. 〈개정 2024. 5. 7.〉

⑥ 국가유산청장은 제4항에 따라 보호물 또는 보호구역의 조정을 결정한 경우 그 취지를 관보에 고시하고, 그 내용을 지체 없이 해당

지정문화유산의 소유자, 관리자 또는 관리단체와 해당 보호물·보호구역의 토지 또는 건물 소유자에게 알려야 한다. 〈개정 2024. 5. 7.〉

제15조(보호물 또는 보호구역의 적정성 검토시기의 연기) 법 제27조제3항 단서 및 제70조의2제3항 단서에 따라 보호구역등의 적정성 검토시기를 연기할 수 있는 경우 및 그 기간은 각각 다음 각 호와 같다. 〈개정 2020. 5. 26., 2024. 5. 7.〉

1. 전쟁 또는 천재지변 등 부득이한 사유로 보호구역등의 적정성 검토가 불가능한 경우: 그 불가능한 사유가 없어진 날부터 1년까지

2. 법 제27조제3항 및 제70조의2제3항에 따라 보호구역등의 적정성 검토시기가 도래한 문화유산이나 그 보호물·보호구역과 관련하여 소송이 진행 중인 경우: 그 소송이 끝난 날부터 1년까지

제16조(지정 및 해제 등의 고시) 국가유산청장은 법 제28조 및 제31조제5항에 따라 국가지정문화유산을 지정하거나 그 지정을 해제하는 경우에는 다음 각 호의 사항을 고시해야 한다. 〈개정 2015. 10. 6., 2021. 11. 9., 2024. 5. 7.〉

1. 국가지정문화유산의 종류, 명칭, 수량, 소재지 또는 보관 장소

2. 국가지정문화유산의 보호물 또는 보호구역의 명칭, 수량 및 소재지

3. 국가지정문화유산과 그 보호물 또는 보호구역의 소유자 또는 점유자의 성명과 주소

4. 삭제 〈2015. 10. 6.〉

5. 지정의 이유 또는 지정 해제의 이유

[제목개정 2015. 10. 6.]

제17조(지정에 관한 자료의 제출) 시·도지사는 법 제23조 및 제25조부터 제27조까지의 규정에 따라 지정해야 할 문화유산이 있으면 지체 없이 문화체육관광부령으로 정하는 바에 따라 사진, 도면 및 녹음물 등 지정에 필요한 자료를 국가유산청장에게 제출해야 한다. 〈개정 2015. 10. 6., 2023. 11. 16., 2024. 5. 7.〉

제18조 삭제 〈2015. 10. 6.〉

제19조(임시지정) 국가유산청장은 법 제32조제1항에 따라 중요문화유산으로 임시지정을 하는 경우에는 법 제23조에 따른 국보와 보물, 법 제25조에 따른 사적, 법 제26조에 따른 국가민속문화유산으로 구분하여 지정해야 한다.

[전문개정 2024. 5. 7.]

제20조(문화유산별 종합정비계획의 수립) ① 법 제34조에 따라 국가지정문화유산을 관리하도록 지정된 관리단체는 해당 국가지정문화유산의 효율적인 보존·관리 및 활용을 위하여 국가유산청장과 협의하여 문화유산별 종합정비계획(이하 이 조에서 “정비계획”이라 한다)을 수립할 수 있다. 〈개정 2024. 5. 7.〉

② 제1항에 따라 수립하는 정비계획은 문화유산의 원형을 보존하는 데 중점을 두어야 하며, 다음 각 호의 사항을 포함하여야 한다. 〈개정 2024. 5. 7.〉

1. 정비계획의 목적과 범위에 관한 사항
2. 문화유산의 역사문화환경에 관한 사항
3. 문화유산에 관한 고증 및 학술조사에 관한 사항
4. 문화유산의 보수·복원 등 보존·관리 및 활용에 관한 사항
5. 문화유산의 관리·운영 인력 및 투자 재원(財源)의 확보에 관한 사항
6. 그 밖에 문화유산의 정비에 필요한 사항

③ 국가유산청장은 제1항에 따른 정비계획의 수립절차, 방법 및 내용과 그 시행 등에 관하여 문화유산의 종류별 또는 유형별로 필요한 사항을 정할 수 있다. 〈개정 2024. 5. 7.〉

[제목개정 2024. 5. 7.]

제21조(허가절차) ①법 제35조에 따라 국가유산청장의 허가를 받으려는 자는 해당 국가지정문화유산의 종류, 명칭, 수량 및 소재지 등을 적은 허가신청서를 관할 특별자치시장, 특별자치도지사, 시장·군수·구청장(자치구의 구청장을 말한다. 이하 같다)을 거쳐 국가유산청장에게 제출해야 하며, 허가사항을 변경하려는 경우에도 또한 같다. 이 경우 시장·군수·구청장은 관할 시·도지사에게 허가신청 사항 등을 알려야 한다. 〈개정 2014. 12. 23., 2015. 10. 6., 2021. 11. 9., 2024. 5. 7.〉

② 제1항 전단에도 불구하고 다음 각 호의 어느 하나에 해당하는 행위에 대한 허가 신청 또는 허가사항의 변경신청을 하는 경우에는 특별자치시장, 특별자치도지사, 시장·군수·구청장을 거치지 아니하고 국가유산청장에게 직접 신청서를 제출하여야 한다. 〈신설 2015. 10. 6., 2024. 5. 7.〉

1. 법 제35조제1항제3호에 해당하는 행위

2. 국유인 문화유산으로서 국가가 직접 관리하는 국가지정문화유산(동산에 속하는 문화유산으로 한정한다)의 현상변경 행위

3. 국가유산청장이 직접 관리하고 있는 국가지정문화유산 안에서 이루어지는 현상변경 행위

제21조의2(국가지정문화유산 등의 현상변경 등의 행위) ① 법 제35조제1항제1호에서 "대통령령으로 정하는 행위"란 다음 각 호의 행위를 말한다. 〈개정 2018. 2. 27., 2018. 5. 28., 2019. 7. 2., 2024. 5. 7.〉

1. 국가지정문화유산, 보호물 또는 보호구역을 수리, 정비, 복구, 보존처리 또는 철거하는 행위

2. 삭제 〈2024. 5. 7.〉

3. 국가지정문화유산, 보호물 또는 보호구역 안에서 하는 다음 각 목의 행위

가. 건축물 또는 도로·관로·전선·공작물·지하구조물 등 각종 시설물을 신축, 증축, 개축, 이축(移築) 또는 용도변경(지목변경의 경우는 제외한다)하는 행위

나. 수목을 심거나 제거하는 행위

다. 토지 및 수면의 매립·간척·땅파기·구멍뚫기, 땅깎기, 흙쌓기 등 지형이나 지질의 변경을 가져오는 행위

라. 수로, 수질 및 수량에 변경을 가져오는 행위

마. 소음·진동·악취 등을 유발하거나 대기오염물질·화학물질·먼지·빛 또는 열 등을 방출하는 행위

바. 오수(汚水)·분뇨·폐수 등을 살포, 배출, 투기하는 행위

사. 삭제 〈2025. 7. 8.〉

아. 토석, 골재 및 광물과 그 부산물 또는 가공물을 채취, 반입, 반출, 제거하는 행위

자. 광고물 등을 설치, 부착하거나 각종 물건을 쌓는 행위

② 법 제35조제1항제2호에서 "대통령령으로 정하는 행위"란 다음 각 호의 행위를 말한다. 〈개정 2018. 2. 27., 2019. 7. 2., 2024. 5. 7.〉

1. 역사문화환경 보존지역에서 하는 다음 각 목의 행위

가. 해당 국가지정문화유산의 경관을 저해할 우려가 있는 건축

물 또는 시설물을 설치·증설하는 행위

나. 해당 국가지정문화유산의 경관을 저해할 우려가 있는 수목을 심거나 제거하는 행위

다. 해당 국가지정문화유산의 보존에 영향을 줄 수 있는 소음·진동·악취 등을 유발하거나 대기오염물질·화학물질·먼지·빛 또는 열 등을 방출하는 행위

라. 해당 국가지정문화유산의 보존에 영향을 줄 수 있는 지하 50미터 이상의 땅파기 행위

마. 해당 국가지정문화유산의 보존에 영향을 미칠 수 있는 토지·임야의 형질을 변경하는 행위

2. 국가지정문화유산이 소재하는 지역의 수로의 수질과 수량에 영향을 줄 수 있는 수계에서 하는 건설공사 등의 행위

3. 국가지정문화유산과 연결된 유적지를 훼손함으로써 국가지정문화유산 보존에 영향을 미칠 우려가 있는 행위

4. 삭제 〈2024. 5. 7.〉

5. 그 밖에 국가지정문화유산 외곽 경계의 외부 지역에서 하는 행위로서 국가유산청장 또는 해당 지방자치단체의 장이 국가지정문화유산의 역사적·예술적·학술적·경관적 가치에 영향을 미칠 우려가 있다고 인정하여 고시하는 행위

③ 법 제35조제1항제3호에서 "대통령령으로 정하는 행위"란 다음 각 호의 행위를 말한다. 〈신설 2021. 11. 9., 2024. 5. 7.〉

1. 국가지정문화유산을 다른 장소로 옮겨 촬영하는 행위

2. 국가지정문화유산의 표면에 촬영 장비를 접촉하여 촬영하는 행위

3. 빛 또는 열 등이 지나치게 방출되어 국가지정문화유산의 보존에 영향을 줄 수 있는 촬영 행위

4. 그 밖에 촬영 장비의 충돌·추락 등으로 국가지정문화유산에 물리적 충격을 줄 수 있는 촬영 행위

[본조신설 2014. 12. 23.]

[제목개정 2024. 5. 7.]

제21조의2(국가지정문화유산 등의 현상변경 등의 행위) ① 법 제35조제1항제1호에서 "대통령령으로 정하는 행위"란 다음 각 호의 행위를 말한다. 〈개정 2018. 2. 27., 2018. 5. 28., 2019. 7. 2., 2024. 5. 7., 2025. 7. 8.〉

1. 국가지정문화유산, 보호물 또는 보호구역을 수리, 정비, 복구, 보존처리 또는 철거하는 행위

2. 삭제 〈2024. 5. 7.〉

3. 국가지정문화유산, 보호물 또는 보호구역 안에서 하는 다음 각 목의 행위

가. 건축물 또는 도로·관로·전선·공작물·지하구조물 등 각종 시설물을 신축, 증축, 개축, 이축(移築) 또는 용도변경(지목변경의 경우는 제외한다)하는 행위

나. 수목을 심거나 제거하는 행위

다. 토지 및 수면의 매립·간척·땅파기·구멍뚫기, 땅깎기, 흙쌓기 등 지형이나 지질의 변경을 가져오는 행위

라. 수로, 수질 및 수량에 변경을 가져오는 행위

마. 소음·진동·악취 등을 유발하거나 대기오염물질·화학물질·먼지·빛 또는 열 등을 방출하는 행위

바. 오수(汚水)·분뇨·폐수 등을 살포, 배출, 투기하는 행위

사. 삭제 〈2025. 7. 8.〉

아. 토석, 골재 및 광물과 그 부산물 또는 가공물을 채취, 반입, 반출, 제거하는 행위

자. 광고물 등을 설치, 부착하거나 각종 물건을 쌓는 행위 중 국가유산청장이 정하여 고시하는 행위

② 법 제35조제1항제2호에서 "대통령령으로 정하는 행위"란 다음 각 호의 행위를 말한다. 〈개정 2018. 2. 27., 2019. 7. 2., 2024. 5. 7.〉

1. 역사문화환경 보존지역에서 하는 다음 각 목의 행위

가. 해당 국가지정문화유산의 경관을 저해할 우려가 있는 건축물 또는 시설물을 설치·증설하는 행위

나. 해당 국가지정문화유산의 경관을 저해할 우려가 있는 수목을 심거나 제거하는 행위

다. 해당 국가지정문화유산의 보존에 영향을 줄 수 있는 소음·진동·악취 등을 유발하거나 대기오염물질·화학물질·먼지·빛 또는 열 등을 방출하는 행위

라. 해당 국가지정문화유산의 보존에 영향을 줄 수 있는 지하 50미터 이상의 땅파기 행위

마. 해당 국가지정문화유산의 보존에 영향을 미칠 수 있는 토지·임야의 형질을 변경하는 행위

2. 국가지정문화유산이 소재하는 지역의 수로의 수질과 수량에 영향을 줄 수 있는 수계에서 하는 건설공사 등의 행위

3. 국가지정문화유산과 연결된 유적지를 훼손함으로써 국가지정문화유산 보존에 영향을 미칠 우려가 있는 행위

4. 삭제 〈2024. 5. 7.〉

5. 그 밖에 국가지정문화유산 외곽 경계의 외부 지역에서 하는 행위로서 국가유산청장 또는 해당 지방자치단체의 장이 국가지정문화유산의 역사적·예술적·학술적·경관적 가치에 영향을 미칠 우려가 있다고 인정하여 고시하는 행위

③ 법 제35조제1항제3호에서 "대통령령으로 정하는 행위"란 다음 각 호의 행위를 말한다. 〈신설 2021. 11. 9., 2024. 5. 7.〉

1. 국가지정문화유산을 다른 장소로 옮겨 촬영하는 행위

2. 국가지정문화유산의 표면에 촬영 장비를 접촉하여 촬영하는 행위

3. 빛 또는 열 등이 지나치게 방출되어 국가지정문화유산의 보존에 영향을 줄 수 있는 촬영 행위

4. 그 밖에 촬영 장비의 충돌·추락 등으로 국가지정문화유산에 물리적 충격을 줄 수 있는 촬영 행위

[본조신설 2014. 12. 23.]

[제목개정 2024. 5. 7.]

[시행일: 2025. 10. 9.] 제21조의2제1항제3호자목

제21조의3(특별자치시장 등의 허가 대상 행위) 법 제35조제1항 단서에 따라 특별자치시장, 특별자치도지사, 시장·군수·구청장의 허가(변경허가를 포함한다. 이하 이 조에서 같다)를 받아야 하는 행위는 다음 각 호와 같다. 〈개정 2017. 1. 26., 2018. 2. 27., 2018. 5. 28., 2019. 7. 2., 2022. 11. 29., 2024. 5. 7.〉

1. 삭제 〈2024. 5. 7.〉

2. 법 제35조제1항제1호 및 이 영 제21조의2제1항의 행위 중 국가유산청장이 문화유산의 특성을 고려하여 고시하는 건축물 또는 시설물의 설치행위

3. 법 제35조제1항제1호 및 이 영 제21조의2제1항의 행위 중 다음 각 목의 어느 하나에 해당하는 행위. 다만, 해당 국가지정문화유

산을 대상으로 하는 행위는 제외한다.

가. 건조물을 원형대로 보수하는 행위

나. 전통양식에 따라 축조된 담장을 원형대로 보수하는 행위

다. 국가유산청장이 정하는 규모의 신축, 개축(改築) 또는 증축 행위

라. 「전기사업법」에 따른 전기설비 및 「소방시설 설치 및 관리에 관한 법률」에 따른 소방시설을 설치하는 행위

마. 표지돌, 안내판 및 경고판을 설치하는 행위

바. 보호 울타리를 설치하는 행위

사. 삭제 〈2025. 7. 8.〉

아. 학술·연구 목적이나 보존을 위한 종자 및 묘목을 채취하는 행위

4. 법 제35조제1항제2호 및 이 영 제21조의2제2항의 행위 중 국가유산청장이 경미한 행위로 정하여 고시하는 행위

5. 법 제35조제1항제3호의 행위 중 국가지정문화유산(법 제48조제2항에 따라 공개가 제한되는 국가지정문화유산은 제외한다)의 촬영행위

6. 삭제 〈2024. 5. 7.〉

[본조신설 2014. 12. 23.]

제21조의3(특별자치시장 등의 허가 대상 행위) 법 제35조제1항 단서에 따라 특별자치시장, 특별자치도지사, 시장·군수·구청장의 허가(변경허가를 포함한다. 이하 이 조에서 같다)를 받아야 하는 행위는 다음 각 호와 같다. 〈개정 2017. 1. 26., 2018. 2. 27., 2018. 5. 28., 2019. 7. 2., 2022. 11. 29., 2024. 5. 7., 2025. 7. 8.〉

1. 삭제 〈2024. 5. 7.〉

2. 법 제35조제1항제1호 및 이 영 제21조의2제1항의 행위 중 국가유산청장이 문화유산의 특성을 고려하여 고시하는 건축물 또는 시설물의 설치행위

3. 법 제35조제1항제1호 및 이 영 제21조의2제1항의 행위 중 다음 각 목의 어느 하나에 해당하는 행위. 다만, 해당 국가지정문화유산을 대상으로 하는 행위는 제외한다.

가. 건조물을 원형대로 보수하는 행위

나. 전통양식에 따라 축조된 담장을 원형대로 보수하는 행위

다. 국가유산청장이 정하는 규모의 신축, 개축(改築) 또는 증축 행위

라. 「전기사업법」에 따른 전기설비를 설치하는 행위 중 국가유산청장이 정하여 고시하는 행위 및 「소방시설 설치 및 관리에 관한 법률」에 따른 소방시설을 설치하는 행위

마. 표지돌, 안내판 및 경고판을 설치하는 행위

바. 보호 울타리를 설치하는 행위

사. 삭제 〈2025. 7. 8.〉

아. 학술·연구 목적이나 보존을 위한 종자 및 묘목을 채취하는 행위

4. 법 제35조제1항제2호 및 이 영 제21조의2제2항의 행위 중 국가유산청장이 경미한 행위로 정하여 고시하는 행위

5. 법 제35조제1항제3호의 행위 중 국가지정문화유산(법 제48조제2항에 따라 공개가 제한되는 국가지정문화유산은 제외한다)의 촬영행위

6. 삭제 〈2024. 5. 7.〉

[본조신설 2014. 12. 23.]

[시행일: 2025. 10. 9.] 제21조의3제3호라목

제21조의4(처리기간에 포함하지 않는 기간) 법 제35조제4항 본문에서 "문화유산위원회의 심의기간 등 대통령령으로 정하는 기간"이란 다음 각 호의 기간을 말한다.

1. 문화유산위원회(법 제8조제3항에 따른 분과위원회 및 같은 조 제4항에 따른 합동분과위원회를 포함한다)의 조사·심의에 걸리는 기간

2. 법 제36조제2항에 따라 허가를 위하여 관계 전문가에게 필요한 조사를 하게 한 경우 그 조사에 걸리는 기간

3. 제21조제1항 전단에 따라 허가신청서를 특별자치시장, 특별자치도지사 또는 시장·군수·구청장을 거쳐 국가유산청장에게 이송하는 데 걸리는 기간

4. 국가유산청장, 특별자치시장, 특별자치도지사 또는 시장·군수·구청장이 허가를 신청한 자에게 제21조제1항 전단에 따른 허가신청서의 보완을 요구한 경우 보완에 걸리는 기간(보완 요청서를 발송하는 날과 보완된 서류가 도달한 날을 포함한다)

5. 토요일과 「관공서의 공휴일에 관한 규정」 제2조에 따른 공휴일 및 같은 영 제3조에 따른 대체공휴일

[본조신설 2024. 7. 23.]

[종전 제21조의4는 제21조의5로 이동 〈2024. 7. 23.〉]

제21조의5(현상변경 등 허가를 위한 조사 시 관계 전문가의 범위) 법 제36조제2항에 따라 문화유산의 현상변경 등의 허가를 위하여 필요한 조사를 하게 할 수 있는 관계 전문가는 다음 각 호의 어느 하나에 해당하는 사람으로 한다. 〈개정 2024. 5. 7.〉

1. 문화유산위원회의 위원 또는 전문위원
2. 법 제71조에 따른 시·도문화유산위원회의 위원 또는 전문위원
3. 「고등교육법」 제2조에 따른 학교의 문화유산 관련 학과의 조교수 이상인 교원
4. 문화유산 업무를 담당하는 학예연구관, 학예연구사 또는 나군 이상의 전문경력관
5. 「고등교육법」 제2조에 따른 학교의 건축, 토목, 환경, 도시계획, 소음, 진동, 대기오염, 화학물질, 먼지 또는 열에 관련된 분야의 학과의 조교수 이상인 교원
6. 제5호에 따른 분야의 학회로부터 추천을 받은 사람
7. 그 밖에 문화유산 관련 분야에서 5년 이상 종사한 사람으로서 문화유산에 관한 지식과 경험이 풍부하다고 국가유산청장이 인정한 사람

[본조신설 2014. 12. 23.]

[제21조의4에서 이동 〈2024. 7. 23.〉]

제22조(허가서) 국가유산청장은 법 제36조에 따라 허가하는 경우에는 신청인의 성명, 대상 문화유산, 허가사항, 허가기간 및 허가조건 등을 적은 허가서를 관할 특별자치시장, 특별자치도지사, 시장·군수·구청장을 거쳐 신청인에게 내주어야 한다. 이 경우 국가유산청장은 관할 시·도지사(특별자치시장과 특별자치도지사는 제외한다)에게 허가사항 등을 알려야 한다. 다만, 법 제35조제1항제3호에 해당하는 행위에 대한 허가 및 국가유산청장이 직접 관리하고 있는 국가지정문화유산 안에서 이루어지는 현상변경 행위에 대한 허가를 하는 경우에는 특별자치시장, 특별자치도지사, 시장·군수·구청장을 거치지 아니하거나 관할 시·도지사에게 허가사항 등을 알리지 아니

하여도 된다. 〈개정 2014. 12. 23., 2024. 5. 7.〉
제23조(관리자 선임 등의 신고) ①국가지정문화유산에 관하여 법 제40조제1항 본문 및 같은 조 제3항 본문에 따라 신고하려는 자는 해당 국가지정문화유산의 종류, 명칭, 수량 및 소재지 등을 적은 관리자 선임 등의 신고서를 그 사유가 발생한 날부터 15일 이내에 관할 시장·군수·구청장 및 시·도지사를 거쳐 국가유산청장에게 제출해야 한다. 〈개정 2014. 12. 23., 2021. 11. 9., 2024. 5. 7.〉

② 국가지정문화유산에 관하여 법 제40조제1항 단서 및 같은 조 제3항 단서에 따라 신고하려는 자는 해당 국가지정문화유산의 종류, 명칭, 수량 및 소재지 등을 적은 신고서를 그 사유가 발생한 날부터 15일 이내에 특별자치시장, 특별자치도지사, 시장·군수·구청장에게 제출해야 한다. 〈신설 2014. 12. 23., 2021. 11. 9., 2024. 5. 7.〉

제24조 삭제 〈2024. 5. 7.〉

제25조 삭제 〈2024. 5. 7.〉

제26조 삭제 〈2015. 10. 6.〉

제27조 삭제 〈2015. 10. 6.〉

제28조(정기조사 등의 위탁) 국가유산청장은 법 제44조제6항에 따라 국가지정문화유산의 정기조사와 재조사를 다음 각 호의 어느 하나에 해당하는 기관 또는 단체에 위탁할 수 있다. 〈개정 2024. 5. 7.〉

1. 문화유산 관련 조사, 연구, 교육, 수리 또는 학술 활동을 목적으로 설립된 법인 또는 단체
2. 「박물관 및 미술관 진흥법」 제10조 및 제12조부터 제14조까지의 규정에 따른 박물관 또는 미술관
3. 「고등교육법」 제2조에 따른 학교의 문화유산 관련 부설 연구기관 또는 산학협력단

제29조(손실 보상의 신청) 법 제46조에 따라 손실을 보상받으려는 자는 국가지정문화유산의 종류, 명칭, 수량, 소재지 또는 보관 장소와 그 사유를 적은 신청서에 증명서류를 첨부하여 국가유산청장에게 신청해야 한다. 〈개정 2021. 11. 9., 2024. 5. 7.〉

제30조(관람료 감면에 따른 비용지원) ① 국가 또는 지방자치단체가 아닌 국가지정문화유산의 소유자 또는 관리단체(이하 이 조에서 "소유자등"이라 한다)는 법 제49조제4항에 따라 국가로부터 비용을 지원받으려는 경우에는 문화체육관광부령으로 정하는 지원신청서에 다

음 각 호의 자료를 첨부하여 매년 3월 31일까지 국가유산청장에게 제출해야 한다. 〈개정 2024. 5. 7.〉

1. 최근 3년간 관람객 수를 증명할 수 있는 자료

2. 그 밖에 관람료 수입액을 증명할 수 있는 자료 등 지원금액 산정을 위하여 필요한 자료로서 국가유산청장이 정하여 고시하는 자료

② 국가유산청장은 제1항에 따라 제출된 자료를 검토하여 감면된 관람료에 해당하는 비용의 전부 또는 일부를 소유자등에게 지원할 수 있다. 〈개정 2024. 5. 7.〉

③ 소유자등은 비용지원 신청 및 지원금 수령 등을 직접 하기 어려운 사정이 있으면 대리인을 선임할 수 있다.

④ 제1항부터 제3항까지에서 규정한 사항 외에 법 제49조제4항에 따라 국가로부터 지원받은 비용의 지급·사용 및 관리 등에 관하여는 「보조금 관리에 관한 법률」에서 정하는 바에 따른다.

⑤ 지방자치단체의 장은 법 제49조제4항에 따라 비용을 지원하려는 경우에는 지원 금액 및 시기를 미리 국가유산청장과 협의해야 한다. 〈개정 2024. 5. 7.〉

[본조신설 2023. 4. 25.]

제31조 삭제 〈2015. 10. 6.〉

제32조 삭제 〈2015. 10. 6.〉

제33조 삭제 〈2024. 9. 10.〉

제33조의2 삭제 〈2024. 9. 10.〉

제34조 삭제 〈2024. 9. 10.〉

제35조 삭제 〈2024. 9. 10.〉

제36조(일반동산문화유산의 범위) 법 제60조제1항에 따른 일반동산문화유산의 범위는 다음 각 호의 분야에 해당하는 동산 중 별표 3의 기준을 충족하는 것으로 한다. 다만, 수출일 또는 반출일 현재 생존해 있는 제작자의 작품은 일반동산문화유산의 범위에서 제외한다. 〈개정 2023. 12. 26., 2024. 5. 7.〉

1. 회화류, 조각류, 공예류, 서예류, 석조류 등 미술 분야

2. 서책(書冊)류, 문서류, 서각(書刻: 글과 그림을 새겨 넣는 것)류 등 전적(典籍) 분야

3. 고고자료, 민속자료, 과학기술자료 등 생활기술 분야

4. 동물류, 식물류, 지질류 등 자연사 분야

[전문개정 2019. 12. 31.]
[제목개정 2024. 5. 7.]

제37조(일반동산문화유산의 확인 등) ① 국가유산청장은 법 제60조제5항에 따른 확인을 하려면 법 제60조의2제1항에 따라 배치된 문화유산감정위원의 감정을 받아야 한다. 〈개정 2015. 10. 6., 2024. 5. 7.〉

② 법 제60조의2제1항에 따라 배치되는 문화유산감정위원은 다음 각 호의 어느 하나에 해당하는 사람이어야 한다. 〈신설 2015. 10. 6., 2021. 4. 6., 2024. 5. 7.〉

1. 문화유산위원회의 위원 또는 전문위원
2. 국가유산청, 국립중앙박물관 또는 시·도 소속 공무원으로서 동산문화유산 관계 분야의 학예연구관 또는 가군 전문경력관
3. 동산문화유산 관계 분야의 학사 이상 학위 소지자로서 해당 문화유산 분야에 종사한 경력이 2년 이상인 사람
4. 대학의 동산문화유산 또는 천연기념물 관계 분야 학과의 조교수 이상인 사람 또는 그 학과에서 2년 이상 강의를 담당한 경력이 있는 사람
5. 동산문화유산 관계 분야의 저서가 있거나 3편 이상의 논문을 발표한 사람
6. 동산문화유산 관계 분야에서 5급 이상의 국가공무원 또는 지방공무원으로 3년 이상 계속 근무한 경력이 있는 사람
7. 동산문화유산 관계 분야에서 5년 이상 계속 근무한 경력이 있는 사람

③ 국가유산청장은 법 제60조의2제1항에 따라 문화유산감정위원을 다음 각 호의 장소에 배치할 수 있다. 〈신설 2015. 10. 6., 2017. 3. 29., 2024. 5. 7.〉

1. 「공항시설법」 제2조제3호의 공항
2. 「항만법」 제2조제2호의 무역항
3. 「관세법」 제256조제2항의 통관우체국
4. 삭제 〈2023. 9. 8.〉

④ 제1항에 따른 감정의 절차 및 요령에 관하여 필요한 사항은 문화체육관광부령으로 정한다. 〈개정 2015. 10. 6.〉

[제목개정 2024. 5. 7.]

제38조(일반동산문화유산의 보존·관리 방안) ① 법 제61조제2항에 따른 문화유산에 관한 보존·관리 방안은 다음 각 호의 사항을 포함하여야 한다. 〈개정 2024. 5. 7.〉

1. 일반동산문화유산의 현황
2. 일반동산문화유산의 보관 경위 및 관리·수리 이력
3. 보존·관리의 개선이 필요한 문화유산과 그 조치 방안(조치할 내용, 추진 일정 및 방법 등을 포함한다)
4. 일반동산문화유산의 보존처리계획 및 학술연구 등 활용계획

② 법 제61조제3항에 따라 국가유산청장의 요청을 받은 국가기관 또는 지방자치단체의 장은 요청받은 날부터 30일 이내에 국가유산청장에게 해당 문화유산에 관한 보존·관리 방안을 보고하여야 한다. 〈개정 2024. 5. 7.〉

[제목개정 2024. 5. 7.]

제38조의2(건조물 등에 포장되어 있는 일반동산문화유산의 발견신고 등) ① 법 제61조의2제1항에 따라 일반동산문화유산이 발견된 사실을 신고하려는 자는 일반동산문화유산을 발견한 날부터 30일 이내에 문화체육관광부령으로 정하는 일반동산문화유산 발견 신고서에 문화체육관광부령으로 정하는 서류를 첨부하여 국가유산청장에게 제출해야 한다.

② 제1항에 따른 신고는 다음 각 호의 어느 하나에 해당하는 기관을 통하여 할 수 있다. 이 경우 해당 기관에 신고가 접수된 날을 법 제61조의2제1항에 따라 국가유산청장에게 신고한 날로 본다.

1. 일반동산문화유산이 발견된 장소를 관할하는 경찰서장
2. 일반동산문화유산이 발견된 장소를 관할하는 특별자치시장, 제주특별자치도지사 또는 시장·군수·구청장

③ 제2항에 따라 발견신고를 받은 기관은 그 사실을 지체 없이 국가유산청장에게 알려야 한다.

④ 제2항제2호에 따라 발견신고를 받은 특별자치시장, 제주특별자치도지사 또는 시장·군수·구청장은 그 사실을 즉시 관할 경찰서장에게 알려야 한다. 이 경우 발견신고자로부터 해당 일반동산문화유산을 제출받은 경우에는 관할 경찰서장에게 인계해야 한다.

[본조신설 2024. 7. 23.]

제38조의3(건조물 등의 소유·점유 증명 방법) ① 법 제61조의2제3

항에서 "역사고증 등 대통령령으로 정하는 방법"이란 다음 각 호의 자료의 전부 또는 일부를 국가유산청장에게 제출함으로써 일반동산문화유산이 발견된 건조물 등을 계속하여 소유 또는 점유(승계하여 소유 또는 점유하는 경우를 포함한다. 이하 이 항에서 같다)하고 있음을 증명하는 방법을 말한다.

1. 해당 일반동산문화유산이 포장(包藏)되어 있는 건조물 등의 연혁에 관한 자료

2. 해당 일반동산문화유산이 포장되어 있는 건조물 등이 위치한 지역의 토지등기부 등본 등 소유권을 입증할 수 있는 자료

3. 해당 일반동산문화유산과 관련된 사진, 도면, 사료 등의 자료

4. 그 밖에 해당 건조물 등을 계속하여 소유 또는 점유하고 있음을 증명할 수 있는 자료

② 국가유산청장은 필요하다고 인정하는 경우에는 제1항에 따라 자료를 제출한 자를 법 제61조의2제3항에 따라 해당 일반동산문화유산의 소유자로 추정할 수 있는지에 관하여 문화유산위원회의 심의에 부칠 수 있다.

[본조신설 2024. 7. 23.]

제39조(기부금품의 접수절차 등) ① 법 제69조의3제1항에 따른 국외소재문화유산재단(이하 "국외문화유산재단"이라 한다)은 법 제69조의4제2항에 따라 기부금품을 접수한 때에는 기부자에게 영수증을 발급해야 한다. 다만, 익명으로 기부하거나 기부자를 알 수 없는 경우에는 영수증을 발급하지 않을 수 있다. 〈개정 2024. 5. 7.〉

② 국외문화유산재단은 제1항에 따른 기부자가 기부금품의 용도를 지정한 때에는 그 용도로만 사용해야 한다. 〈개정 2024. 5. 7.〉

③ 제2항에도 불구하고 기부자가 지정한 용도로 사용하기 어려운 특별한 사유가 있는 경우에는 기부자의 동의를 받아 다른 용도로 사용할 수 있다. 다만, 기부자를 알 수 없는 경우 등 기부자의 동의를 받을 수 없는 불가피한 사정이 있을 때에는 국가유산청 및 국외문화유산재단의 인터넷 홈페이지에 각각 해당 내용을 7일 이상 게시한 후에 다른 용도로 사용할 수 있다. 〈개정 2024. 5. 7.〉

④ 국외문화유산재단은 제1항에 따른 기부금품의 접수 현황 및 사용 실적 등에 관한 장부를 갖추어 두고 기부자가 열람할 수 있도록 해야 하며, 해당 내용을 매년 국외문화유산재단의 인터넷 홈페이

지에 공개해야 한다. 〈개정 2024. 5. 7.〉

⑤ 국외문화유산재단은 법 제69조의4제4항에 따라 매 회계연도 개시 후 2개월 이내에 전년도 기부금품의 접수 및 처리 상황을 국가유산청장에게 보고해야 한다. 〈개정 2024. 5. 7.〉

[본조신설 2022. 7. 19.]

제40조(보고) 시 · 도지사는 법 제73조제1항 각 호의 어느 하나에 해당하는 사유가 발생하면 그 날부터 15일 이내에 국가유산청장에게 보고하여야 한다. 〈개정 2024. 5. 7.〉

제41조(문화유산매매업의 허가) ① 법 제75조제1항에 따라 문화유산매매업 허가를 받아야 하는 자는 동산에 속하는 유형문화유산이나 유형의 민속문화유산으로서 제작된 지 50년 이상된 것에 대하여 매매 또는 교환하는 것을 업(業)으로 하려는 자(위탁을 받아 매매 또는 교환하는 것을 업으로 하려는 자를 포함한다)로 한다. 〈개정 2024. 5. 7.〉

② 법 제75조제1항에 따라 문화유산매매업 허가를 받으려는 자는 문화체육관광부령으로 정하는 바에 따라 허가신청서를 특별자치시장, 특별자치도지사, 시장 · 군수 · 구청장에게 제출하여야 한다. 〈개정 2014. 12. 23., 2024. 5. 7.〉

③ 법 제75조제2항에 따라 문화유산매매업자는 문화체육관광부령으로 정하는 바에 따라 매년 제1항에 따른 문화유산의 보존 상황, 매매 또는 교환 현황을 기록한 서류를 첨부하여 다음 해 1월 31일까지 특별자치시장, 특별자치도지사, 시장 · 군수 · 구청장에게 그 실태를 신고하여야 한다. 〈개정 2014. 12. 23., 2024. 5. 7.〉

④ 제3항에 따라 실태를 신고받은 특별자치시장, 특별자치도지사, 시장 · 군수 · 구청장은 이를 시 · 도지사(특별자치시장과 특별자치도지사는 제외한다)를 거쳐 다음 해 2월 말일까지 국가유산청장에게 보고하여야 한다. 〈개정 2014. 12. 23., 2024. 5. 7.〉

[제목개정 2024. 5. 7.]

제41조의2(문화유산돌봄사업의 대상) 법 제80조의3제1항제4호에서 "대통령령으로 정하는 것"이란 다음 각 호의 요건을 모두 갖춘 문화유산을 말한다. 〈개정 2024. 5. 7.〉

1. 시 · 도지사가 시장 · 군수 · 구청장과의 협의를 거쳐 국가유산청장에게 추천한 문화유산일 것

2. 국가유산청장이 법 제80조의3제1항에 따른 문화유산돌봄사업(이하 "문화유산돌봄사업"이라 한다)의 대상으로 할 필요가 있다고 인정하는 문화유산일 것

[본조신설 2021. 4. 6.]

[제목개정 2024. 5. 7.]

제41조의3(중앙문화유산돌봄센터 운영의 위탁) 국가유산청장은 법 제80조의4제1항에 따라 설치한 중앙문화유산돌봄센터(이하 "중앙문화유산돌봄센터"라 한다)의 운영을 같은 조 제2항에 따라 전통건축수리기술진흥재단에 위탁한다. 〈개정 2024. 5. 7.〉

[본조신설 2021. 4. 6.]

[제목개정 2024. 5. 7.]

제41조의4(중앙문화유산돌봄센터의 운영) 제41조의3에 따라 중앙문화유산돌봄센터의 운영을 위탁받은 전통건축수리기술진흥재단은 법 제80조의4제1항 각 호의 업무를 수행하기 위하여 필요하다고 인정하는 경우에는 법 제80조의5제1항에 따른 지역문화유산돌봄센터(이하 "지역문화유산돌봄센터"라 한다)의 장에게 자료 또는 의견의 제출을 요청할 수 있다. 〈개정 2024. 5. 7.〉

[본조신설 2021. 4. 6.]

[제목개정 2024. 5. 7.]

제41조의5(지역문화유산돌봄센터의 지정) ① 법 제80조의5제1항에 따른 지역문화유산돌봄센터의 지정기준은 다음 각 호와 같다. 〈개정 2024. 5. 7.〉

1. 다음 각 목의 어느 하나에 해당하는 기관 또는 단체일 것

가. 「공공기관의 운영에 관한 법률」 제4조에 따른 공공기관

나. 「민법」 제32조에 따라 설립된 비영리법인

다. 「산업교육진흥 및 산학연협력촉진에 관한 법률」 제25조제1항에 따른 산학협력단

라. 특별법에 따라 설립된 특수법인

2. 문화유산돌봄사업의 수행에 필요한 다음 각 목의 시설을 모두 갖출 것

가. 지역문화유산돌봄센터의 업무를 수행하기 위한 사무실

나. 문화유산 보존 및 관리에 필요한 장비를 보관할 수 있는 시설

3. 사업계획서가 적정할 것

② 지역문화유산돌봄센터로 지정받으려는 기관 또는 단체는 문화체육관광부령으로 정하는 신청서에 제1항제1호 및 제2호의 지정기준을 충족했음을 증명할 수 있는 서류와 사업계획서를 첨부하여 시·도지사에게 제출해야 한다. 〈개정 2024. 5. 7.〉

③ 시·도지사는 제2항에 따른 신청을 한 기관 또는 단체가 제1항 각 호의 지정기준을 모두 충족했다고 인정되는 경우에는 해당 기관 또는 단체를 지역문화유산돌봄센터로 지정할 수 있다. 〈개정 2024. 5. 7.〉

④ 시·도지사는 제3항에 따라 지역문화유산돌봄센터로 지정했을 때에는 그 사실을 해당 시·도의 인터넷 홈페이지에 게시하고, 지정된 기관 또는 단체에 문화체육관광부령으로 정하는 지역문화유산돌봄센터 지정서를 지체 없이 발급해야 한다. 〈개정 2024. 5. 7.〉

[본조신설 2021. 4. 6.]

[제목개정 2024. 5. 7.]

제41조의6(지역문화유산돌봄센터의 지정취소) ① 법 제80조의5제2항에 따른 지역문화유산돌봄센터의 지정취소 기준은 별표 3의2와 같다. 〈개정 2024. 5. 7.〉

② 시·도지사는 법 제80조의5제2항에 따라 지역문화유산돌봄센터의 지정을 취소한 경우에는 그 사실을 해당 시·도의 인터넷 홈페이지에 게시해야 한다. 〈개정 2024. 5. 7.〉

[본조신설 2021. 4. 6.]

[제목개정 2024. 5. 7.]

제41조의7(지역문화유산돌봄센터의 평가) ① 국가유산청장은 매년 12월 31일까지 법 제80조의6제1항에 따라 지역문화유산돌봄센터를 평가해야 한다. 〈개정 2024. 5. 7.〉

② 국가유산청장은 제1항에 따른 평가를 실시하려면 평가 시기 및 방법을 포함한 평가지침을 작성하여 시·도지사 및 지역문화유산돌봄센터의 장에게 통보해야 한다. 〈개정 2024. 5. 7.〉

③ 국가유산청장은 법 제80조의6제2항에 따라 평가 결과를 공개하기 전에 공개 대상 지역문화유산돌봄센터에 그 사실을 통지하여 소명자료나 의견을 제출할 수 있는 기회를 주어야 한다. 〈개정 2024. 5. 7.〉

④ 국가유산청장은 제1항에 따른 평가가 완료되었을 때에는 평가 점수 및 등급을 포함한 평가 결과를 지체 없이 국가유산청의 인터넷 홈페이지에 게시해야 한다. 〈개정 2024. 5. 7.〉

[본조신설 2021. 4. 6.]

[제목개정 2024. 5. 7.]

제42조(권한의 위임) ① 국가유산청장은 법 제82조에 따라 궁능유적본부장의 소관 문화유산에 관한 다음 각 호의 권한을 궁능유적본부장에게 위임한다. 〈개정 2024. 5. 7., 2025. 7. 8.〉

1. 법 제35조(법 제47조에 따라 준용되는 경우를 포함한다)에 따른 허가 또는 변경허가
2. 법 제37조(법 제47조에 따라 준용되는 경우를 포함한다)에 따른 허가 취소
3. 법 제39조(법 제47조에 따라 준용되는 경우를 포함한다)에 따른 국외 반출 허가
4. 법 제40조(법 제47조에 따라 준용되는 경우를 포함한다)에 따른 신고의 수리
5. 법 제42조(법 제47조에 따라 준용되는 경우를 포함한다)에 따른 행정명령
6. 법 제48조에 따른 국가지정문화유산의 공개 및 공개 제한
7. 법 제49조에 따른 관람료의 징수 및 감면
8. 삭제 〈2025. 7. 8.〉
9. 삭제 〈2025. 7. 8.〉
10. 법 제88조제3호에 따른 청문
11. 법 제103조제1항제3호, 같은 조 제3항제1호, 같은 조 제4항제1호 또는 같은 조 제5항에 따른 과태료의 부과·징수

② 국가유산청장은 법 제82조에 따라 다음 각 호의 권한을 시·도지사에게 위임한다. 〈개정 2024. 5. 7.〉

1. 법 제87조제1항제3호에 따른 허가 또는 변경허가를 위한 협의
2. 제47조제2항에 따른 통지

[전문개정 2020. 5. 26.]

제42조의2(원상 복구 비용의 청구) ① 국가유산청장 또는 지방자치단체의 장은 법 제82조의3제3항에 따라 원상 복구 비용을 청구하는 경우 같은 조 제1항의 행위를 한 사람에게 납부금액, 납부기한, 납부장

소 등을 적은 납부고지서를 보내야 한다. 이 경우 납부고지서를 보낸 날부터 60일 이내의 납부기한을 정해야 한다. 〈개정 2024. 5. 7.〉

② 제1항에 따른 납부금액은 국가유산청장 또는 지방자치단체의 장이 훼손된 문화유산을 원상 복구하는 데 드는 비용으로 한다. 〈개정 2024. 5. 7.〉

[본조신설 2020. 12. 1.]

제43조(수사기관의 범위) ① 법 제86조에 따른 수사기관은 다음 각 호의 기관을 말한다. 〈개정 2022. 7. 19.〉

1. 검사
2. 「형사소송법」 제197조에 따른 사법경찰관리
3. 「검찰청법」 제47조에 따라 사법경찰관리의 직무를 수행하는 사람
4. 「사법경찰관리의 직무를 수행할 자와 그 직무범위에 관한 법률」 제5조제14호에 따른 국가공무원 또는 지방공무원
5. 「관세법」 제295조에 따른 세관공무원

② 제1항 각 호의 어느 하나에 해당하는 사람은 법 제86조제1항에 따른 제보자가 될 수 없다.

제44조(제보의 처리) 법 제86조에 따라 제보를 받은 수사기관은 문화체육관광부령으로 정하는 바에 따라 제보 조서를 작성하여 국가유산청장에게 제출하여야 한다. 〈개정 2024. 5. 7.〉

제45조(포상금의 지급) ①법 제86조에 따른 포상금 지급기준은 다음 표와 같다. 〈개정 2015. 10. 6.〉

등급	포상금액	
	제보한 자	체포에 공로가 있는 자
1등급	2,000만원	400만원
2등급	1,500만원	300만원
3등급	1,000만원	200만원
4등급	500만원	100만원
5등급	250만원	50만원

② 제1항에 따른 포상금의 지급등급기준은 문화체육관광부령으로 정한다.

제46조(포상금의 배분) 제45조에 따라 포상금을 지급하는 경우에 제보자가 2명 이상이거나 범인 체포에 공로가 있는 사람이 2명 이

상인 경우에는 그 공로의 비중을 고려하여 국가유산청장이 그 배분액을 결정한다. 다만, 포상금을 받을 사람이 배분액에 관하여 상호간에 미리 합의한 경우에는 그 합의된 금액 또는 비율에 따라 배분할 수 있다. 〈개정 2024. 5. 7.〉

[전문개정 2015. 10. 6.]

제47조(자연공원구역 안에서의 사적의 지정 등) ① 법 제87조제1항 및 제2항에 따라 해당 공원관리청과 협의하여야 할 경우는 다음과 같다. 〈개정 2014. 12. 23., 2024. 5. 7.〉

1. 법 제87조제1항제1호 및 제2호의 경우: 「자연공원법」에 따른 공원구역에서 면적 3만 제곱미터 이상의 지역 또는 구역을 지정하는 경우

2. 법 제87조제1항제3호 및 같은 조 제2항의 경우: 「자연공원법」에 따른 공원구역에서 법 제35조제1항에 따라 허가나 변경허가를 하는 경우[「자연공원법」 제23조제1항 각 호의 경우로 한정하되, 국가지정문화유산, 시·도지정문화유산, 문화유산자료 또는 그 보호물의 증축, 개축, 재축(再築), 이축과 외부를 도색하는 행위는 제외한다]

② 국가유산청장은 「자연공원법」에 따른 공원구역 안에서 법 제87조제1항제1호 및 제2호에 해당하는 행위를 하는 경우로서 3만 제곱미터 미만의 지역 또는 구역을 지정하는 경우에는 해당 공원관리청에 그 내용을 알려야 한다. 〈개정 2024. 5. 7.〉

제47조의2(고유식별정보의 처리) 특별자치시장, 특별자치도지사, 시장·군수·구청장은 다음 각 호의 사무를 수행하기 위하여 불가피한 경우 「개인정보 보호법 시행령」 제19조제1호 또는 제4호에 따른 주민등록번호 또는 외국인등록번호가 포함된 자료를 처리할 수 있다. 〈개정 2024. 5. 7.〉

1. 법 제75조에 따른 문화유산매매업의 허가, 신고 또는 변경신고에 관한 사무

2. 법 제75조의2제2항에 따른 문화유산매매업의 승계 신고에 관한 사무

3. 법 제78조제2항에 따른 매매·교환 등에 관한 장부의 검인에 관한 사무

4. 법 제80조에 따른 문화유산매매업의 허가 취소에 관한 사무

[본조신설 2020. 5. 26.]

제47조의3(규제의 재검토) 국가유산청장은 제10조의3제5항 및 별표 1에 따른 문화유산교육지원센터의 지정취소 및 업무정지의 기준에 대하여 2022년 1월 1일을 기준으로 3년마다(매 3년이 되는 해의 1월 1일 전까지를 말한다) 그 타당성을 검토하여 개선 등의 조치를 해야 한다. 〈개정 2024. 5. 7.〉

[본조신설 2022. 3. 8.]

제48조(과태료의 부과기준) ① 법 제103조에 따른 과태료의 부과기준은 별표 4와 같다. 〈개정 2019. 12. 31.〉

② 국가유산청장, 시·도지사 또는 시장·군수·구청장은 위반행위의 동기, 내용, 횟수 및 위반의 정도 등을 고려하여 제1항의 기준에 따른 과태료 금액의 2분의 1의 범위에서 그 금액을 가중하거나 감경할 수 있다. 다만, 가중하는 경우에도 과태료 총액은 법 제103조에 따른 과태료의 상한액을 초과할 수 없다. 〈개정 2024. 5. 7.〉

③ 국가유산청장, 시·도지사 또는 시장·군수·구청장은 고의 또는 중과실이 없는 위반행위자(법 제103조제4항제4호부터 제6호까지 및 제8호에 해당하는 자로 한정한다)가 「소상공인기본법」 제2조에 따른 소상공인에 해당하고, 과태료를 체납하고 있지 않은 경우에는 다음 각 호의 사항을 고려하여 별표 4에 따른 과태료의 100분의 70 범위에서 그 금액을 줄여 부과할 수 있다. 다만, 제2항 본문에 따른 감경과 중복하여 적용하지 않는다. 〈신설 2023. 4. 25., 2024. 5. 7.〉

1. 위반행위자의 현실적인 부담능력
2. 경제위기 등으로 위반행위자가 속한 시장·산업 여건이 현저하게 변동되거나 지속적으로 악화된 상태인지 여부

부칙 〈제22560호, 2010. 12. 29.〉

제1조(시행일) 이 영은 2011년 2월 5일부터 시행한다.

제2조(전수 교육 조교 선정에 대한 경과조치) 이 영 시행 당시 종전의 규정에 따라 중요무형문화재 전수 교육 조교의 선정 절차가 진행 중인 사람에 대해서는 제26조의 규정에도 불구하고 종전의 규정을 적용한다.

제3조(시·도지정문화재 지정의 권고에 대한 경과조치) 이 영 시행 당시 종전의 규정에 따라 문화재청장으로부터 시·도지정문화재나

문화재자료(보호물이나 보호구역을 포함한다)로 지정·보존할 것을 권고 받은 시·도지사는 이 영 시행일부터 1년 안에 법 제71조제1항에 따른 시·도문화재위원회의 심의를 거쳐 지정 여부를 결정하여야 한다.

제4조(행정처분 등에 대한 일반적 경과조치) 이 영 시행 당시 종전의 규정에 따른 행정기관의 행위나 행정기관에 대한 행위는 그에 해당하는 이 영에 따른 행정기관의 행위나 행정기관에 대한 행위로 본다.

제5조(다른 법령의 개정) ① 건축법 시행령 일부를 다음과 같이 개정한다.

제10조제1항제16호를 다음과 같이 한다.

16. 「문화재보호법」 제35조

② 고도 보존에 관한 특별법 시행령 일부를 다음과 같이 개정한다.

제17조제2항제1호 중 "「문화재보호법」 제4조"를 "「문화재보호법」 제8조"로, "같은 법 제72조"를 "같은 법 제71조"로 한다.

③ 독도의 지속가능한 이용에 관한 법률 시행령 일부를 다음과 같이 개정한다.

제2조 단서 중 "「문화재보호법」 제34조"를 "「문화재보호법」 제35조"로 한다.

④ 병역법 시행령 일부를 다음과 같이 개정한다.

제47조의2제1항제3호 중 "「문화재보호법」 제6조"를 "「문화재보호법」 제24조"로 한다.

⑤ 산림보호법 시행령 일부를 다음과 같이 개정한다.

제6조제4항제1호 중 "「문화재보호법」 제9조"를 "「문화재보호법」 제27조"로 한다.

⑥ 산지관리법 시행령 일부를 다음과 같이 개정한다.

제32조의3제1항제4호바목 중 "「문화재보호법」 제2조제3항"을 "「문화재보호법」 제2조제4항"으로 한다.

제32조의3제3항제4호 중 "「문화재보호법」 제2조제3항"을 "「문화재보호법」 제2조제4항"으로 한다.

⑦ 소득세법 시행령 일부를 다음과 같이 개정한다.

제155조제6항제1호 중 "같은 법 제47조제2항"을 "같은 법 제53

조제1항"으로 한다.

⑧ 소방시설 설치유지 및 안전관리에 관한 법률 시행령 일부를 다음과 같이 개정한다.

제22조제1항제2호바목 중 "「문화재보호법」 제5조"를 "「문화재보호법」 제23조"로 한다.

⑨ 신행정수도 후속대책을 위한 연기·공주지역 행정중심복합도시 건설을 위한 특별법 시행령 일부를 다음과 같이 개정한다.

제28조의3제1항제2호를 다음과 같이 한다.

2. 「문화재보호법」 제71조에 따른 시·도문화재위원회

⑩ 자연환경보전법 시행령 일부를 다음과 같이 개정한다.

제3조제5호 중 "「문화재보호법」 제7조의 규정"을 "「문화재보호법」 제25조"로, "동법 제9조의 규정"을 "같은 법 제27조"로 한다.

제25조제3호 중 "「문화재보호법」 제6조의 규정"을 "「문화재보호법」 제25조"로 한다.

제47조제4호 및 제5호 중 "「문화재보호법」 제6조의 규정"을 각각 "「문화재보호법」 제25조"로 한다.

⑪ 종합부동산세법 시행령 일부를 다음과 같이 개정한다.

제4조제1항제8호 중 "「문화재보호법」 제47조제2항"을 "「문화재보호법」 제53조제1항"으로 한다.

⑫ 토지이용규제 기본법 시행령 일부를 다음과 같이 개정한다.

제6조제9항 중 "「문화재보호법」 제14조"를 "「문화재보호법」 제32조"로 한다.

⑬ 학점인정 등에 관한 법률 시행령 일부를 다음과 같이 개정한다.

제3조제7호 중 "「문화재보호법」 제36조제2항에 따른 전수교육"을 "「문화재보호법」 제41조제2항에 따른 전수 교육"으로 한다.

⑭ 해양생태계의 보전 및 관리에 관한 법률 시행령 일부를 다음과 같이 개정한다.

제2조제4호 중 "「문화재보호법」 제7조"를 "「문화재보호법」 제25조"로, "동법 제9조"를 "같은 법 제27조"로 한다.

제6조제2항제5호 중 "「문화재보호법」 제6조 및 제8조"를 "「문화재보호법」 제25조 및 제27조"로 한다.

제31조제4호 및 제5호 중 "「문화재보호법」 제6조"를 각각 "「문화재보호법」 제25조"로 한다.

⑮ 환경영향평가법 시행령 일부를 다음과 같이 개정한다.

제36조제2호마목 중 "「문화재보호법」 제2조제3항"을 "「문화재보호법」 제2조제4항"으로 한다.

제6조(다른 법령과의 관계) 이 영 시행 당시 다른 법령에서 종전의 「문화재보호법 시행령」의 규정을 인용한 경우에 이 영 가운데 그에 해당하는 규정이 있으면 종전의 규정을 갈음하여 이 영의 해당 규정을 인용한 것으로 본다.

부칙 〈제23862호, 2012. 6. 19.〉

이 영은 2012년 7월 27일부터 시행한다.

부칙 〈제25050호, 2013. 12. 30.〉 (행정규제기본법 개정에 따른 규제 재검토기한 설정을 위한 주택법 시행령 등 일부개정령)

이 영은 2014년 1월 1일부터 시행한다. 〈단서 생략〉

부칙 〈제25576호, 2014. 8. 27.〉

제1조(시행일) 이 영은 2014년 8월 29일부터 시행한다.

제2조(다른 법령의 개정) 문화재청과 그 소속기관 직제 일부를 다음과 같이 개정한다.

제8조의2제2항제18호 중 "한국문화재보호재단"을 "한국문화재재단"으로 한다.

부칙 〈제25873호, 2014. 12. 23.〉

이 영은 2015년 1월 29일부터 시행한다.

부칙 〈제26575호, 2015. 10. 6.〉

제1조(시행일) 이 영은 2016년 3월 28일부터 시행한다. 다만, 제45조제1항 및 제46조의 개정규정은 2016년 1월 1일부터 시행한다.

제2조(현상변경 허가 절차에 관한 적용례) 제21조의 개정규정은 이 영 시행 이후 법 제35조제1항에 따라 현상변경 행위에 대한 허가 신청 또는 허가사항의 변경신청을 하는 경우부터 적용한다.

제3조(포상금 지급에 관한 경과조치) 제45조제1항 및 제46조의 개정규정에도 불구하고 법 제90조부터 제92조까지 또는 「매장문화재

보호 및 조사에 관한 법률」 제31조의 죄를 범한 자나 그 미수범을 부칙 제1조 단서에 따른 시행일 전에 수사기관에 제보하였거나 그 체포에 공로가 있은 경우에는 종전의 규정에 따른다.

부칙 〈제27272호, 2016. 6. 28.〉

이 영은 2016년 8월 4일부터 시행한다.

부칙 〈제27720호, 2016. 12. 30.〉

이 영은 공포한 날부터 시행한다.

부칙 〈제27810호, 2017. 1. 26.〉 (화재예방, 소방시설 설치 · 유지 및 안전관리에 관한 법률 시행령)

제1조(시행일) 이 영은 2017년 1월 28일부터 시행한다. 〈단서 생략〉

제2조 부터 제4조까지 생략

제5조(다른 법령의 개정) ①부터 ③까지 생략

④ 문화재보호법 시행령 일부를 다음과 같이 개정한다.

제21조의3제3호라목 중 "「소방시설 설치 · 유지 및 안전관리에 관한 법률」"을 "「화재예방, 소방시설 설치 · 유지 및 안전관리에 관한 법률」"로 한다.

⑤부터 ⑫까지 생략

부칙 〈제27972호, 2017. 3. 29.〉 (공항시설법 시행령)

제1조(시행일) 이 영은 2017년 3월 30일부터 시행한다.

제2조 부터 제8조까지 생략

제9조(다른 법령의 개정) ①부터 ⑱까지 생략

⑲ 문화재보호법 시행령 일부를 다음과 같이 개정한다.

제37조제3항제1호를 중 "「항공법」 제2조제7호"를 "「공항시설법」 제2조제3호"로 한다.

⑳부터 ㊺까지 생략

제10조 생략

부칙 〈제28104호, 2017. 6. 13.〉

제1조(시행일) 이 영은 공포한 날부터 시행한다. 다만, 제8조의 개정규정은 2017년 6월 21일부터 시행한다.
제2조(다른 법령의 개정) 문화재청과 그 소속기관 직제 일부를 다음과 같이 개정한다.
제7조제2항제11호 중 "중요민속문화재"를 "국가민속문화재"로 한다.
제8조의2제2항제15호 중 "중요민속문화재"를 각각 "국가민속문화재"로 한다.

부칙 〈제28471호, 2017. 12. 12.〉 (규제 재검토기한 설정 등을 위한 가맹사업거래의 공정화에 관한 법률 시행령 등 33개 대통령령 일부개정령)
제1조(시행일) 이 영은 2018년 1월 1일부터 시행한다.
제2조 생략

부칙 〈제28685호, 2018. 2. 27.〉
제1조(시행일) 이 영은 공포한 날부터 시행한다. 다만, 제3조의2, 제8조, 제8조의2 및 별표 3 제2호가목·나목의 개정규정은 2018년 3월 22일부터 시행한다.
제2조(과태료에 관한 경과조치) ① 이 영 시행 전의 위반행위에 대하여 과태료의 부과기준을 적용할 때에는 별표 3 제2호가목의 개정규정에도 불구하고 종전의 규정에 따른다.
② 이 영 시행 전의 위반행위로 부과받은 과태료는 별표 3 제2호가목의 개정규정에 따른 위반행위의 횟수 산정에 포함한다.

부칙 〈제28908호, 2018. 5. 28.〉
이 영은 2018년 5월 29일부터 시행한다.

부칙 〈제29328호, 2018. 12. 4.〉
이 영은 2018년 12월 13일부터 시행한다.

부칙 〈제29421호, 2018. 12. 24.〉 (규제 재검토기한 설정 등을 위한 57개 법령의 일부개정에 관한 대통령령)
이 영은 2019년 1월 1일부터 시행한다.

부칙 〈제29950호, 2019. 7. 2.〉 (어려운 법령용어 정비를 위한 210개 법령의 일부개정에 관한 대통령령)

이 영은 공포한 날부터 시행한다. 〈단서 생략〉

부칙 〈제30106호, 2019. 10. 8.〉 (과태료 금액 정비를 위한 41개 법령의 일부개정에 관한 대통령령)

제1조(시행일) 이 영은 공포한 날부터 시행한다.

제2조 부터 제5조까지 생략

부칙 〈제30285호, 2019. 12. 31.〉

제1조(시행일) 이 영은 공포한 날부터 시행한다. 다만, 제36조, 제48조제1항, 별표 3 및 별표 4의 개정규정은 공포 후 3개월이 경과한 날부터 시행한다.

제2조(다른 법령의 개정) ① 개발제한구역의 지정 및 관리에 관한 특별조치법 시행령 일부를 다음과 같이 개정한다.

별표 3 제33호 각 목 외의 부분 본문 중 "제3항에 따른 등록문화재"를 "제3항제1호에 따른 국가등록문화재"로 한다.

② 국토의 계획 및 이용에 관한 법률 시행령 일부를 다음과 같이 개정한다.

제84조제6항제5호나목 중 "제3항에 따른 등록문화재"를 "제3항제1호에 따른 국가등록문화재"로 한다.

③ 도시공원 및 녹지 등에 관한 법률 시행령 일부를 다음과 같이 개정한다.

별표 1 제11호가목(1) 중 "등록문화재"를 "국가등록문화재"로 한다.

④ 문화재위원회 규정 일부를 다음과 같이 개정한다.

제5조제9호 중 "법 제2조제3항에 따른 등록문화재"를 "법 제2조제3항제1호에 따른 국가등록문화재"로 한다.

⑤ 문화재청과 그 소속기관 직제 일부를 다음과 같이 개정한다.

제8조의2제2항제14호 중 "등록문화재"를 "국가등록문화재"로 한다.

⑥ 상속세 및 증여세법 시행령 일부를 다음과 같이 개정한다.

제20조의2제1항제3호 중 "등록문화재"를 "국가등록문화재"로 한다.

⑦ 소득세법 시행령 일부를 다음과 같이 개정한다.

제155조제6항제1호 중 "등록문화재"를 "국가등록문화재"로 한다.

⑧ 조세특례제한법 시행령 일부를 다음과 같이 개정한다.

제130조제5항제9호 중 "제3항에 따른 등록문화재"를 "제3항제1호에 따른 국가등록문화재"로 한다.

⑨ 종합부동산세법 시행령 일부를 다음과 같이 개정한다.

제4조제1항제8호 중 "등록문화재"를 "국가등록문화재"로 한다.

⑩ 지방세특례제한법 시행령 일부를 다음과 같이 개정한다.

제16조제2항제3호 중"등록문화재"를 "국가등록문화재"로 한다.

부칙 〈제30704호, 2020. 5. 26.〉

제1조(시행일) 이 영은 2020년 5월 27일부터 시행한다.

제2조(다른 법령의 개정) ① 개발제한구역의 지정 및 관리에 관한 특별조치법 시행령 일부를 다음과 같이 개정한다.

별표 3 제33호 각 목 외의 부분 본문 중 "「문화재보호법」 제2조제2항"을 "「문화재보호법」 제2조제3항"으로, "제3항제1호"를 "제4항제1호"로 한다.

② 건설기술 진흥법 시행령 일부를 다음과 같이 개정한다.

제55조제2항제1호 중 "「문화재보호법」 제2조제2항"을 "「문화재보호법」 제2조제3항"으로, "가지정문화재"를 "임시지정문화재"로 한다.

③ 국토의 계획 및 이용에 관한 법률 시행령 일부를 다음과 같이 개정한다.

제84조제6항제5호나목 중 "「문화재보호법」 제2조제2항"을 "「문화재보호법」 제2조제3항"으로, "제3항제1호"를 "제4항제1호"로 한다.

④ 도시공원 및 녹지 등에 관한 법률 시행령 일부를 다음과 같이 개정한다.

별표 1 제11호가목(1) 중 "「문화재보호법」 제2조제2항 및 제3항"을 "「문화재보호법」 제2조제3항 및 제4항"으로 한다.

⑤ 매장문화재 보호 및 조사에 관한 법률 시행령 일부를 다음과 같이 개정한다.

제3조제1항제5호 중 "「문화재보호법」 제2조제2항제1호"를 "「문화재보호법」 제2조제3항제1호"로, "가지정문화재"를 "임시지정문화재"로 하고, 같은 항 제6호 중 "「문화재보호법」 제2조제4항"을 "「문화재보호법」 제2조제5항"으로 한다.

제7조제2항제1호 중 "「문화재보호법」 제2조제2항제1호"를 "「문화

재보호법」 제2조제3항제1호”로, “제4항”을 “제5항”으로 한다.

⑥ 문화재수리 등에 관한 법률 시행령 일부를 다음과 같이 개정한다.

제2조제1호 중 “「문화재보호법」 제2조제2항”을 “「문화재보호법」 제2조제3항”으로, “가지정문화재”를 “임시지정문화재”로 하고, 같은 조 제2호 중 “「문화재보호법」 제2조제2항”을 “「문화재보호법」 제2조제3항”으로 한다.

제20조제3항 중 “「문화재보호법」 제2조제2항”을 “「문화재보호법」 제2조제3항”으로 한다.

제24조의2 중 “「문화재보호법」 제2조제2항제1호”를 “「문화재보호법」 제2조제3항제1호”로 한다.

제29조제1항제1호 중 “「문화재보호법」 제2조제2항”을 “「문화재보호법」 제2조제3항”으로, “가지정문화재”를 “임시지정문화재”로 하고, 같은 항 제2호 중 “「문화재보호법」 제2조제2항”을 “「문화재보호법」 제2조제3항”으로, “가지정문화재”를 “임시지정문화재”로 한다.

⑦ 문화재청과 그 소속기관 직제 일부를 다음과 같이 개정한다.

제8조제2항제8호 중 “제2항제3호”를 “제3항제3호”로 한다.

⑧ 산지관리법 시행령 일부를 다음과 같이 개정한다.

제32조의3제1항제4호바목 및 같은 조 제3항제4호 중 “「문화재보호법」 제2조제4항”을 각각 “「문화재보호법」 제2조제5항”으로 한다.

별표 1 제2호나목 중 “「문화재보호법」 제2조제4항”을 “「문화재보호법」 제2조제5항”으로 한다.

⑨ 소나무재선충병 방제특별법 시행령 일부를 다음과 같이 개정한다.

제3조의3제2호 중 “「문화재보호법」 제2조제4항”을 “「문화재보호법」 제2조제5항”으로 한다.

⑩ 소득세법 시행령 일부를 다음과 같이 개정한다.

제155조제6항제1호 중 “「문화재보호법」 제2조제2항”을 “「문화재보호법」 제2조제3항”으로 한다.

⑪ 자연공원법 시행령 일부를 다음과 같이 개정한다.

제14조의2제4항 및 제5항 중 “「문화재보호법」 제2조제2항”을 각각 “「문화재보호법」 제2조제3항”으로 한다.

⑫ 재난 및 안전관리 기본법 시행령 일부를 다음과 같이 개정한다.

별표 2의 문화재의 지정기준란 중 "「문화재보호법」 제2조제2항제1호"를 "「문화재보호법」 제2조제3항제1호"로 한다.

⑬ 조세특례제한법 시행령 일부를 다음과 같이 개정한다.

제130조제5항제9호 중 "「문화재보호법」 제2조제2항"을 "「문화재보호법」 제2조제3항"으로, "제3항제1호"를 "제4항제1호"로 한다.

⑭ 지방세법 시행령 일부를 다음과 같이 개정한다.

제102조제2항제2호 중 "「문화재보호법」 제2조제2항"을 "「문화재보호법」 제2조제3항"으로, "제4항"을 "제5항"으로 한다.

⑮ 지방세특례제한법 시행령 일부를 다음과 같이 개정한다.

제16조제2항제3호 중 "「문화재보호법」 제2조제2항"을 "「문화재보호법」 제2조제3항"으로 한다.

⑯ 토지이용규제 기본법 시행령 일부를 다음과 같이 개정한다.

제6조제9항 중 "가지정문화재"를 "임시지정문화재"로 한다.

⑰ 화재예방, 소방시설 설치·유지 및 안전관리에 관한 법률 시행령 일부를 다음과 같이 개정한다.

별표 5 제1호바목8) 중 "「문화재보호법」 제2조제2항제1호"를 "「문화재보호법」 제2조제3항제1호"로 한다.

⑱ 환경영향평가법 시행령 일부를 다음과 같이 개정한다.

제64조제2호마목 중 "「문화재보호법」 제2조제4항"을 "「문화재보호법」 제2조제5항"으로 한다.

부칙 〈제31205호, 2020. 12. 1.〉

이 영은 2020년 12월 10일부터 시행한다.

부칙 〈제31379호, 2021. 1. 5.〉 (지정·위탁의 실적 요건 정비를 위한 27개 법령의 일부개정에 관한 대통령령)

제1조(시행일) 이 영은 공포한 날부터 시행한다.

제2조(지정 또는 위탁 요건에 관한 일반적 적용례) 이 영은 이 영 시행 이후 이 영에 의하여 개정되는 법령에 따른 지정 또는 위탁을 하기 위하여 그 지정 또는 위탁의 절차를 시작하는 경우부터 적용한다.

부칙 〈제31380호, 2021. 1. 5.〉 (어려운 법령용어 정비를

위한 473개 법령의 일부개정에 관한 대통령령)
이 영은 공포한 날부터 시행한다. 〈단서 생략〉

부칙 〈제31600호, 2021. 4. 6.〉
이 영은 2021년 6월 10일부터 시행한다.

부칙 〈제32111호, 2021. 11. 9.〉
제1조(시행일) 이 영은 2021년 11월 19일부터 시행한다.
제2조(국가지정문화재의 지정기준에 관한 경과조치) 이 영 시행 당시 제11조에 따라 국가지정문화재의 지정 절차가 진행 중인 경우 그 지정기준에 관하여는 별표 1의2의 개정규정에도 불구하고 종전의 규정에 따른다.

부칙 〈제32528호, 2022. 3. 8.〉 (규제 재검토기한 설정 해제 등을 위한 91개 법령의 일부개정에 관한 대통령령)
이 영은 공포한 날부터 시행한다.

부칙 〈제32807호, 2022. 7. 19.〉
이 영은 2022년 7월 19일부터 시행한다.

부칙 〈제33004호, 2022. 11. 29.〉 (소방시설 설치 및 관리에 관한 법률 시행령)
제1조(시행일) 이 영은 2022년 12월 1일부터 시행한다. 〈단서 생략〉
제2조 부터 제15조까지 생략
제16조(다른 법령의 개정) ①부터 ⑭까지 생략
⑮ 문화재보호법 시행령 일부를 다음과 같이 개정한다.
제21조의3제3호라목 중 “「화재예방, 소방시설 설치·유지 및 안전관리에 관한 법률」”을 “「소방시설 설치 및 관리에 관한 법률」”로 한다.
⑯부터 ㊴까지 생략
제17조 생략

부칙 〈제33430호, 2023. 4. 25.〉

제1조(시행일) 이 영은 2023년 5월 4일부터 시행한다. 다만, 별표 1의2의 개정규정은 공포한 날부터 시행한다.
제2조(관람료 감면에 따른 비용 지원신청에 관한 특례) 2023년에 법 제49조제4항에 따라 국가로부터 비용을 지원받으려는 자는 제30조제1항의 개정규정에도 불구하고 2023년 6월 30일까지 지원신청서를 제출해야 한다.

부칙 〈제33434호, 2023. 4. 25.〉 (소상공인 경제회복 지원을 위한 61개 법령의 일부개정에 관한 대통령령)
제1조(시행일) 이 영은 공포한 날부터 시행한다.
제2조(행정처분·과징금 또는 과태료에 관한 적용례) 제1조부터 제61조까지의 개정규정은 이 영 시행 전의 위반행위에 대하여 이 영 시행 이후 행정처분을 하거나 과징금 또는 과태료 부과처분을 하는 경우에도 적용한다.

부칙 〈제33698호, 2023. 9. 8.〉 (통일부와 그 소속기관 직제)
제1조(시행일) 이 영은 공포한 날로부터 시행한다.
제2조 부터 제4조까지 생략
제5조(다른 법령의 개정) 문화재보호법 시행령 일부를 다음과 같이 개정한다.
제37조제3항제4호를 삭제한다.

부칙 〈제33858호, 2023. 11. 16.〉 (자치입법권 강화 및 지방자율성 제고를 위한 41개 법령의 일부개정에 관한 대통령령)
이 영은 공포한 날부터 시행한다.

부칙 〈제34040호, 2023. 12. 26.〉
이 영은 공포한 날부터 시행한다.

부칙 〈제34488호, 2024. 5. 7.〉
제1조(시행일) 이 영은 2024년 5월 17일부터 시행한다.
제2조(역사문화환경 보존지역의 문화유산 보존 영향 검토 절차에 관

한 경과조치) 이 영 시행 전에 종전의 제7조의2제2항 각 호의 규정에 따라 의견청취를 요청하여 그 절차가 종료되지 않은 경우에는 제7조의2제2항 각 호의 개정규정에도 불구하고 종전의 규정에 따른다.
제3조(현상변경 등 허가를 위한 조사 절차에 관한 경과조치) 이 영 시행 전에 종전의 제21조의4 각 호에 따른 관계 전문가에게 조사를 하게 하여 그 절차가 종료되지 않은 경우에는 제21조의4 각 호의 개정규정에도 불구하고 종전의 규정에 따른다.
제4조(다른 법령의 개정) ① 개발이익 환수에 관한 법률 시행령 일부를 다음과 같이 개정한다.

별표 2 제8호 중 "「문화재보호법」"을 "「문화유산의 보존 및 활용에 관한 법률」, 「자연유산의 보존 및 활용에 관한 법률」"로 한다.

② 개발제한구역의 지정 및 관리에 관한 특별조치법 시행령 일부를 다음과 같이 개정한다.

별표 1 제3호너목란을 다음과 같이 한다.

너. 문화유산·자연유산의 복원과 문화유산·자연유산 관리용 건축물	「문화유산의 보존 및 활용에 관한 법률」에 따른 문화유산 및 「자연유산의 보존 및 활용에 관한 법률」에 따른 자연유산에 한정한다.

별표 3 제33호 각 목 외의 부분 본문 중 "문화재(「문화재보호법」 제2조제3항에 따른 지정문화재 또는 같은 조 제4항제1호에 따른 국가등록문화재"를 "문화유산(「문화유산의 보존 및 활용에 관한 법률」에 따른 지정문화유산 또는 같은 조 제4항제1호에 따른 국가등록문화유산"으로 하고, 같은 호 나목 본문 중 "문화재 및"을 "문화유산 및"으로, "문화재의"를 "문화유산의"로, "문화재청장"을 "국가유산청장"으로 한다.

③ 갯벌 및 그 주변지역의 지속가능한 관리와 복원에 관한 법률 시행령 일부를 다음과 같이 개정한다.

제11조제4호 중 "「문화재보호법」에 따른 문화재"를 "「문화유산의 보존 및 활용에 관한 법률」에 따른 문화유산 또는 「자연유산의 보존 및 활용에 관한 법률」에 따른 자연유산"으로 한다.

④ 건설기술 진흥법 시행령 일부를 다음과 같이 개정한다.

제55조제2항제1호를 다음과 같이 한다.

1. 다음 각 목의 수리·복원·정비공사
   가. 「문화유산의 보존 및 활용에 관한 법률」 제2조제3항에 따

른 지정문화유산 및 같은 법 제32조에 따른 임시지정문화유산의 수리·복원·정비공사

나. 「자연유산의 보존 및 활용에 관한 법률」 제2조제5호에 따른 천연기념물등 및 같은 법 제16조에 따른 임시지정천연기념물·임시지정명승의 수리·복원·정비공사

⑤ 건축법 시행령 일부를 다음과 같이 개정한다.

제10조제1항제16호를 다음과 같이 하고, 같은 항에 제16호의2를 다음과 같이 신설한다.

16. 「문화유산의 보존 및 활용에 관한 법률」 제35조

16의2. 「자연유산의 보존 및 활용에 관한 법률」 제17조

⑥ 고도 보존 및 육성에 관한 특별법 시행령 일부를 다음과 같이 개정한다.

별표 1 제2호나목4)를 다음과 같이 한다.

4) 「문화유산의 보존 및 활용에 관한 법률」에 따라 문화유산을 보존·관리하기 위해 신축 및 이축하거나 「자연유산의 보존 및 활용에 관한 법률」에 따라 자연유산을 보존·관리하기 위해 신축 및 이축하는 경우

별표 1 제4호가목3)을 다음과 같이 한다.

3) 「문화유산의 보존 및 활용에 관한 법률」에 따라 문화유산을 보수·정비·조사하거나 「자연유산의 보존 및 활용에 관한 법률」에 따라 자연유산을 보수·정비·조사하기 위한 경우

⑦ 공유수면 관리 및 매립에 관한 법률 시행령 일부를 다음과 같이 개정한다.

제27조제1호 중 "「문화재보호법」에 따른 문화재보호구역"을 "「문화유산의 보존 및 활용에 관한 법률」에 따른 보호구역 또는 「자연유산의 보존 및 활용에 관한 법률」에 따른 보호구역"으로 한다.

⑧ 관광진흥법 시행령 일부를 다음과 같이 개정한다.

별표 1 제4호사목(1) 단서 중 "「문화재보호법」에 따라 문화재로"를 "「문화유산의 보존 및 활용에 관한 법률」 또는 「자연유산의 보존 및 활용에 관한 법률」에 따라 문화유산 또는 자연유산으로"로 한다.

별표 1 제4호사목(2)(가) 중 "「문화재보호법」에 따라 문화재로"를 "「문화유산의 보존 및 활용에 관한 법률」 또는 「자연유산의 보존 및 활용에 관한 법률」에 따라 문화유산 또는 자연유산으로"로 한다.

⑨ 국가첨단전략산업 경쟁력 강화 및 보호에 관한 특별조치법 시행령 일부를 다음과 같이 개정한다.

제34조제7호를 다음과 같이 하고, 같은 조에 제7호의2를 다음과 같이 신설한다.

7. 「문화유산의 보존 및 활용에 관한 법률」 제8조에 따른 문화유산 심의 및 같은 법 제13조에 따른 문화유산 보존 영향 검토

7의2. 「자연유산의 보존 및 활용에 관한 법률」 제7조의3에 따른 자연유산 심의 및 같은 법 제10조에 따른 자연유산 보존 영향 검토

⑩ 국토의 계획 및 이용에 관한 법률 시행령 일부를 다음과 같이 개정한다.

제25조제3항제6호 중 "「문화재보호법」에 의하여 지정된 지정문화재 또는 천연기념물"을 "「문화유산의 보존 및 활용에 관한 법률」에 따라 지정된 지정문화유산과 그 보호구역 또는 「자연유산의 보존 및 활용에 관한 법률」에 따라 지정된 천연기념물등"으로 한다.

제84조제6항제5호나목을 다음과 같이 한다.

나. 「문화유산의 보존 및 활용에 관한 법률」에 따른 지정문화유산 및 국가등록문화유산 또는 「자연유산의 보존 및 활용에 관한 법률」에 따른 천연기념물등

⑪ 군 공항 이전 및 지원에 관한 특별법 시행령 일부를 다음과 같이 개정한다.

별표의 공항입지 적합성의 선정 요건란 제6호 중 "국가지정문화재·천연기념물"을 "「문화유산의 보존 및 활용에 관한 법률」에 따른 국가지정문화유산, 「자연유산의 보존 및 활용에 관한 법률」에 따른 천연기념물·명승"으로 한다.

⑫ 군용전기통신법시행령 일부를 다음과 같이 개정한다.

제4조제1호 중 "문화재보호법의 규정에 의한 지정문화재와"를 "「문화유산의 보존 및 활용에 관한 법률」에 따른 지정문화유산과"로 하고, 같은 조에 제1호의2를 다음과 같이 신설한다.

1의2. 「자연유산의 보존 및 활용에 관한 법률」에 따른 천연기념물등과 그 보호물 또는 보호구역안의 공작물등

⑬ 규제자유특구 및 지역특화발전특구에 관한 규제특례법 시행령 일부를 다음과 같이 개정한다.

제80조의 제목 “(「문화재보호법」에 관한 특례)”를 “(「문화유산의 보존 및 활용에 관한 법률」에 관한 특례)”로 하고, 같은 조 제5호 중 “문화재청장이 문화재”를 “국가유산청장이 국가지정문화유산”으로 한다.

제80조의2를 다음과 같이 신설한다.

제80조의2(「자연유산의 보존 및 활용에 관한 법률」에 관한 특례) 법 제132조의2에서 “대통령령으로 정하는 경미한 행위”란 다음 각 호의 행위를 말한다.

1. 제80조제1호부터 제4호까지의 규정에 따른 행위
2. 그 밖에 국가유산청장이 천연기념물 및 명승의 특성 및 규제자유특구 지역 여건 등을 고려하여 고시하는 행위

⑭ 도시공원 및 녹지 등에 관한 법률 시행령 일부를 다음과 같이 개정한다.

별표 1 제11호의 구체적 기준란 가목(1) 중 “「문화재보호법」 제2조제3항 및 제4항에 따른 지정문화재와 국가등록문화재(이하 "문화재"라 한다)”를 “「문화유산의 보존 및 활용에 관한 법률」에 따른 지정문화유산 및 국가등록문화유산과 「자연유산의 보존 및 활용에 관한 법률」에 따른 천연기념물등(이하 "지정문화유산등"이라 한다)”으로 하고, 같은 목 (3) 중 “문화재를”을 “지정문화유산등을”로, 같은 란 나목(1) 및 (2) 외의 부분 단서 중 “문화재는”을 “지정문화유산등은”으로, 같은 목 (2) 중 “전통사찰 및 문화재”를 “전통사찰 및 지정문화유산등”으로, “문화재의”를 “지정문화유산등의”로, “문화재청장”을 “국가유산청장”으로 한다.

별표 2 제1호차목란을 다음과 같이 한다.

차. 문화유산의 복원과 문화유산관리용 건축물	「문화유산의 보존 및 활용에 관한 법률」 제2조제1항제1호에 따른 유형문화유산 및 같은 항 제3호에 따른 기념물에 한정한다.

별표 3 제3호가목(1) 중 “문화재”를 “지정문화유산등”으로 하고, 같은 목 (3) 중 “문화재를”을 “지정문화유산등을”로 하며, 같은 호 나목(1) 및 (2) 외의 부분 단서 중 “문화재는”을 “지정문화유산등은”으로, 같은 목 (2) 중 “전통사찰 및 문화재”를 “전통사찰 및 지정문화유산등”으로, “문화재의”를 “지정문화유산등의”로, “문화재청장”을 “국가유산청장”으로 한다.

⑮ 박물관 및 미술관 진흥법 시행령 일부를 다음과 같이 개정한다.

제2조제2항 중 “「문화재보호법」에 따른 문화재위원회”를 “「문화유산의 보존 및 활용에 관한 법률」에 따른 문화유산위원회 또는 「자연유산의 보존 및 활용에 관한 법률」에 따른 자연유산위원회”로 한다.

⑯ 법인세법 시행령 일부를 다음과 같이 개정한다.

제92조의6제1항제5호를 다음과 같이 한다.

5. 「문화유산의 보존 및 활용에 관한 법률」에 따른 보호구역 또는 「자연유산의 보존 및 활용에 관한 법률」에 따른 보호구역 안의 임야

제92조의11제1항제2호 중 “「문화재보호법」”을 “「문화유산의 보존 및 활용에 관한 법률」 또는 「자연유산의 보존 및 활용에 관한 법률」”로 한다.

⑰ 보조금 관리에 관한 법률 시행령 일부를 다음과 같이 개정한다.

별표 1 제73호의 사업란 중 “국가지정문화재”를 “국가지정문화유산 또는 천연기념물 · 명승”으로 한다.

별표 2 제153호 중 “시 · 도 지정문화재”를 “시 · 도지정문화유산이나 시 · 도자연유산”으로 한다.

⑱ 부가가치세법 시행령 일부를 다음과 같이 개정한다.

제45조제3호 중 “「문화재보호법」에 따른 지정문화재(지방문화재를 포함하며, 무형문화재는 제외한다)를”을 “「문화유산의 보존 및 활용에 관한 법률」에 따른 지정문화유산 또는 「자연유산의 보존 및 활용에 관한 법률」에 따른 천연기념물등을”로 한다.

⑲ 부동산 실권리자명의 등기에 관한 법률 시행령 일부를 다음과 같이 개정한다.

제5조제1항제3호 중 “「문화재보호법」에 따라 문화재로”를 “「문화유산의 보존 및 활용에 관한 법률」에 따라 문화유산으로 지정되거나 「자연유산의 보존 및 활용에 관한 법률」에 따라 자연유산으로”로 한다.

⑳ 산림보호법 시행령 일부를 다음과 같이 개정한다.

제6조제4항제1호 중 “「문화재보호법」 제27조에 따른 보호구역(국가지정문화재”를 “「문화유산의 보존 및 활용에 관한 법률」 제27조에 따른 보호구역(국가지정문화유산의 점유 면적을 포함한다) 및 「자연유산의 보존 및 활용에 관한 법률」 제13조에 따른 보호구역(천연기념물 · 명승”으로 하고, 같은 조 제7항 중 “「문화재보호법」 제70조의2에 따른 시 · 도지정문화재 보호구역(시 · 도지정문화재”를 “「문화유

산의 보존 및 활용에 관한 법률」 제70조의2에 따른 시·도지정문화유산 보호구역(시·도지정문화유산의 점유 면적을 포함한다) 및 「자연유산의 보존 및 활용에 관한 법률」 제41조에 따른 시·도자연유산 보호구역(시·도자연유산"으로 한다.

㉑ 산업집적활성화 및 공장설립에 관한 법률 시행령 일부를 다음과 같이 개정한다.

제12조제1항제6호를 다음과 같이 하고, 같은 항에 제6호의2를 다음과 같이 신설한다.

6. 「문화유산의 보존 및 활용에 관한 법률」

6의2. 「자연유산의 보존 및 활용에 관한 법률」

㉒ 산지관리법 시행령 일부를 다음과 같이 개정한다.

제32조의3제1항제4호바목을 다음과 같이 한다.

바. 「문화유산의 보존 및 활용에 관한 법률」 또는 「자연유산의 보존 및 활용에 관한 법률」에 따른 보호구역(보호구역이 지정되지 않은 문화유산·자연유산의 경우에는 그 문화유산·자연유산)

제32조의3제3항제4호를 다음과 같이 한다.

4. 「문화유산의 보존 및 활용에 관한 법률」 또는 「자연유산의 보존 및 활용에 관한 법률」에 따른 보호구역(보호구역이 지정되지 않은 문화유산·자연유산의 경우에는 그 문화유산·자연유산)의 산지

제32조의4제3항제1호 중 "문화재보호구역의 경우에는 문화재청장"을 "「문화유산의 보존 및 활용에 관한 법률」에 따른 보호구역 또는 「자연유산의 보존 및 활용에 관한 법률」에 따른 보호구역의 경우에는 국가유산청장"으로 한다.

별표 1 제2호나목을 다음과 같이 한다.

나. 「문화유산의 보존 및 활용에 관한 법률」에 따른 보호구역 또는 「자연유산의 보존 및 활용에 관한 법률」에 따른 보호구역

㉓ 상속세 및 증여세법 시행령 일부를 다음과 같이 개정한다.

제20조의2제1항제3호 중 "「문화재보호법」 제53조제1항에 따른 국가등록문화재"를 "「문화유산의 보존 및 활용에 관한 법률」 제53조제1항에 따른 국가등록문화유산"으로 한다.

제75조의2의 제목 "(문화재 등에 대한 물납 신청)"을 "(문화유산 등에 대한 물납 신청)"으로 하고, 같은 조 제1항 각 호 외의 부분

중 "문화재 및"을 "문화유산 및"으로, ""문화재등""을 ""문화유산등""으로 하며, 같은 항 제1호를 다음과 같이 하고, 같은 조 제5항 중 "문화재등"을 각각 "문화유산등"으로 한다.

1. 「문화유산의 보존 및 활용에 관한 법률」에 따른 유형문화유산 또는 민속문화유산으로서 같은 법에 따라 지정 또는 등록된 문화유산

제75조의3의 제목 "(문화재등에 대한 물납의 허가)"를 "(문화유산등에 대한 물납의 허가)"로 하고, 같은 조 제1항 각 호 외의 부분 본문 · 단서, 같은 항 제1호 · 제2호 및 같은 조 제5항 중 "문화재등"을 각각 "문화유산등"으로 한다.

제75조의4의 제목 "(문화재등의 물납 허가 거부 등)"을 "(문화유산등의 물납 허가 거부 등)"으로 하고, 같은 조 제1항 각 호 외의 부분 전단, 같은 항 제1호부터 제3호까지, 같은 조 제2항 본문 및 단서 중 "문화재등"을 각각 "문화유산등"으로 한다.

제75조의5의 제목 "(물납에 충당할 문화재등의 수납가액의 결정)"을 "(물납에 충당할 문화유산등의 수납가액의 결정)"으로 하고, 같은 조 각 호 외의 부분, 같은 조 제1호 전단 및 후단 중 "문화재등"을 각각 "문화유산등"으로 한다.

제76조의 제목 "(문화재자료 등의 징수유예액의 계산등)"을 "(문화유산자료 등의 징수유예액의 계산등)"으로 하고, 같은 조 제2항 중 "문화재자료등"을 "문화유산자료등"으로, "「문화재보호법」"을 "「문화유산의 보존 및 활용에 관한 법률」"로 하며, 같은 조 제3항 중 "「문화재보호법」에 따른 국가지정문화재 및 시 · 도지정문화재"를 "「문화유산의 보존 및 활용에 관한 법률」에 따른 국가지정문화유산 및 시 · 도지정문화유산"으로 한다.

제76조제4항부터 제7항까지를 각각 제5항부터 제8항까지로 하고, 같은 조에 제4항을 다음과 같이 신설하며, 같은 조 제6항(종전의 제5항) 중 "국가지정문화재등 보유현황명세서"를 "보유현황명세서"로 하고, 같은 조 제7항(종전의 제6항) 중 "국가지정문화재등의"를 "국가지정문화유산등 또는 천연기념물등의"로, "국가지정문화재등 양도거래신고서"를 "양도거래신고서"로 한다.

④ 법 제74조제1항제4호에서 "대통령령으로 정하는 토지"란 「자연유산의 보존 및 활용에 관한 법률」에 따른 천연기념물등의 보

호를 위하여 같은 법에 따라 지정된 보호구역의 토지를 말한다.

㉔ 새만금사업 추진 및 지원에 관한 특별법 시행령 일부를 다음과 같이 개정한다.

제51조의3제1항제6호를 다음과 같이 하고, 같은 항에 제6호의2를 다음과 같이 신설한다.

6. 「문화유산의 보존 및 활용에 관한 법률」 제71조에 따른 시·도문화유산위원회

6의2. 「자연유산의 보존 및 활용에 관한 법률」 제41조의2에 따른 시·도자연유산위원회

㉕ 소나무재선충병 방제특별법 시행령 일부를 다음과 같이 개정한다.

제3조의3 각 호 외의 부분 중 "문화재보호구역"을 "문화유산보호구역·자연유산보호구역"으로 하고, 같은 조 제2호 중 "「문화재보호법」 제2조제5항에 따른 보호구역"을 "「문화유산의 보존 및 활용에 관한 법률」에 따른 보호구역, 「자연유산의 보존 및 활용에 관한 법률」에 따른 보호구역"으로 한다.

㉖ 소득세법 시행령 일부를 다음과 같이 개정한다.

제155조제6항제1호를 다음과 같이 한다.

1. 「문화유산의 보존 및 활용에 관한 법률」에 따른 지정문화유산·국가등록문화유산 및 「자연유산의 보존 및 활용에 관한 법률」에 따른 천연기념물등

제167조의3제1항제6호 중 "문화재주택"을 "국가유산주택"으로 한다.

제168조의9제1항제6호를 다음과 같이 한다.

6. 「문화유산의 보존 및 활용에 관한 법률」에 따른 보호구역 또는 「자연유산의 보존 및 활용에 관한 법률」에 따른 보호구역 안의 임야

제168조의14제1항제2호 중 "「문화재보호법」"을 "「문화유산의 보존 및 활용에 관한 법률」 또는 「자연유산의 보존 및 활용에 관한 법률」"로 한다.

㉗ 소방시설 설치 및 관리에 관한 법률 시행령 일부를 다음과 같이 개정한다.

별표 2 제29호를 다음과 같이 한다.

29. 국가유산

가. 「문화유산의 보존 및 활용에 관한 법률」에 따른 지정문화

유산 중 건축물

나. 「자연유산의 보존 및 활용에 관한 법률」에 따른 천연기념물등 중 건축물

별표 4 제1호바목8)을 다음과 같이 한다.

8) 국가유산 중 「문화유산의 보존 및 활용에 관한 법률」에 따른 지정문화유산(문화유산자료를 제외한다) 또는 「자연유산의 보존 및 활용에 관한 법률」에 따른 천연기념물등(자연유산자료를 제외한다)으로서 소방청장이 국가유산청장과 협의하여 정하는 것

별표 4 제1호사목2) 중 "문화재 중 「문화재보호법」"을 "문화유산 중 「문화유산의 보존 및 활용에 관한 법률」"로 하고, 같은 표 제2호사목4) 중 "문화재 중 「문화재보호법」"을 "문화유산 중 「문화유산의 보존 및 활용에 관한 법률」"로 한다.

별표 5 제6호의 설치가 면제되는 기준란 중 "문화재"를 "문화유산"으로 한다.

㉘ 수목원·정원의 조성 및 진흥에 관한 법률 시행령 일부를 다음과 같이 개정한다.

제1조의2 각 호 외의 부분 중 "「문화재보호법」에 따른 문화재"를 "「문화유산의 보존 및 활용에 관한 법률」에 따른 문화유산, 「자연유산의 보존 및 활용에 관한 법률」에 따른 자연유산"으로 하고, 같은 조 제1호를 다음과 같이 한다.

1. 「문화유산의 보존 및 활용에 관한 법률」에 따른 문화유산 또는 「자연유산의 보존 및 활용에 관한 법률」에 따른 자연유산

㉙ 습지보전법 시행령 일부를 다음과 같이 개정한다.

제12조제3호 중 "「문화재보호법」에 의한 문화재"를 "「문화유산의 보존 및 활용에 관한 법률」에 따른 문화유산 또는 「자연유산의 보존 및 활용에 관한 법률」에 따른 자연유산"으로 한다

㉚ 신라왕경 핵심유적 복원·정비에 관한 특별법 시행령 일부를 다음과 같이 개정한다.

제2조 각 호 외의 부분 중 "「문화재보호법」에 따라 국가지정문화재로"를 "「문화유산의 보존 및 활용에 관한 법률」에 따른 국가지정문화유산으로"로 한다.

제3조제1항제2호 중 "「문화재보호법」"을 "「문화유산의 보존 및 활용에 관한 법률」"로 한다.

㉛ 아시아문화중심도시 조성에 관한 특별법 시행령 일부를 다음과 같이 개정한다.

제30조제1항제1호를 다음과 같이 한다.

1. 「문화유산의 보존 및 활용에 관한 법률」에 따른 문화유산 및 그 보호구역 또는 「자연유산의 보존 및 활용에 관한 법률」에 따른 자연유산 및 그 보호구역 등에 관한 사항

㉜ 옥외광고물 등의 관리와 옥외광고산업 진흥에 관한 법률 시행령 일부를 다음과 같이 개정한다.

제24조제1항제1호아목을 다음과 같이 한다.

아. 「문화유산의 보존 및 활용에 관한 법률」에 따른 지정문화유산과 그 보호구역 또는 「자연유산의 보존 및 활용에 관한 법률」에 따른 천연기념물등과 그 보호구역

㉝ 외국인관광객 등에 대한 부가가치세 및 개별소비세 특례규정 일부를 다음과 같이 개정한다.

제3조제1항제3호를 다음과 같이 한다.

3. 「문화유산의 보존 및 활용에 관한 법률」에 따른 문화유산으로 지정을 받았거나 「자연유산의 보존 및 활용에 관한 법률」에 따른 자연유산으로 지정을 받은 물품

㉞ 외국인투자 촉진법 시행령 일부를 다음과 같이 개정한다.

별표 5 제22호를 다음과 같이 한다.

22. 「문화유산의 보존 및 활용에 관한 법률」 제35조에 따른 허가 또는 「자연유산의 보존 및 활용에 관한 법률」 제17조에 따른 허가

㉟ 자연공원법 시행령 일부를 다음과 같이 개정한다.

제14조의2제1항제3호 중 "「문화재보호법」 제44조 · 제45조 및 제74조제2항에 따른 국가지정문화재, 시 · 도지정문화재 및 문화재자료"를 "「문화유산의 보존 및 활용에 관한 법률」 제44조 · 제45조 · 제74조제2항에 따른 지정문화유산 및 「자연유산의 보존 및 활용에 관한 법률」 제28조 · 제29조 · 제42조제1항에 따른 천연기념물등"으로 한다.

제14조의2제4항 및 제5항 중 "「문화재보호법」 제2조제3항 각 호에 따른 국가지정문화재, 시 · 도지정문화재 또는 문화재자료로"를 각각 "「문화유산의 보존 및 활용에 관한 법률」에 따른 지정문화유산 또는 「자연유산의 보존 및 활용에 관한 법률」에 따른 천연기념물등

으로"로 한다.

㊱ 자연재난 구호 및 복구 비용 부담기준 등에 관한 규정 일부를 다음과 같이 개정한다.

별표 1 제2호사목1)의 구분란 중 "국가지정문화재"를 "국가지정문화유산, 천연기념물, 명승"으로 하고, 같은 목 1)의 부담률란 중 "국가지정문화재는"을 "국가지정문화유산 · 천연기념물 · 명승은"으로 하며, 같은 목 2)의 구분란 중 "지방지정문화재"를 "시 · 도지정문화유산, 시 · 도자연유산"으로 한다.

㊲ 자연환경보전법 시행령 일부를 다음과 같이 개정한다.

제17조제3호 각 목 외의 부분 단서 중 "「문화재보호법」에 따른 문화재 및 그 보호구역에서는 「문화재보호법」"을 "「문화유산의 보존 및 활용에 관한 법률」에 따른 문화유산 및 그 보호구역 또는 「자연유산의 보존 및 활용에 관한 법률」에 따른 자연유산 및 그 보호구역에서는 해당 법률"로 한다.

제17조제5호 단서 중 "「문화재보호법」에 따른 문화재 및 그 보호구역에서는 「문화재보호법」"을 "「문화유산의 보존 및 활용에 관한 법률」에 따른 문화유산 및 그 보호구역 또는 「자연유산의 보존 및 활용에 관한 법률」에 따른 자연유산 및 그 보호구역에서는 해당 법률"로 한다.

㊳ 장애인 · 노인 · 임산부 등의 편의증진 보장에 관한 법률 시행령 일부를 다음과 같이 개정한다.

제7조제1항제1호 중 "「문화재보호법」 제2조제1항제1호, 제3호 및 제4호에 따른 문화재로서의"를 "「문화유산의 보존 및 활용에 관한 법률」에 따른 문화유산 또는 「자연유산의 보존 및 활용에 관한 법률」에 따른 자연유산으로서의"로 한다.

별표 2 제3호가목(17)의 설치기준란 중 "「문화재보호법」 제2조에 따른 지정문화재(보호구역을 포함한다)"를 "「문화유산의 보존 및 활용에 관한 법률」에 따른 지정문화유산(보호구역을 포함한다)에 설치하는 시설물 및 「자연유산의 보존 및 활용에 관한 법률」에 따른 천연기념물등(보호구역을 포함한다)"으로 한다.

㊴ 재난안전통신망법 시행령 일부를 다음과 같이 개정한다.

제11조제1호를 다음과 같이 하고, 같은 조 제2호 중 "「문화재보호법」 제2조제5항에 따른 보호구역"을 "「문화유산의 보존 및 활용에 관

한 법률」에 따른 보호구역 또는 「자연유산의 보존 및 활용에 관한 법률」에 따른 보호구역"으로 하며, 같은 조 제3호를 다음과 같이 한다.

1. 「문화유산의 보존 및 활용에 관한 법률」에 따른 지정문화유산·등록문화유산 및 「자연유산의 보존 및 활용에 관한 법률」에 따른 천연기념물등

3. 「문화유산의 보존 및 활용에 관한 법률」에 따른 보호물 또는 「자연유산의 보존 및 활용에 관한 법률」에 따른 보호물

㊵ 전통사찰의 보존 및 지원에 관한 법률 시행령 일부를 다음과 같이 개정한다.

제11조제1호 중 "문화재"를 "문화유산·자연유산"으로 하고, 같은 조 제2호 및 제3호 중 "문화유산"을 각각 "문화유산·자연유산"으로 한다.

제13조의 제목 "(문화재의 현상변경허가 사항 제출)"을 "(문화유산등의 현상변경허가 사항 제출)"로 한다.

㊶ 조세특례제한법 시행령 일부를 다음과 같이 개정한다.

제130조제5항제9호를 다음과 같이 한다.

9. 다음 각 목의 어느 하나에 해당하는 국가유산의 관람을 위한 입장권의 구입

가. 「문화유산의 보존 및 활용에 관한 법률」에 따른 지정문화유산

나. 「문화유산의 보존 및 활용에 관한 법률」에 따른 국가등록문화유산

다. 「자연유산의 보존 및 활용에 관한 법률」에 따른 천연기념물등

라. 「무형유산의 보전 및 진흥에 관한 법률」에 따른 국가무형유산

마. 「무형유산의 보전 및 진흥에 관한 법률」에 따른 시·도무형유산

㊷ 종합부동산세법 시행령 일부를 다음과 같이 개정한다.

제4조제1항제8호를 다음과 같이 한다.

8. 「문화유산의 보존 및 활용에 관한 법률」에 따른 등록문화유산

㊸ 지능형 해상교통정보서비스의 제공 및 이용 활성화에 관한 법률 시행령 일부를 다음과 같이 개정한다.

제12조제1호를 다음과 같이 하고, 같은 조 제2호 중 “「문화재보호법」 제2조제5항에 따른 보호구역”을 “「문화유산의 보존 및 활용에 관한 법률」에 따른 보호구역 또는 「자연유산의 보존 및 활용에 관한 법률」에 따른 보호구역”으로 한다.

1. 「문화유산의 보존 및 활용에 관한 법률」에 따른 지정문화유산 · 등록문화유산 및 「자연유산의 보존 및 활용에 관한 법률」에 따른 천연기념물등

제12조제3호를 다음과 같이 한다.

3. 「문화유산의 보존 및 활용에 관한 법률」에 따른 보호물 또는 「자연유산의 보존 및 활용에 관한 법률」에 따른 보호물

㊹ 지방세법 시행령 일부를 다음과 같이 개정한다.

제28조의2제4호를 다음과 같이 한다.

4. 다음 각 목의 어느 하나에 해당하는 주택

가. 「문화유산의 보존 및 활용에 관한 법률」에 따른 지정문화유산

나. 「문화유산의 보존 및 활용에 관한 법률」에 따른 등록문화유산

다. 「자연유산의 보존 및 활용에 관한 법률」에 따른 천연기념물등

제102조제2항제2호를 다음과 같이 한다.

2. 다음 각 목의 어느 하나에 해당하는 임야

가. 「문화유산의 보존 및 활용에 관한 법률」에 따른 지정문화유산 안의 임야

나. 「문화유산의 보존 및 활용에 관한 법률」에 따른 보호구역 안의 임야

다. 「자연유산의 보존 및 활용에 관한 법률」에 따른 천연기념물등 안의 임야

라. 「자연유산의 보존 및 활용에 관한 법률」에 따른 보호구역 안의 임야

제110조의2제1항제6호를 다음과 같이 한다.

6. 다음 각 목의 어느 하나에 해당하는 주택

가. 「문화유산의 보존 및 활용에 관한 법률」에 따른 지정문화유산

나. 「문화유산의 보존 및 활용에 관한 법률」에 따른 등록문화유산

다. 「자연유산의 보존 및 활용에 관한 법률」에 따른 천연기념물등

별표 1 제1종 제108호 중 "「문화재보호법」"을 "「문화유산의 보존 및 활용에 관한 법률」"로, "문화재매매업"을 "문화유산매매업"으로 하고, 같은 표 제2종 제115호를 다음과 같이 한다.

115. 「문화유산의 보존 및 활용에 관한 법률」 제39조에 따른 문화유산의 국외반출의 허가 및 「자연유산의 보존 및 활용에 관한 법률」 제20조에 따른 천연기념물의 국외반출의 허가

㊺ 지방세특례제한법 시행령 일부를 다음과 같이 개정한다.

제16조제2항제3호를 다음과 같이 한다.

3. 「문화유산의 보존 및 활용에 관한 법률」에 따른 지정문화유산·국가등록문화유산 또는 「자연유산의 보존 및 활용에 관한 법률」에 따른 천연기념물등

㊻ 지방자치법 시행령 일부를 다음과 같이 개정한다.

별표 1 제5호다목란을 다음과 같이 한다.

다. 시·도유산의 지정·등록·보존 및 관리	1) 시·도 지정·등록유산과 문화유산자료 및 자연유산자료(이하 이 목에서 "시·도지정유산등"이라 한다)의 지정·보존 및 관리 2) 시·도지정유산등의 보호물 또는 보호구역의 지정과 그 해제 3) 시·도무형유산의 보유자 또는 보유단체의 인정과 그 해제 4) 시·도 지정·등록유산의 반출 허가 5) 관할 구역 내 국유에 속하는 국가지정문화유산·천연기념물·명승 중 국가가 직접 관리하지 않는 국가지정문화유산·천연기념물·명승의 보존·관리	1) 시·도지정유산등의 보존·관리 2) 비지정국가유산(향토유적 등)의 보존·관리 3) 지방민속자료 발굴·조사 4) 관할 구역 내 국유에 속하는 국가지정문화유산·천연기념물·명승 중 국가가 직접 관리하지 않는 국가지정문화유산·천연기념물·명승의 보존·관리

㊼ 지속가능발전 기본법 시행령 일부를 다음과 같이 개정한다.

별표 제73호를 다음과 같이 하고, 같은 표에 제73호의2 및 제73

호의3을 각각 다음과 같이 신설한다.

73. 「문화유산의 보존 및 활용에 관한 법률」 제6조제1항에 따른 문화유산기본계획

73의2. 「자연유산의 보존 및 활용에 관한 법률」 제6조제1항에 따른 자연유산 보호계획

73의3. 「무형유산의 보전 및 진흥에 관한 법률」 제7조제1항에 따른 무형유산기본계획

㊽ 총포·도검·화약류 등의 안전관리에 관한 법률 시행령 일부를 다음과 같이 개정한다.

제12조제1항제1호 중 "문화재로서의"를 "문화유산으로서의"로, "문화재보호관리기관"을 "문화유산보호관리기관"으로 한다.

㊾ 토지이용규제 기본법 시행령 일부를 다음과 같이 개정한다.

제6조제9항 중 "「문화재보호법」 제32조에 따라 임시지정문화재로"를 "「문화유산의 보존 및 활용에 관한 법률」 제32조에 따라 임시지정문화유산으로 지정하거나 「자연유산의 보존 및 활용에 관한 법률」 제16조에 따라 임시지정천연기념물 또는 임시지정명승으로"로 한다.

㊿ 폐광지역 개발 지원에 관한 특별법 시행령 일부를 다음과 같이 개정한다.

제11조제2항 단서 중 "「문화재보호법」"을 "「문화유산의 보존 및 활용에 관한 법률」에 따른 보호구역 및 「자연유산의 보존 및 활용에 관한 법률」"로 한다.

〈51〉 한국전통문화대학교 설치법 시행령 일부를 다음과 같이 개정한다.

별표의 부속시설의 구분의 자연과학 계열 및 공학계열란 중 "건축문화재"를 "건축문화유산"으로 한다.

〈52〉 화재의 예방 및 안전관리에 관한 법률 시행령 일부를 다음과 같이 개정한다.

별표 4 제3호가목5) 중 "「문화재보호법」"을 "「문화유산의 보존 및 활용에 관한 법률」"로 한다.

〈53〉 환경영향평가법 시행령 일부를 다음과 같이 개정한다.

제64조제2호마목을 다음과 같이 한다.

마. 「문화유산의 보존 및 활용에 관한 법률」에 따른 보호구역

또는 「자연유산의 보존 및 활용에 관한 법률」에 따른 보호구역
제5조(다른 법령과의 관계) 이 영 시행 당시 다른 법령에서 종전의 「문화재보호법 시행령」 또는 그 규정을 인용한 경우에 이 영 가운데 그에 해당하는 규정이 있으면 종전의 「문화재보호법 시행령」 또는 그 규정을 갈음하여 이 영 또는 이 영의 해당 규정을 인용한 것으로 본다.

부칙 〈제34533호, 2024. 5. 28.〉 (한시적 규제유예 등 민생경제 활력 제고를 위한 32개 법령의 일부개정에 관한 대통령령)
제1조(시행일) 이 영은 공포한 날부터 시행한다. 〈단서 생략〉
제2조 부터 제6조까지 생략

부칙 〈제34736호, 2024. 7. 23.〉
이 영은 공포한 날부터 시행한다. 다만, 다음 각 호의 개정규정은 해당 호에서 정하는 날부터 시행한다.
1. 제21조의4의 개정규정: 2024년 7월 24일
2. 별표 3의2 제2호의 개정규정: 2024년 8월 14일
3. 제38조의2 및 제38조의3의 개정규정: 2024년 9월 15일

부칙 〈제34881호, 2024. 9. 10.〉 (근현대문화유산의 보존 및 활용에 관한 법률 시행령)
제1조(시행일) 이 영은 2024년 9월 15일부터 시행한다.
제2조(다른 법령의 개정) ①부터 ⑧까지 생략
⑨ 문화유산의 보존 및 활용에 관한 법률 시행령 일부를 다음과 같이 개정한다.
제3조제1호 중 "등록문화유산"을 "「근현대문화유산의 보존 및 활용에 관한 법률」 제2조제2호에 따른 등록문화유산(이하 "등록문화유산"이라 한다)"으로 한다.
제33조, 제33조의2, 제34조 및 제35조를 각각 삭제한다.
⑩부터 ㉒까지 생략
제3조 생략

부칙 〈제34971호, 2024. 10. 29.〉

이 영은 2024년 11월 1일부터 시행한다.

부칙 〈제35262호, 2025. 2. 13.〉
이 영은 2025년 2월 14일부터 시행한다.

부칙 〈제35645호, 2025. 7. 8.〉
이 영은 공포한 날부터 시행한다. 다만, 제21조의2제1항제3호자목 및 제21조의3제3호라목의 개정규정은 공포 후 3개월이 경과한 날부터 시행한다.

별표 / 서식
[별표 1] 문화유산교육지원센터의 지정취소 및 업무정지의 기준(제10조의3제5항 관련)
[별표 1의2] 국가지정문화유산의 지정기준(제11조제1항 관련)
[별표 2] 보호물 또는 보호구역의 지정기준(제13조제1항 관련)
[별표 3] 일반동산문화유산 해당기준(제36조 관련)
[별표 3의2] 지역문화유산돌봄센터의 지정취소 기준(제41조의6제1항 관련)
[별표 4] 과태료의 부과기준(제48조제1항 관련)

문화유산의 보존 및 활용에 관한 법률 시행규칙
(약칭 : 문화유산법 시행규칙)

[시행 2025. 6. 5.] [문화체육관광부령 제604호, 2025. 6. 5., 일부개정]

제19조삭　제
제20조(국외 반출 허가)
제21조(관리자 선임 등의 신고서)
제22조삭　제
제23조삭　제
제24조삭　제
제25조(수리 등의 국가시행의 통지)
제26조(국가지정문화유산 대장)
제27조(국가지정문화유산의 목록)
제28조(정기조사의 주기 및 조사기록)
제29조(문화유산조사원의 신분증표)
제30조(국가지정문화유산의 공개 제한의 고시 등)
제31조(공개 제한지역 출입의 허가)
제31조의2(관람료의 감면)
제32조삭　제
제33조(보조금)
제34조삭　제
제35조삭　제
제36조삭　제
제37조삭　제
제38조삭　제
제39조삭　제
제40조삭　제
제41조삭　제
제41조의2삭　제
제42조삭　제
제43조(일반동산문화유산의 수출이나 반출에 관한 절차 등)
제44조삭　제
제45조(감정 요령)
제46조삭　제
제47조(수당의 지급)
제48조(비문화유산의 확인)
제49조(일반동산문화유산에 대한 조사 기록)
제49조의2(일반동산문화유산의 발견신고 등)
제50조(국가 및 지방자치단체의 경비 보조)
제51조(시 · 도지정문화유산 지정 등의 보고)

제52조(문화유산매매업의 허가절차)
제52조의2(문화유산매매업의 변경신고)
제52조의3(문화유산매매업의 지위승계 신고)
제53조(자격 요건 증명서류 등)
제54조(박물관 · 미술관의 범위)
제55조(문화유산 매매 · 교환 등에 관한 장부의 검인)
제56조(폐업신고)
제57조(행정처분기준)
제58조(지역문화유산돌봄센터의 지정 신청 등)
제58조의2(전문교육)
제59조(제보 조서)
제60조(포상금의 지급등급기준)
제61조(포상금의 청구)
제62조(도난물품 등의 공고)
제63조(규제의 재검토)

**개정 예정 법률 밑줄 별도 표시.

문화유산의 보존 및 활용에 관한 법률 시행규칙

(약칭 : 문화유산법 시행규칙)

[시행 2025. 6. 5.] [문화체육관광부령 제604호, 2025. 6. 5., 일부개정]

제1조(목적) 이 규칙은 「문화유산의 보존 및 활용에 관한 법률」 및 같은 법 시행령에서 위임된 사항과 그 시행에 필요한 사항을 규정함을 목적으로 한다. 〈개정 2024. 6. 14.〉

제2조 삭제 〈2025. 2. 14.〉

제2조의2(역사문화환경 보존지역 내 행위기준의 수립) ① 국가유산청장은 「문화유산의 보존 및 활용에 관한 법률」(이하 "법"이라 한다) 제13조제6항에 따라 특별시장 · 광역시장 · 특별자치시장 · 도지사 · 특별자치도지사(이하 "시 · 도지사"라 한다) 또는 시장 · 군수 · 구청장(자치구의 구청장을 말한다. 이하 같다)에게, 시 · 도지사는 시장 · 군수 · 구청장에게 다음 각 호의 자료 또는 의견을 제출하도록 요구할 수 있다. 〈개정 2020. 5. 27., 2024. 6. 14.〉

1. 별표 1에 따른 역사문화환경 보존지역 현황조사 결과
2. 제1호의 조사 결과를 반영한 행위기준안 및 이를 작성한 시 · 도지사 또는 시장 · 군수 · 구청장의 의견
3. 제2호의 행위기준안에 대한 지역 주민 및 관리단체의 의견
4. 그 밖에 국가유산청장 또는 시 · 도지사가 행위기준 수립에 필요하다고 인정하여 요청한 자료

② 국가유산청장 또는 시 · 도지사는 제1항 각 호의 자료 또는 의견을 검토하기 위하여 필요한 경우 다음 각 호의 전문가에게 조사를 실시하도록 할 수 있다. 〈개정 2019. 12. 24., 2024. 6. 14.〉

1. 법 제8조에 따른 문화유산위원회(이하 "문화유산위원회"라 한다)의 위원 또는 전문위원

2. 법 제71조에 따른 시·도문화유산위원회(이하 "시·도문화유산위원회"라 한다)의 위원 또는 전문위원

3. 「고등교육법」 제2조에 따른 학교의 문화유산 관련 학과의 조교수 이상인 교원

4. 문화유산 업무를 담당하는 학예연구관, 학예연구사 또는 나군 이상의 전문경력관

5. 「고등교육법」 제2조에 따른 학교의 건축, 토목, 환경, 도시계획, 소음, 진동, 대기오염, 화학물질, 먼지 또는 열에 관련된 분야의 학과의 조교수 이상인 교원

6. 제5호에 따른 분야의 학회로부터 추천을 받은 사람

7. 그 밖에 문화유산 관련 분야에서 5년 이상 종사한 사람으로서 문화유산에 관한 지식과 경험이 풍부하다고 국가유산청장 또는 시·도지사가 인정한 사람

③ 국가유산청장 또는 시·도지사는 법 제13조제5항에 따른 행위기준의 고시일부터 10년마다 역사문화환경 보존지역의 토지이용 현황, 지형의 변화 등 해당 지역의 여건을 조사하여 필요하다고 인정되는 경우에는 행위기준을 변경하여 고시할 수 있다. 〈개정 2020. 5. 27., 2024. 6. 14.〉

④ 제3항에 따른 행위기준 변경에 관하여는 제1항 및 제2항을 준용한다.

[본조신설 2015. 1. 29.]

제2조의3(화재등 대비 훈련의 실시) ① 국가유산청장과 지방자치단체의 장(이하 "훈련주관기관의 장"이라 한다)은 법 제14조의5 각 호에 따른 기관 또는 단체(이하 이 조 및 제2조의4에서 "관계 기관"이라 한다)와 합동으로 법 제14조제2항에 따른 화재, 재난 및 도난(이하 "화재등"이라 한다) 대비 훈련을 연 1회 이상 실시해야 한다.

② 제1항에 따른 훈련에 참여하는 기관은 문화유산 화재등 대비 자체 훈련을 수시로 실시할 수 있다.

③ 훈련주관기관의 장은 제1항에 따른 훈련을 실시하는 경우에는 훈련일 15일 전까지 훈련일시, 훈련장소, 훈련내용, 훈련방법, 훈련 참여 인력 및 장비, 그 밖에 훈련에 필요한 사항을 해당 훈련에 참

여하는 관계 기관의 장에게 통보해야 한다.

④ 훈련주관기관의 장은 제1항에 따른 훈련을 실시하기 전에 훈련 수행에 필요한 능력을 기르기 위해 해당 훈련 참석 예정인 문화유산 소유자, 관리자 및 관리단체 등을 대상으로 사전교육을 해야 한다. 다만, 다른 법령에 따라 해당 분야의 재난대비훈련 교육을 받은 경우에는 사전교육을 받은 것으로 본다.

⑤ 제1항에 따른 화재등 대비훈련 참여에 필요한 비용은 해당 훈련에 참여하는 관계 기관이 부담한다.

[본조신설 2024. 7. 24.]

제2조의4(화재등 대비 훈련의 결과에 따른 조치) ① 훈련주관기관의 장은 법 제14조제2항에 따른 화재등 대비 훈련 결과를 토대로 문화유산 화재등의 방지를 위하여 필요한 다음 각 호의 조치를 해야 한다.

1. 문화유산 화재등의 방지를 위해 필요한 시책이나 조치의 개선·보완

2. 법 제14조의2에 따른 화재등 대응 매뉴얼 개선·보완

3. 관계 기관과의 협력체계 구축

② 국가유산청장은 문화유산의 보존 및 예방관리를 위하여 필요하다고 인정하는 경우 지방자치단체의 장에게 제2조의3제1항에 따른 훈련 결과 및 이 조 제1항에 따른 조치 실적의 제출 등 협조를 요청을 할 수 있다.

[본조신설 2024. 7. 24.]

제3조(도난방지장치 설치기준) 법 제14조의3제1항에서 “문화체육관광부령으로 정하는 기준”이란 다음 각 호의 기준을 말한다. 〈개정 2018. 3. 12., 2024. 6. 14.〉

1. 도난방지장치를 설치할 때에는 지정문화유산이 훼손되지 아니하도록 하고, 지정문화유산 경관과 조화되도록 할 것

2. 도난방지장치는 모니터링, 호환성 및 유지·관리의 편리성 등을 고려하여 선택할 것

3. 도난방지장치의 설치 장소를 면밀히 분석하여 감시가 미치지 아니하는 곳이 없도록 설치할 것

4. 도난방지장치 관리자는 도난방지장치가 잘 작동되도록 관리할 것

제3조의2(금연구역 등을 알리는 표지의 설치 기준 및 방법) 법 제14조의4제2항에 따른 금연구역과 흡연구역을 알리는 표지의 설치

기준 및 방법은 별표 1의2와 같다.

[전문개정 2018. 3. 12.]

제4조(문화유산 전문인력에 대한 장학금 지급) ① 국가유산청장은 법 제16조제2항에 따라 문화유산의 보호·관리 및 수리 등과 관련된 전문인력 양성을 위한 장학금을 지급하려는 경우에는 다음 각 호의 어느 하나에 해당하는 사람 중에서 장학금 지급 대상자를 선정하여야 한다. 〈개정 2015. 12. 23., 2024. 6. 14.〉

1. 문화유산의 보호·관리에 관한 기능 및 기술 교육을 받고 있거나 받으려는 사람

2. 국내 또는 국외의 대학에서 문화유산의 보호·관리에 관한 교육을 받고 있거나 받으려는 사람

3. 국내 또는 국외의 연구기관에서 문화유산의 보호·관리에 관하여 연구하고 있거나 연구하려는 사람

② 제1항에 따른 장학금을 받으려는 사람은 별지 제2호서식의 장학금 지급 신청서에 별지 제3호서식의 서약서를 첨부하여 국가유산청장에게 제출하여야 한다. 〈개정 2024. 6. 14.〉

③ 장학금은 예산의 범위에서 교육비 또는 연구비에 상응하는 금액을 국가유산청장이 정하여 지급한다. 〈개정 2024. 6. 14.〉

[제목개정 2024. 6. 14.]

제5조(성적증명서 제출 등) ① 법 제16조제3항에 따라 성적증명서 또는 연구실적보고서 제출을 명령받은 사람은 그 명령을 받은 날부터 1개월 안에 성적증명서 또는 연구실적보고서(전자문서로 된 보고서를 포함한다)를 국가유산청장에게 제출하여야 한다. 〈개정 2019. 12. 24., 2024. 6. 14.〉

② 법 제16조제4항에서 "문화체육관광부령으로 정하는 사유"란 다음 각 호의 어느 하나의 사유를 말한다.

1. 전공 학과 또는 연구 분야를 변경한 경우

2. 수학 또는 연구를 중단한 경우

3. 신체적·정신적 장애나 그 밖의 사유로 계속적인 수학 또는 연구를 할 수 없게 된 경우

4. 본인의 성명·주소 등이 변경된 경우

③ 장학금을 받아 교육이나 연구를 마친 사람은 교육이나 연구를 마친 날부터 1개월 안에 교육수료 증명서 또는 연구보고서(전자문서

로 된 보고서를 포함한다)를 국가유산청장에게 제출하여야 한다. 〈개정 2019. 12. 24., 2024. 6. 14.〉

제6조(장학금 지급의 중지 또는 반환) ① 법 제16조제5항에서 "문화체육관광부령으로 정하는 사유"란 다음 각 호의 어느 하나의 사유를 말한다.

1. 제5조제2항제1호부터 제3호까지의 사유 중 어느 하나에 해당하는 경우
2. 학업 및 연구 성적이 매우 불량한 경우
3. 정당한 사유 없이 제5조제1항에 따른 성적증명서 또는 연구실적보고서를 제출하지 아니한 경우

② 국가유산청장은 제1항에 따라 장학금 지급을 중지하면 그 사유를 본인과 소속 학교장 또는 소속 기관장에게 통보하여야 하며, 장학생에게 장학금 지급 중지 사유가 소멸되면 장학금을 다시 지급할 수 있다. 〈개정 2024. 6. 14.〉

③ 국가유산청장은 장학금을 받은 사람이 다음 각 호의 어느 하나에 해당하면 법 제16조제5항에 따라 장학금의 반환을 명할 수 있다. 〈개정 2024. 6. 14.〉

1. 정당한 사유 없이 수학 또는 연구를 중단한 경우
2. 정당한 사유 없이 전공 학과 또는 연구 분야를 변경한 경우
3. 제5조제3항에 따른 교육수료 증명서 또는 연구보고서를 제출하지 아니한 경우

④ 제3항에 따라 반환을 명령하는 금액은 이미 지급한 장학금 전액으로 한다. 다만, 지급된 장학금을 면제할 필요가 있는 경우에는 국가유산청장은 그 일부 또는 전부의 반납을 면제할 수 있다. 〈개정 2024. 6. 14.〉

제7조(문화유산교육지원센터의 지정 신청 등) ① 법 제22조의4제1항 및 「문화유산의 보존 및 활용에 관한 법률 시행령」(이하 "영"이라 한다) 제10조의3제1항에 따라 문화유산교육지원센터로 지정을 받으려는 자는 별지 제3호의2서식의 문화유산교육지원센터 지정 신청서에 다음 각 호의 서류를 첨부하여 국가유산청장에게 제출해야 한다. 〈개정 2021. 4. 13., 2024. 6. 14., 2025. 2. 14.〉

1. 문화유산교육지원센터 운영계획서
2. 최근 3년간의 문화유산교육 실시 실적(실적이 있는 경우만 해

당한다)

3. 시설 및 장비 보유 현황

4. 문화유산교육 전문인력 현황

② 영 제10조의3제2항에 따른 지정서는 별지 제3호의3서식에 따른다.

[본조신설 2020. 5. 27.]

[제목개정 2024. 6. 14.]

제7조의2(문화유산교육 프로그램의 인증 신청 절차 등) ① 법 제22조의6제2항에 따라 문화유산교육 프로그램에 대한 인증을 신청하려는 자는 별지 제3호의4서식의 문화유산교육 프로그램 인증신청서에 문화유산교육 프로그램의 교육내용, 구성 및 교육시설 등에 관한 자료를 첨부하여 국가유산청장에게 제출해야 한다. 〈개정 2024. 6. 14.〉

② 법 제22조의6제3항에서 "교육내용·교육과목·교육시설 등 문화체육관광부령으로 정하는 인증기준"이란 별표 1의3과 같다.

③ 제1항에 따라 인증 신청을 받은 국가유산청장은 문화유산교육 프로그램을 인증한 경우에는 별지 제3호의5서식의 문화유산교육 프로그램 인증서를 신청인에게 발급해야 하며, 인증을 하지 않은 때에는 그 사유를 신청인에게 통보해야 한다. 〈개정 2024. 6. 14.〉

④ 법 제22조의6제3항에 따라 인증을 받은 자는 해당 문화유산교육 프로그램에 별표 1의4에 따른 인증표시를 할 수 있다. 〈개정 2024. 6. 14.〉

⑤ 국가유산청장은 법 제22조의6제3항에 따라 문화유산교육 프로그램을 인증하거나 법 제22조의7에 따라 인증을 취소한 경우에는 그 사실을 국가유산청의 인터넷 홈페이지에 공고해야 한다. 〈개정 2024. 6. 14.〉

⑥ 제1항부터 제5항까지에서 규정한 사항 외에 문화유산교육 프로그램의 인증에 필요한 사항은 국가유산청장이 정하여 고시한다. 〈개정 2024. 6. 14.〉

[본조신설 2020. 5. 27.]

[제목개정 2024. 6. 14.]

제7조의3(기증의 절차 등) ① 법 제22조의8제1항에 따라 지정문화유산 및 등록문화유산을 기증하려는 자는 해당 문화유산과 별지 제3호의6서식의 기증서약서를 국가유산청장에게 제출해야 한다. 〈개정

2024. 6. 14.〉

② 국가유산청장은 법 제22조의8제2항에 따라 문화유산을 수증하기로 결정한 경우에는 해당 문화유산의 명칭·수량·크기 및 사진 등을 국가유산청의 인터넷 홈페이지 등에 게시해야 한다. 〈개정 2024. 6. 14.〉

③ 국가유산청장은 법 제22조의8제2항에 따라 수증하기로 결정한 문화유산(이하 "기증품"이라 한다)에 관한 사항을 별지 제3호의7서식의 기증품 관리대장(전자문서로 된 대장을 포함한다)에 기록·관리해야 한다. 〈개정 2024. 6. 14.〉

[본조신설 2020. 12. 4.]

제7조의4(문화유산디지털콘텐츠 제작·개발 지원신청서) 영 제10조의13제2항 각 호 외의 부분에서 "문화체육관광부령으로 정하는 지원신청서"란 별지 제3호의8서식의 문화유산디지털콘텐츠 제작·개발 지원신청서를 말한다.

[본조신설 2024. 6. 14.]

제8조(조사보고서) 영 제11조제3항 및 제13조제3항에 따른 국가지정문화유산, 보호물 및 보호구역의 지정 검토를 위한 조사보고서는 별지 제4호서식에 따른다. 이 경우 조사보고서 작성자는 건조물이 아닌 국보·보물·국가민속문화유산에 대해서는 문화유산별 특수성에 따라 일부 항목을 변경하여 작성할 수 있다. 〈개정 2015. 1. 29., 2016. 2. 29., 2017. 6. 30., 2024. 6. 14.〉

1. 삭제 〈2016. 2. 29.〉
2. 삭제 〈2016. 2. 29.〉

제9조(지정해야 할 문화유산 등에 대한 보고) ① 영 제17조에 따라 시·도지사는 법 제23조 및 제25조부터 제27조까지의 규정에 따라 지정해야 할 문화유산 등이 있으면 별지 제5호서식(전자문서로 된 보고서를 포함한다)의 국가지정문화유산 등의 지정 요청 자료보고서에 다음 각 호의 서류를 첨부하여 그 지정이 필요한 취지를 국가유산청장에게 보고해야 한다. 이 경우 건조물이 아닌 국보·보물·국가민속문화유산의 지정에 대하여는 각각의 특수성에 따라 일부 항목을 변경하여 작성할 수 있다. 〈개정 2017. 6. 30., 2021. 11. 16., 2024. 6. 14., 2025. 1. 24.〉

1. 시·도지사 및 시장·군수 또는 구청장의 검토의견서

2. 관계전문가의 조사의견 및 시·도 문화유산위원회의 심의 관계자료

3. 문화유산의 연혁·특징, 지정 가치 및 근거기준에 관한 세부설명자료

4. 문화유산 도면자료

5. 문화유산에 대한 학술·고증자료

6. 문화유산 사진자료

7. 문화유산(그 보호물 및 보호구역을 포함한다)의 위치도, 지적도, 수치도, 지형도 및 이미지파일 등

8. 법 제13조제1항에 따른 역사문화환경 보존지역 안에 있는 문화유산의 보존에 영향을 미칠 우려가 있는 행위에 관한 기준

9. 문화유산 보존 정비·활용계획

10. 해당 지역의 토지이용계획 및 개발계획 현황

11. 해당 문화유산 소유자(단체)의 취득 경위에 관한 자료

12. 방재시설·방재인력 등 방재자원 현황 및 방재 계획(국보·보물 중 건조물, 사적 및 국가민속문화유산에 한정한다)

② 영 제17조 및 이 조 제1항에 따라 국가지정문화유산 등의 지정 요청 자료보고서를 제출받은 국가유산청장은 「전자정부법」 제36조제1항에 따른 행정정보의 공동이용을 통하여 다음 각 호의 서류를 확인해야 한다. 다만, 소유자(단체)가 제3호 및 제4호에 따른 서류의 확인에 동의하지 않는 경우에는 해당 서류를 첨부하도록 해야 한다. 〈신설 2025. 1. 24.〉

1. 건축물대장

2. 토지(임야) 대장

3. 건물등기사항증명서

4. 토지등기사항증명서

[전문개정 2016. 2. 29.]

[제목개정 2024. 6. 14.]

제10조(국보 등의 지정서) ① 법 제29조제1항에 따른 국보, 보물 또는 국가민속문화유산의 지정서에는 다음 각 호의 사항을 적어야 한다. 〈개정 2017. 6. 30., 2021. 11. 16., 2024. 6. 14.〉

1. 명칭 및 수량

2. 지정 연월일

3. 건조물인 경우에는 구조 및 형식
4. 건조물 외의 것은 규격, 형태, 재료 및 그 밖의 특징
5. 소재지 또는 보관 장소
6. 소유자의 성명 및 주소

② 국보의 지정서는 별지 제6호서식에 따르고, 보물 및 국가민속문화유산의 지정서는 별지 제7호서식에 따른다. 〈개정 2017. 6. 30., 2024. 6. 14.〉

③ 제1항 각 호의 사항을 적을 경우에는 다음 각 호에서 정하는 바에 따라 지정서 부록을 별도로 만들어 적어야 한다. 이 경우 지정서 부록은 해당 지정서의 일부분으로 보며, 부록과 지정서의 뒷면 사이에는 간인을 찍어야 한다. 〈개정 2017. 6. 30., 2024. 6. 14.〉

1. 제1항제1호의 수량에 세목(細目)이 있는 경우 그 세목: 국보의 경우에는 별지 제8호서식의 지정서 부록에 적고, 보물 및 국가민속문화유산의 경우에는 별지 제9호서식의 지정서 부록에 적는다.
2. 제1항제3호 및 제4호의 사항: 국보의 경우에는 별지 제8호서식의 지정서 부록에 적고, 보물 및 국가민속문화유산의 경우에는 별지 제9호서식의 지정서 부록에 적는다.

④ 제1항에 따른 지정서를 멸실하거나 훼손하였을 때에는 해당 문화유산의 소유자는 별지 제10호서식의 재발급 신청서를 국가유산청장에게 제출하여 지정서를 다시 발급받아야 한다. 〈개정 2024. 6. 14.〉

⑤ 국가유산청장은 국보, 보물 및 국가민속문화유산의 지정서를 발급하거나 재발급하면 별지 제11호서식의 국가지정문화유산의 종류별 지정서 발급대장에 그 내용을 적어야 한다. 〈개정 2017. 6. 30., 2024. 6. 14.〉

⑥ 제5항의 발급대장은 전자적으로 처리할 수 없는 특별한 사유가 있는 경우를 제외하고는 전자적 방법으로 작성하여야 한다.

제11조 삭제 〈2016. 2. 29.〉

제12조(국가지정문화유산의 지정 해제 등의 절차) ① 국가유산청장은 다음 각 호의 어느 하나에 해당하는 지정 해제 등을 하려면 문화유산위원회의 해당 분야 위원이나 전문위원 등 관계 전문가 3명 이상에게 해당 문화유산에 대한 조사를 요청하여야 한다. 〈개정 2024. 6. 14.〉

1. 법 제31조제1항에 따른 국가지정문화유산 지정의 해제
2. 삭제 〈2016. 2. 29.〉
3. 삭제 〈2016. 2. 29.〉
4. 법 제31조제4항에 따른 보호물 또는 보호구역 지정의 해제 또는 그 범위의 조정

② 삭제 〈2016. 2. 29.〉

③ 제1항에 따라 조사 요청을 받은 사람은 조사를 한 후 조사보고서(전자문서로 된 보고서를 포함한다)를 작성하여 국가유산청장에게 제출하여야 한다. 〈개정 2019. 12. 24., 2024. 6. 14.〉

④ 국가유산청장은 제3항에 따른 조사보고서를 검토하여 제1항 각 호의 지정 해제 등이 필요하다고 판단되면 문화유산위원회의 심의 전에 그 심의할 내용을 관보에 30일 이상 예고하여야 한다. 〈개정 2016. 2. 29., 2024. 6. 14.〉

⑤ 국가유산청장은 제4항에 따른 예고가 끝난 날부터 6개월 안에 문화유산위원회의 심의를 거쳐 제1항 각 호의 지정 해제 등의 여부를 결정하여야 한다. 〈개정 2024. 6. 14.〉

⑥ 국가유산청장은 이해관계자의 이의제기 등 부득이한 사유로 6개월 안에 제5항에 따른 지정 해제 등을 결정하지 못한 경우에 그 지정 해제 등의 여부를 다시 결정할 필요가 있으면 제4항에 따른 예고 및 제5항에 따른 지정 해제 등의 절차를 다시 거쳐야 한다. 〈개정 2024. 6. 14.〉

[제목개정 2024. 6. 14.]

제13조(관리단체의 지정서) ① 국가유산청장은 법 제34조제1항에 따른 국가지정문화유산의 관리단체(이하 "관리단체"라 한다)를 지정하는 경우에는 별지 제17호서식의 국가지정문화유산 관리단체 지정서를 발급하여야 하며, 별지 제18호서식의 국가지정문화유산 관리단체 지정서 발급대장에 그 내용을 적고 이를 관리하여야 한다. 〈개정 2024. 6. 14.〉

② 제1항에 따라 관리단체 지정서를 발급받은 관리단체는 그 지정기간이 만료되거나 지정이 해제되면 10일 안에 그 지정서를 반환하여야 한다.

제14조(허가신청서) ① 법 제35조제1항제1호 및 영 제21조에 따라 국가지정문화유산(보호물 및 보호구역을 포함한다)의 현상을 변경하

는 행위에 대한 허가를 신청하려면 별지 제19호서식에 다음 각 호의 자료를 첨부하여 국가유산청장에게 제출하여야 한다. 〈개정 2018. 5. 29., 2024. 6. 14.〉

1. 현상변경 계획서
2. 위치도, 배치도 등 현상변경 사항을 확인할 수 있는 관련 도면
3. 현장 사진

② 법 제35조제1항제2호 및 영 제21조에 따라 국가지정문화유산(동산에 속하는 문화유산은 제외한다)의 보존에 영향을 미칠 우려가 있는 행위에 대한 허가를 신청하려면 별지 제19호의2서식에 다음 각 호의 서류를 첨부하여 국가유산청장에게 제출하여야 한다. 〈개정 2019. 10. 7., 2024. 6. 14.〉

1. 행위 계획서
2. 다음 각 목에 해당하는 관련 도면. 다만, 「건축법」 제14조에 따른 신고대상 건축물인 경우에는 제출하지 아니할 수 있다.
   가. 건설공사 등 땅깎기·흙쌓기 계획을 포함하는 경우 또는 시설물·공작물을 설치하는 경우: 배치도·평면도·입면도·단면도 및 대지 종횡단면도
   나. 「건축법」 제10조에 따른 사전결정 신청 건축물의 경우: 배치도 및 대지 종횡단면도
3. 현장 사진

③ 법 제35조제1항제3호 및 영 제21조에 따라 국가지정문화유산의 탁본, 영인(影印) 또는 그 보존에 영향을 미칠 우려가 있는 촬영 행위에 대한 허가를 신청하려면 별지 제20호서식에 행위 계획서를 첨부하여 국가유산청장에게 제출하여야 한다. 〈개정 2024. 6. 14.〉

④ 삭제 〈2024. 6. 14.〉

⑤ 법 제35조 및 영 제21조에 따라 받은 허가사항에 대하여 변경허가를 신청하려면 별지 제22호서식에 변경사항에 해당하는 서류를 첨부하여 국가유산청장에게 제출하여야 한다. 〈개정 2024. 6. 14.〉

[전문개정 2017. 2. 13.]

제15조 삭제 〈2015. 1. 29.〉

제16조(현상변경 등의 허가서) ① 법 제36조 및 영 제22조에 따른 국가지정문화유산 또는 그 보호물이나 보호구역 등의 현상변경 등의 허가서는 별지 제23호서식에 따른다. 〈개정 2024. 6. 14.〉

② 법 제36조 및 영 제22조에 따른 허가사항의 변경허가서는 별지 제24호서식에 따른다.

③ 국가유산청장은 별지 제24호의2서식의 현상변경 등의 허가대장을 연도별로 작성·관리하여야 한다. 〈신설 2013. 11. 18., 2024. 6. 14.〉

④ 제3항의 현상변경 등의 허가대장은 전자적 처리가 불가능한 특별한 사유가 없으면 전자적 처리가 가능한 방법으로 작성·관리하여야 한다. 〈신설 2013. 11. 18.〉

제17조 삭제 〈2024. 6. 14.〉

제18조 삭제 〈2024. 6. 14.〉

제19조 삭제 〈2024. 6. 14.〉

제20조(국외 반출 허가) ① 법 제39조제1항 단서에 따라 국보, 보물 또는 국가민속문화유산의 국외 반출의 허가를 받으려는 자는 관세청장이 운영·관리하는 전산시스템을 통하여 별지 제28호서식의 문화유산 국외 반출 허가신청서(전자문서로 된 신청서를 포함한다)에 다음 각 호의 서류를 첨부하여 국가유산청장에게 제출해야 한다. 〈개정 2024. 6. 14., 2025. 1. 24., 2025. 6. 5.〉

1. 보험증서 사본

2. 소유자 동의서(소유자의 성명, 주소 및 연락처 등의 인적사항과 서명 또는 날인을 포함한다. 이하 같다)

3. 전시계획서 또는 조사·연구계획서(전시 또는 조사·연구의 기간, 장소 및 환경을 포함한다. 이하 같다)

② 국가유산청장은 법 제39조제1항 단서에 따라 국보, 보물 또는 국가민속문화유산의 국외 반출 허가를 한 경우에는 별지 제28호의2서식의 문화유산 국외 반출 허가서를 신청인에게 발급해야 한다. 〈개정 2024. 6. 14.〉

③ 법 제39조제1항 단서에 따라 국보, 보물 또는 국가민속문화유산의 국외 반출 허가를 받은 자가 법 제39조제3항에 따라 반출 기간을 연장하려면 관세청장이 운영·관리하는 전산시스템을 통하여 별지 제29호서식의 국외 반출 문화유산 반출 기간 연장 허가신청서(전자문서로 된 신청서를 포함한다)에 다음 각 호의 서류를 첨부하여 국가유산청장에게 제출해야 한다. 〈개정 2024. 6. 14., 2025. 1. 24.〉

1. 보험증서 사본
2. 소유자 동의서
3. 전시계획서 또는 조사·연구계획서

④ 국가유산청장은 법 제39조제3항에 따라 국보, 보물 또는 국가민속문화유산의 반출 기간 연장 허가를 한 경우에는 별지 제29호의2서식의 문화유산 국외 반출 기간 연장 허가서를 신청인에게 발급해야 한다. 〈개정 2024. 6. 14.〉

⑤ 제1항 및 제3항에 따른 국외 반출 또는 반출 기간의 연장을 허가하기 위한 구체적 심사기준은 다음 각 호와 같다. 〈개정 2024. 6. 14., 2025. 1. 24.〉

1. 해당 문화유산의 전시 또는 조사·연구의 필요성 및 예상되는 효과
2. 해당 문화유산의 국외 반출 빈도 및 기간
3. 전시 또는 조사·연구의 기간, 장소 및 환경의 적정성 여부
4. 반출 기간 동안의 보안, 방범 등 적정한 안전관리대책의 마련 여부
5. 포장, 이송 시의 안전성 여부
6. 반출 허가 또는 반출 기간 연장 허가 신청자의 문화유산 관련 법령 등 위반 여부
7. 그 밖에 보험가입 등 반출 허가에 필요한 사항의 구비 여부

⑥ 삭제 〈2024. 6. 14.〉

⑦ 삭제 〈2024. 6. 14.〉

⑧ 시·도지정문화유산 및 문화유산자료의 반출 허가와 반출 기간 연장에 관하여는 제1항부터 제4항까지를 준용한다. 〈개정 2024. 6. 14., 2024. 9. 13.〉

[전문개정 2020. 5. 27.]

제21조(관리자 선임 등의 신고서) ① 법 제40조제1항제1호 및 영 제23조에 따른 국가지정문화유산 관리자의 선임 또는 해임 신고서는 별지 제31호서식에 따른다. 〈개정 2024. 6. 14.〉

② 법 제40조제1항제2호 및 영 제23조에 따른 국가지정문화유산 또는 그 보호물·보호구역의 소유자 변경신고서는 별지 제32호서식에 따른다. 〈개정 2024. 6. 14.〉

③ 법 제40조제1항제3호부터 제5호까지 및 영 제23조에 따른 국

가지정문화유산의 소유자 등의 성명이나 주소, 국가지정문화유산의 소재지 또는 보관 장소의 변경신고서는 별지 제33호서식에 따른다. 〈개정 2024. 6. 14.〉

④ 법 제40조제1항제6호 및 영 제23조에 따른 국가지정문화유산 또는 그 보호물·보호구역의 멸실·유실·도난 또는 훼손 신고서는 별지 제34호서식에 따른다. 〈개정 2024. 6. 14.〉

⑤ 법 제40조제1항제7호 또는 같은 조 제3항 및 영 제23조에 따른 국가지정문화유산 또는 그 보호물·보호구역의 현상변경 등의 착수 및 완료 신고서는 별지 제35호서식에 따른다. 〈개정 2020. 5. 27., 2024. 6. 14.〉

⑥ 법 제40조제1항제8호 및 영 제23조에 따른 국가지정문화유산 반입 신고서는 다음 각 호의 구분에 따른다. 〈개정 2021. 11. 16., 2024. 6. 14.〉

1. 삭제 〈2024. 6. 14.〉
2. 법 제39조제1항에 따라 반출했던 문화유산을 반입하려는 경우: 별지 제36호서식

⑦ 삭제 〈2024. 6. 14.〉

⑧ 삭제 〈2024. 6. 14.〉

⑨ 삭제 〈2024. 6. 14.〉

제22조 삭제 〈2024. 6. 14.〉

제23조 삭제 〈2024. 6. 14.〉

제24조 삭제 〈2016. 2. 29.〉

제25조(수리 등의 국가시행의 통지) 국가유산청장은 법 제42조제2항에 따라 국가의 부담으로 직접 법 제42조제1항제1호부터 제3호까지의 조치를 하려면 문화유산의 종류, 명칭, 수량, 조치 내용, 착수 시기와 그 밖에 필요한 사항을 그 소유자, 관리자 또는 관리단체에 알려야 한다. 〈개정 2016. 2. 29., 2021. 11. 16., 2024. 6. 14.〉

제26조(국가지정문화유산 대장) ① 국가유산청장과 해당 특별자치시장·특별자치도지사·시장·군수·구청장 및 관리단체의 장은 국가지정문화유산 대장(전자문서로 된 대장을 포함한다)을 비치하고, 관할하는 국가지정문화유산에 대한 보존·관리 및 변경 사항 등을 기록·보존하여야 한다. 〈개정 2015. 1. 29., 2024. 6. 14.〉

② 제1항에 따른 국가지정문화유산 대장 중 국보, 보물, 사적 및

국가민속문화유산은 별지 제49호서식에 따른다. 〈개정 2016. 2. 29., 2017. 6. 30., 2024. 6. 14.〉

③ 국가지정문화유산 대장에는 해당 국가지정문화유산과 그 보호물 및 보호구역의 사진과 실측도·지적도 및 배치도를 첨부하여야 한다. 〈개정 2016. 2. 29., 2024. 6. 14.〉

④ 법 제32조제2항에 따른 임시지정문화유산에 관하여는 제1항과 제2항을 준용한다. 〈개정 2021. 4. 13., 2024. 6. 14.〉

[제목개정 2024. 6. 14.]

제27조(국가지정문화유산의 목록) 국가유산청장은 별지 제51호서식의 국가지정문화유산의 종류별 목록 및 별지 제52호서식의 국가지정문화유산의 소재지별 목록을 각각 비치하여 필요한 사항을 적고 이를 보존하여야 한다. 〈개정 2024. 6. 14.〉

[제목개정 2024. 6. 14.]

제28조(정기조사의 주기 및 조사기록) ① 법 제44조제1항에 따른 정기조사는 3년마다 실시한다. 다만, 다음 각 호의 어느 하나에 해당하는 국가지정문화유산에 대해서는 5년마다 실시한다. 〈개정 2015. 12. 23., 2024. 6. 14.〉

1. 건물 안에 보관하여 관리하는 국가지정문화유산
2. 국가 또는 지방자치단체가 직접 관리하는 국가지정문화유산
3. 소유자 또는 관리자 등이 거주하고 있는 건축물류 국가지정문화유산
4. 삭제 〈2024. 6. 14.〉
5. 직전 정기조사에서 보존상태가 양호한 것으로 조사된 국가지정문화유산

② 제1항에 따른 정기조사의 운영 절차 및 방법 등에 관한 세부사항은 국가유산청장이 정한다. 〈개정 2016. 2. 29., 2024. 6. 14.〉

제29조(문화유산조사원의 신분증표) 법 제44조제5항에 따라 조사를 하는 공무원과 법 제44조제6항에 따라 위임받거나 위탁받은 지방자치단체나 전문기관 또는 단체에 소속되어 조사를 하는 문화유산조사원의 신분증표는 별지 제62호서식에 따른다. 〈개정 2024. 6. 14.〉

[제목개정 2024. 6. 14.]

제30조(국가지정문화유산의 공개 제한의 고시 등) ① 국가유산청장

은 법 제48조제3항에 따라 국가지정문화유산의 공개를 제한하면 다음 각 호의 사항을 관보에 고시해야 한다. 〈개정 2016. 2. 29., 2021. 11. 16., 2024. 6. 14.〉

1. 해당 국가지정문화유산의 종류, 명칭 및 소재지
2. 해당 문화유산이 있는 지역의 위치
3. 공개가 제한되는 기간 및 지역
4. 공개가 제한되는 사유
5. 공개 제한 위반 시의 제재 내용
6. 제1호부터 제5호까지의 사항 외의 추가적인 정보를 제공하는 인터넷 홈페이지의 주소

② 법 제48조제3항에 따라 공개 제한을 통보받은 시·도지사 또는 시장·군수·구청장은 공개가 제한되는 문화유산 주변에 제1항 각 호의 사항을 적은 안내판을 설치하여야 한다. 다만, 국가유산청장이 직접 관리하고 있는 국가지정문화유산의 공개를 제한하는 경우에는 국가유산청장이 안내판을 설치하여야 한다. 〈개정 2013. 11. 18., 2024. 6. 14.〉

③ 국가유산청장은 법 제48조제4항에 따라 국가지정문화유산의 공개 제한을 해제하면 다음 각 호의 사항을 고시해야 한다. 〈개정 2021. 11. 16., 2024. 6. 14.〉

1. 해당 국가지정문화유산의 종류, 명칭 및 소재지
2. 공개 제한이 해제되는 지역
3. 공개 제한이 해제되는 사유

④ 법 제48조제4항에 따라 공개 제한의 해제 통보를 받은 시·도지사 또는 시장·군수·구청장은 제2항에 따른 안내판을 철거하여야 한다. 다만, 국가유산청장이 직접 관리하고 있는 국가지정문화유산의 공개 제한을 해제하는 경우에는 국가유산청장이 안내판을 철거하여야 한다. 〈개정 2013. 11. 18., 2024. 6. 14.〉

[제목개정 2024. 6. 14.]

제31조(공개 제한지역 출입의 허가) ① 국가유산청장은 법 제48조제5항에 따라 공개가 제한되는 지역에 출입하려는 자가 다음 각 호의 어느 하나에 해당하면 그 출입을 허가할 수 있다. 〈개정 2024. 6. 14.〉

1. 문화유산 수리·관리를 위하여 필요한 경우

2. 문화유산 보호·보존을 위한 학술조사에 필요한 경우

3. 그 밖에 국가유산청장이 해당 문화유산의 보존·활용을 위하여 필요하다고 인정하는 경우

② 제1항에 따른 허가를 받으려는 자는 별지 제63호서식의 출입허가신청서(전자문서로 된 신청서를 포함한다)를 시장·군수·구청장 및 시·도지사를 거쳐 국가유산청장에게 제출하여야 한다. 다만, 국가유산청장이 직접 관리하고 있는 국가지정문화유산의 출입 허가를 받으려는 경우에는 시장·군수·구청장 및 시·도지사를 거치지 아니하고 직접 국가유산청장에게 제출하여야 한다. 〈개정 2013. 11. 18., 2024. 6. 14.〉

③ 국가유산청장은 제1항에 따라 공개가 제한되는 지역에 출입을 허가하는 경우 별지 제63호의2서식의 출입허가서를 신청인에게 발급하여야 한다. 〈신설 2015. 1. 29., 2024. 6. 14.〉

제31조의2(관람료의 감면) ① 국가유산청장은 국가유산청장이 직접 관리하는 국가지정문화유산을 공개하는 경우에는 법 제49조제3항에 따라 다음 각 호의 어느 하나에 해당하는 사람에 대하여 관람료를 감면할 수 있다. 〈개정 2024. 6. 14.〉

1. 국빈·외교사절단 및 그 수행자

2. 장애인 및 국가유공자

3. 해당 문화유산이 소재하는 시·군·구(자치구로 한정한다)의 주민

4. 그 밖에 국가유산청장이 관람료를 감면하는 것이 필요하다고 인정하는 사람

② 제1항에 따라 관람료를 감면하는 경우 그 감면율에 대해서는 국가유산청장이 정한다. 〈개정 2024. 6. 14.〉

③ 영 제30조제1항 각 호 외의 부분에서 "문화체육관광부령으로 정하는 지원신청서"란 별지 제64호서식의 문화유산 관람료 감면 비용 지원신청서를 말한다. 〈신설 2023. 5. 3., 2024. 6. 14.〉

[본조신설 2014. 12. 30.]

제32조 삭제 〈2016. 2. 29.〉

제33조(보조금) ① 법 제51조제1항에 따른 국가의 보조를 받으려는 자는 별지 제66호서식의 단위사업별 예산신청서를 국가유산청장에게 제출하여야 한다. 〈개정 2024. 6. 14.〉

② 국가유산청장은 법 제51조에 따라 보조금 교부를 결정하면 보조금 교부를 신청한 자에게 별지 제67호서식의 국고보조금 교부결정 통지서에 따라 보조금 교부 결정 사실을 지체 없이 알려야 한다. 〈개정 2024. 6. 14.〉

③ 법 제51조에 따른 보조금을 교부받은 자는 국가유산청장이 정하는 바에 따라 보조금 집행을 완료하거나 회계연도가 종료되면 별지 제68호서식의 국고보조사업 실적보고서(전자문서로 된 보고서를 포함한다)를 국가유산청장에게 제출하여야 한다. 〈개정 2019. 12. 24., 2024. 6. 14.〉

④ 국가유산청장은 법 제51조제2항에 따라 문화유산의 수리나 그 밖의 공사를 감독하는 경우에는 그 소속 직원 중에서 감독관을 지정할 수 있다. 〈개정 2024. 6. 14.〉

제34조 삭제 〈2024. 9. 13.〉

제35조 삭제 〈2024. 9. 13.〉

제36조 삭제 〈2024. 9. 13.〉

제37조 삭제 〈2024. 9. 13.〉

제38조 삭제 〈2024. 9. 13.〉

제39조 삭제 〈2024. 9. 13.〉

제40조 삭제 〈2024. 9. 13.〉

제41조 삭제 〈2024. 9. 13.〉

제41조의2 삭제 〈2024. 9. 13.〉

제42조 삭제 〈2019. 12. 24.〉

제43조(일반동산문화유산의 수출이나 반출에 관한 절차 등) ① 법 제60조제1항 각 호 외의 부분 본문 또는 같은 항 제1호에 따라 일반동산문화유산의 반출 허가를 받으려는 자는 반출 예정일 1개월 전에 관세청장이 운영·관리하는 전산시스템을 통하여 별지 제28호서식의 문화유산 국외 반출 허가신청서(전자문서로 된 신청서를 포함한다)에 다음 각 호의 서류를 첨부하여 국가유산청장에게 제출해야 한다. 〈개정 2024. 6. 14., 2025. 1. 24.〉

1. 보험증서 사본
2. 소유자 동의서
3. 전시계획서 또는 조사·연구계획서

② 국가유산청장은 법 제60조제1항 각 호 외의 부분 본문 또는

같은 항 제1호에 따라 일반동산문화유산의 반출 허가를 한 경우에는 별지 제28호의2서식의 문화유산 국외 반출 허가서를 신청인에게 발급해야 한다. 〈개정 2024. 6. 14.〉

③ 법 제60조제1항 각 호 외의 부분 본문 또는 같은 항 단서(제1호의 경우로 한정한다)에 따라 일반동산문화유산의 반출을 허가받은 자가 그 반출 기간의 연장을 신청하려면 관세청장이 운영·관리하는 전산시스템을 통하여 별지 제29호서식의 국외 반출 문화유산 반출 기간 연장 허가신청서(전자문서로 된 신청서를 포함한다)에 다음 각 호의 서류를 첨부하여 국가유산청장에게 제출해야 한다. 〈개정 2021. 11. 16., 2024. 6. 14., 2025. 1. 24.〉

1. 보험증서 사본
2. 소유자 동의서
3. 전시계획서 또는 조사·연구계획서

④ 국가유산청장은 제3항의 신청을 받아 일반동산문화유산의 반출 기간의 연장을 허가한 경우에는 별지 제29호의2서식의 문화유산 국외 반출 기간 연장 허가서를 신청인에게 발급해야 한다. 〈개정 2021. 11. 16., 2024. 6. 14.〉

⑤ 법 제60조제1항제2호에 따라 일반동산문화유산의 반출 허가를 받으려는 자는 반출 예정일 1개월 전에 관세청장이 운영·관리하는 전산시스템을 통하여 별지 제76호서식의 국외박물관 등 구입·기증 문화유산 국외 반출 허가신청서에 다음 각 호의 서류를 첨부하여 국가유산청장에게 제출해야 한다. 〈개정 2021. 11. 16., 2024. 6. 14., 2025. 1. 24.〉

1. 취득 경위서
2. 문화유산 반출국가 인증서
3. 삭제 〈2025. 1. 24.〉
4. 보험증서 사본
5. 전시계획서 또는 조사·연구계획서
6. 「멸종위기에 처한 야생동식물종의 국제거래에 관한 협약」(CITES) 허가서(해당하는 경우에만 제출한다)

⑥ 제5항에 따른 국외박물관 등 구입·기증 문화유산 국외 반출 허가신청서를 제출받은 국가유산청장은 「전자정부법」 제36조제1항에 따른 행정정보의 공동이용을 통하여 다음 각 호의 서류를 확인해야

한다. 다만, 신청인이 제2호에 따른 서류의 확인에 동의하지 않는 경우에는 해당 서류를 첨부하도록 해야 한다. 〈신설 2025. 1. 24.〉

1. 법인 등기사항증명서

2. 사업자등록증명

⑦ 국가유산청장은 법 제60조제1항제2호에 따라 일반동산문화유산의 반출 허가를 한 경우에는 별지 제77호서식의 국외박물관 등 구입·기증 문화유산 국외 반출 허가서를 신청인에게 발급해야 한다. 〈개정 2021. 11. 16., 2024. 6. 14., 2025. 1. 24.〉

⑧ 법 제60조제4항에 따라 반출했던 일반동산문화유산의 반입을 신고하려는 자는 반입한 날부터 15일 이내에 관세청장이 운영·관리하는 전산시스템을 통하여 별지 제36호서식의 문화유산 국내 반입신고서를 국가유산청장에게 제출해야 한다. 〈신설 2021. 11. 16., 2024. 6. 14., 2025. 1. 24.〉

⑨ 법 제60조제8항에 따른 구체적 심사기준은 다음 각 호와 같다. 〈개정 2021. 11. 16., 2024. 6. 14., 2025. 1. 24.〉

1. 해당 문화유산의 전시 또는 조사·연구의 필요성 및 예상되는 효과

2. 해당 문화유산의 국외 반출 빈도 및 기간

3. 전시 또는 조사·연구의 기간, 장소 및 환경의 적정성 여부

4. 반출 기간 동안의 보안, 방범 등 적정한 안전관리대책의 마련 여부

5. 포장, 이송 시의 안전성 여부

6. 반출 허가 또는 반출 기간 연장 허가 신청자의 문화유산 관련 법령 등 위반 여부

7. 그 밖에 보험가입 등 반출 허가에 필요한 사항의 구비 여부

[전문개정 2020. 5. 27.]

[제목개정 2024. 6. 14.]

제44조 삭제 〈2016. 2. 29.〉

제45조(감정 요령) 영 제37조제1항에 따른 감정의 요령은 다음 각 호와 같다. 〈개정 2016. 2. 29., 2019. 12. 24., 2024. 6. 14.〉

1. 감정이 의뢰된 동산이 영 제36조에 따른 일반동산문화유산의 범위에 속하는지를 확인할 것

2. 법 제60조의2제1항에 따른 문화유산감정위원(이하 "문화유산

감정위원"이라 한다)의 주관을 배제하고 객관적인 근거에 따라 보편타당하게 감정·평가할 것

3. 단독으로 감정하기 곤란한 경우에는 2명 이상의 문화유산감정위원이 같은 장소 또는 정보통신망을 이용한 화상감정시스템을 활용하여 각각 다른 장소에서 공동으로 감정할 것

제46조 삭제 〈2016. 2. 29.〉

제47조(수당의 지급) 국가유산청장은 공무원이 아닌 문화유산감정위원이 영 제37조에 따라 감정을 하는 경우에는 예산의 범위에서 수당을 지급할 수 있다. 〈개정 2016. 2. 29., 2024. 6. 14.〉

제48조(비문화유산의 확인) ① 법 제60조제5항에 따라 일반동산문화유산으로 오인될 우려가 있는 동산을 비문화유산으로 확인받아 국외로 반출하려는 자는 포장 또는 적재하기 전에 그 대상물과 함께 별지 제78호서식의 비문화유산 국외 반출 확인신청서를 국가유산청장에게 제출해야 한다. 〈개정 2018. 12. 13., 2024. 6. 14.〉

② 국가유산청장은 제1항에 따라 접수한 확인 대상물이 일반동산문화유산이 아님이 확인되면 별지 제78호의2서식의 비문화유산 국외반출 확인서를 신청인에게 내주어야 한다. 이 경우 여행자가 직접 휴대하여 반출하려는 경우에는 별표 3에 따른 비문화유산 확인표지를 해당 확인 대상물에 붙여야 한다. 〈개정 2016. 2. 29., 2018. 12. 13., 2024. 6. 14.〉

③ 삭제 〈2018. 12. 13.〉

④ 국가유산청장은 별지 제79호의2서식의 문화유산감정대장을 연도별로 작성·관리하여야 한다. 〈신설 2013. 11. 18., 2024. 6. 14.〉

[제목개정 2024. 6. 14.]

제49조(일반동산문화유산에 대한 조사 기록) 법 제61조제1항에 따라 일반동산문화유산을 조사하는 공무원은 그 조사 결과를 별지 제80호서식과 별지 제81호서식에 기록하여야 한다. 〈개정 2024. 6. 14.〉

[제목개정 2024. 6. 14.]

제49조의2(일반동산문화유산의 발견신고 등) 법 제61조의2제1항 및 영 제38조의2제1항에 따라 일반동산문화유산이 발견된 사실을 신고하려는 자는 별지 제81호의2서식의 일반동산문화유산 발견 신고서에 다음 각 호의 서류를 첨부하여 국가유산청장에게 제출해야 한다.

1. 발견된 일반동산문화유산의 사진

2. 영 제38조의3제1항 각 호에 해당하는 자료(일반동산문화유산이 발견된 건조물 등을 소유 또는 점유한 자가 해당 일반동산문화유산의 소유자임을 주장하는 경우에만 제출한다)

[본조신설 2024. 7. 24.]

제50조(국가 및 지방자치단체의 경비 보조) 국가나 지방자치단체가 법 제72조제2항에 따른 경비를 보조할 때에는 제33조제1항에 따른 신청절차를 준용한다.

제51조(시 · 도지정문화유산 지정 등의 보고) 시 · 도지사는 법 제73조제1항 및 영 제40조에 따라 보고를 하는 경우에는 다음 각 호의 구분에 따른 사항을 포함해야 한다. 〈개정 2016. 2. 29., 2019. 12. 24., 2021. 11. 16., 2024. 6. 14., 2024. 9. 13.〉

1. 법 제73조제1항제1호에 따른 시 · 도지정문화유산이나 문화유산자료의 지정에 관한 보고

가. 문화유산의 종류, 명칭, 지정 연월일, 수량, 소재지 또는 보관 장소

나. 문화유산의 소유자, 점유자 또는 관리자의 성명 및 주소

다. 소재지나 보관 장소의 소유자, 점유자 또는 관리자의 성명 및 주소(보호물 · 보호구역을 지정한 경우에는 그 수량 또는 구역과 소유자, 점유자 또는 관리자의 성명 및 주소)

라. 작자, 유래, 전설 및 현상에 관한 설명

마. 재료, 품질, 구조, 형식, 크기 및 형태

바. 사진, 도면, 녹음물 및 기록물

사. 관리 및 보호상 필요한 제한 또는 금지에 관한 사항

2. 법 제73조제1항제1호에 따른 시 · 도지정문화유산이나 문화유산자료의 지정 해제에 관한 보고

가. 문화유산의 종류, 명칭, 수량, 소재지 또는 보관 장소

나. 문화유산의 소유자, 점유자 또는 관리자의 성명 및 주소

다. 해제의 사유 및 연월일

3. 삭제 〈2024. 9. 13.〉

4. 삭제 〈2024. 9. 13.〉

5. 법 제73조제1항제3호에 따른 시 · 도지정문화유산 또는 문화유산자료의 소재지나 보관 장소의 변경에 관한 보고

가. 문화유산의 종류, 명칭 및 수량

나. 문화유산의 소유자, 점유자 또는 관리자의 성명 및 주소
다. 변경의 사유 및 연월일
라. 변경 전후의 소재지 또는 보관 장소
마. 사진 및 도면

6. 법 제73조제1항제4호에 따른 시·도지정문화유산 또는 문화유산자료의 멸실, 유실, 도난 또는 훼손에 관한 보고
가. 문화유산의 종류, 명칭, 수량, 소재지 또는 보관 장소
나. 문화유산의 소유자, 점유자 또는 관리자의 성명 및 주소
다. 멸실, 유실, 도난 또는 훼손의 연월일, 원인, 경위 및 현황
라. 멸실, 유실, 도난 또는 훼손에 대한 조치의 내용
마. 사진 및 도면

[제목개정 2024. 6. 14.]

제52조(문화유산매매업의 허가절차) ① 법 제75조제1항 및 영 제41조제2항에 따라 문화유산매매업 허가를 받으려는 자는 별지 제82호서식의 문화유산매매업 허가신청서(전자문서로 된 신청서를 포함한다)에 제53조에 따른 자격 요건 증명서류(전자문서를 포함한다)를 첨부하여 특별자치시장·특별자치도지사, 시장·군수·구청장에게 제출하여야 한다. 〈개정 2015. 1. 29., 2024. 6. 14.〉

② 특별자치시장·특별자치도지사, 시장·군수·구청장은 문화유산매매업을 허가하면 별지 제83호서식의 문화유산매매업 허가대장에 적고, 문화유산매매업 허가신청인에게 별지 제84호서식의 문화유산매매업 허가증을 내주어야 한다. 〈개정 2015. 1. 29., 2024. 6. 14.〉

③ 영 제41조제3항에 따른 실태 신고서는 별지 제85호서식에 따른다.

[제목개정 2024. 6. 14.]

제52조의2(문화유산매매업의 변경신고) ① 법 제75조제4항에 따라 문화유산매매업 허가를 받은 자가 변경신고를 하려는 경우에는 변경사유가 발생한 날부터 20일 이내에 별지 제85호의2서식의 문화유산매매업 변경신고서(전자문서로 된 신고서를 포함한다)에 다음 각 호의 서류를 첨부하여 특별자치시장·특별자치도지사, 시장·군수·구청장에게 제출해야 한다. 〈개정 2020. 5. 27., 2024. 6. 14.〉

1. 문화유산매매업 허가증

2. 변경 사실을 확인할 수 있는 서류

② 특별자치시장, 특별자치도지사, 시장·군수·구청장은 제1항에 따른 신고서를 받으면 「전자정부법」 제36조제1항에 따른 행정정보의 공동이용을 통하여 사업자등록증명을 확인해야 한다. 다만, 신고인이 사업자등록증명의 확인에 동의하지 않는 경우에는 그 서류를 첨부하게 해야 한다. 〈신설 2023. 12. 26.〉

③ 특별자치시장·특별자치도지사, 시장·군수·구청장은 제1항에 따른 문화유산매매업 변경신고서를 수리하면 별지 제83호서식의 문화유산매매업 허가대장에 변경사항을 적고, 변경사항을 반영한 별지 제84호서식의 문화유산매매업 허가증을 변경신고인에게 다시 교부해야 한다. 〈개정 2023. 12. 26., 2024. 6. 14.〉

[본조신설 2018. 12. 13.]

[제목개정 2024. 6. 14.]

제52조의3(문화유산매매업의 지위승계 신고) ① 법 제75조의2제2항에 따라 문화유산매매업의 지위승계 신고를 하려는 자는 승계받은 날부터 20일 이내에 별지 제85호의3서식의 문화유산매매업 지위승계 신고서(전자문서로 된 신고서를 포함한다)에 다음 각 호의 서류를 첨부하여 특별자치시장, 특별자치도지사, 시장·군수·구청장에게 제출해야 한다. 〈개정 2024. 6. 14.〉

1. 문화유산매매업 허가증
2. 지위승계를 증명하는 서류
3. 문화유산매매업의 자격 요건을 증명하는 서류
4. 위임인의 자필서명이 있는 위임인의 신분증명서 사본 및 위임장(양수인이 문화유산매매업의 지위승계 신고를 위임한 경우만 해당한다)

② 특별자치시장, 특별자치도지사, 시장·군수·구청장은 제1항에 따른 문화유산매매업의 승계신고를 수리한 경우 별지 제83호서식의 문화유산매매업 허가대장에 변경사항을 적고, 변경사항을 반영한 별지 제84호서식의 문화유산매매업 허가증을 신고인에게 발급해야 한다. 〈개정 2024. 6. 14.〉

[본조신설 2020. 5. 27.]

[제목개정 2024. 6. 14.]

제53조(자격 요건 증명서류 등) ① 법 제76조제1항에 따른 자격 요

건에 해당하는 사실을 증명하는 서류는 다음 각 호의 구분에 따른 서류로 한다. 〈개정 2020. 5. 27., 2024. 6. 14.〉

1. 법 제76조제1항제1호에 해당하는 사람: 해당 경력증명서 또는 재직증명서

2. 법 제76조제1항제2호에 해당하는 사람: 해당 성적증명서

3. 법 제76조제1항제3호에 해당하는 사람: 해당 성적증명서 또는 학점인정서

4. 법 제76조제1항제4호에 해당하는 사람: 해당 문화유산매매업 허가증 사본과 해당 경력증명서 또는 재직증명서

② 법 제76조제1항제2호 및 제3호에 해당하는 사람은 역사학 · 고고학 · 인류학 · 미술사학 · 민속학 · 서지학 · 전통공예학 또는 문화유산관리학 계통의 전공과목을 18학점 이상 이수해야 한다. 〈신설 2020. 5. 27., 2024. 6. 14.〉

[제목개정 2020. 5. 27.]

제54조(박물관 · 미술관의 범위) 법 제76조제1항제1호에 따른 박물관 또는 미술관의 범위는 「박물관 및 미술관 진흥법」에 따라 등록된 박물관 또는 미술관을 말한다.

제55조(문화유산 매매 · 교환 등에 관한 장부의 검인) ① 법 제78조에 따른 문화유산 매매 · 교환 등에 관한 장부(이하 "문화유산매매장부"라 한다)는 별지 제86호서식에 따른다. 〈개정 2024. 6. 14.〉

② 문화유산매매업자는 문화유산매매장부를 다음 해 1월 31일(폐업하는 경우에는 폐업신고를 하는 날을 말한다)까지 특별자치시장 · 특별자치도지사 · 시장 · 군수 · 구청장에게 검인받아야 한다. 〈개정 2015. 1. 29., 2024. 6. 14.〉

③ 제2항에 따라 특별자치시장 · 특별자치도지사 · 시장 · 군수 · 구청장의 검인을 받으려는 자는 별지 제87호서식의 문화유산매매장부 검인 신청서를 특별자치시장 · 특별자치도지사 · 시장 · 군수 · 구청장에게 제출하여야 하며, 그 검인은 별표 4에 따른다. 〈개정 2015. 1. 29., 2024. 6. 14.〉

④ 문화유산매매업자는 특별자치시장 · 특별자치도지사 · 시장 · 군수 · 구청장의 검인을 받은 문화유산매매장부에 대하여 그 검인을 받은 날부터 5년 동안은 특별자치시장 · 특별자치도지사 · 시장 · 군수 · 구청장의 승인 없이 문화유산매매장부를 파기하거나 양도하지 못한

다. 〈개정 2015. 1. 29., 2024. 6. 14.〉

[제목개정 2024. 6. 14.]

제56조(폐업신고) ① 법 제79조에 따라 문화유산매매업의 폐업신고를 하려는 자는 별지 제88호서식의 문화유산매매업 폐업신고서(전자문서로 된 신고서를 포함한다)에 다음 각 호의 서류를 첨부하여 특별자치시장·특별자치도지사·시장·군수·구청장에게 제출하여야 한다. 〈개정 2022. 11. 21., 2024. 6. 14.〉

1. 문화유산매매업 허가증
2. 제55조제2항에 따라 검인받은 문화유산매매장부

② 제1항에 따라 폐업신고를 하려는 자가 「부가가치세법」 제8조제8항에 따른 폐업신고를 같이 하려는 경우에는 제1항에 따른 문화유산매매업 폐업신고서에 「부가가치세법 시행규칙」 별지 제9호서식의 폐업신고서를 함께 제출해야 한다. 이 경우 특별자치시장·특별자치도지사·시장·군수·구청장은 함께 제출받은 폐업신고서를 지체 없이 관할 세무서장에게 송부(정보통신망을 이용한 송부를 포함한다)해야 한다. 〈신설 2022. 11. 21., 2024. 6. 14.〉

③ 관할 세무서장이 「부가가치세법 시행령」 제13조제5항에 따라 같은 조 제1항에 따른 폐업신고를 받아 이를 해당 특별자치시장·특별자치도지사·시장·군수·구청장에 송부한 경우에는 관할 세무서장이 폐업신고를 받은 때에 제1항에 따른 폐업신고서가 제출된 것으로 본다. 〈신설 2022. 11. 21.〉

[전문개정 2015. 1. 29.]

제57조(행정처분기준) ① 법 제80조제2항에 따른 세부적인 행정처분기준은 별표 5와 같다.

② 특별자치시장·특별자치도지사·시장·군수·구청장은 법 제80조제1항에 따라 행정처분을 하면 별지 제83호서식의 문화유산매매업 허가대장에 그 처분 내용 등을 기록·관리하여야 한다. 〈개정 2015. 1. 29., 2024. 6. 14.〉

제58조(지역문화유산돌봄센터의 지정 신청 등) ① 법 제80조의5제1항에 따른 지역문화유산돌봄센터(이하 "지역문화유산돌봄센터"라 한다)로 지정을 받으려는 자는 별지 제88호의2서식의 지역문화유산돌봄센터 지정 신청서에 다음 각 호의 서류를 첨부하여 시·도지사에게 제출해야 한다. 〈개정 2024. 6. 14.〉

1. 지역문화유산돌봄센터 사업계획서
2. 시설 보유 현황

② 영 제41조의5제4항에 따른 지역문화유산돌봄센터 지정서는 별지 제88호의3서식에 따른다. 〈개정 2024. 6. 14.〉

[본조신설 2021. 4. 13.]

[제목개정 2024. 6. 14.]

제58조의2(전문교육) ① 법 제80조의7제1항에 따른 전문교육(이하 "전문교육"이라 한다)의 내용은 다음 각 호와 같다. 〈개정 2024. 6. 14.〉

1. 법 제80조의3제1항에 따른 문화유산돌봄사업(이하 "문화유산돌봄사업"이라 한다)을 위한 행정
2. 문화유산의 모니터링 방법
3. 문화유산의 일상적인 관리 방법 및 경미한 손상의 수리 방법
4. 그 밖에 문화유산돌봄사업을 실시하기 위하여 국가유산청장이 필요하다고 인정하는 사항

② 전문교육은 집합교육 또는 정보통신망을 활용한 온라인 교육으로 실시할 수 있다.

③ 국가유산청장은 전문교육에 관한 연간계획을 수립하고 매년 1월 31일까지 지역문화유산돌봄센터의 장에게 알려야 한다. 〈개정 2024. 6. 14.〉

④ 국가유산청장은 법 제80조의7제2항에 따라 전문교육을 국가유산청장이 지정하는 기관 또는 단체에 위탁할 수 있다. 〈개정 2024. 6. 14.〉

⑤ 국가유산청장은 제4항에 따라 전문교육을 위탁한 경우에는 수탁기관의 명칭 및 위탁업무의 내용을 고시해야 한다. 〈개정 2024. 6. 14.〉

⑥ 제4항에 따라 전문교육을 위탁받은 기관(이하 "전문교육기관"이라 한다)의 장은 전문교육을 실시하려는 경우에는 교육일시, 교육장소 등 교육 실시에 필요한 사항을 그 교육 실시 30일 전까지 전문교육기관의 인터넷 홈페이지 등에 공고해야 한다.

⑦ 전문교육기관의 장은 전문교육을 실시한 경우 그 교육 결과를 지체 없이 국가유산청장에게 보고해야 한다. 〈개정 2024. 6. 14.〉

⑧ 전문교육기관의 장은 전문교육 이수자 명단과 이수자의 교육

이수를 확인할 수 있는 서류를 3년간 보존해야 한다.

⑨ 전문교육기관의 장은 전문교육을 위하여 필요하다고 인정하는 경우에는 지역문화유산돌봄센터의 장에게 종사자의 교육 참여에 필요한 협조를 요청할 수 있다. 〈개정 2024. 6. 14.〉

⑩ 제1항부터 제9항까지에서 규정한 사항 외에 전문교육에 필요한 사항은 국가유산청장이 정하여 고시한다. 〈개정 2024. 6. 14.〉

[본조신설 2021. 4. 13.]

제59조(제보 조서) 영 제44조에 따라 제보를 받은 수사기관이 작성하는 제보 조서는 별지 제89호서식에 따른다.

제60조(포상금의 지급등급기준) 영 제45조제2항에 따른 포상금의 지급등급기준은 별표 6과 같다.

제61조(포상금의 청구) ① 국가유산청장은 법 제90조부터 제92조까지 또는 「매장유산 보호 및 조사에 관한 법률」 제31조의 죄를 범한 자나 그 미수범이 기소유예 처분을 받거나 유죄판결이 확정된 경우 그 자를 수사기관에 제보한 자와 체포에 공로가 있는 자에게 포상금 신청 절차와 지급기준 등을 알려야 한다. 〈신설 2013. 11. 18., 2024. 6. 14.〉

② 법 제86조제1항에 따른 포상금을 받으려는 사람은 별지 제90호서식의 포상금 청구서(전자문서로 된 청구서를 포함한다)를 국가유산청장에게 제출하여야 한다. 〈개정 2013. 11. 18., 2024. 6. 14.〉

③ 제2항에 따라 포상금을 청구하려는 사람이 2명 이상이면 연명(連名)으로 하여야 한다. 이 경우 영 제46조제2항 단서에 따라 포상금의 배분액을 미리 합의한 경우에는 그 합의된 사항을 적은 서류를 포상금 청구서에 첨부하여야 한다. 〈개정 2013. 11. 18.〉

제62조(도난물품 등의 공고) 법 제87조제5항제2호에 따른 공고는 해당 문화유산이 도난물품 또는 유실물(遺失物)이라는 사실(문화유산의 식별이 가능한 사진을 포함한다)을 국가유산청장이 국가유산청 홈페이지에 게재하는 방법으로 한다. 〈개정 2015. 12. 23., 2024. 6. 14.〉

제63조(규제의 재검토) 국가유산청장은 다음 각 호의 사항에 대하여 다음 각 호의 기준일을 기준으로 3년마다(매 3년이 되는 해의 기준일과 같은 날 전까지를 말한다) 그 타당성을 검토하여 개선 등의 조치를 하여야 한다. 〈개정 2024. 6. 14.〉

1. 제48조에 따른 비문화유산의 확인: 2018년 1월 1일
2. 제55조에 따른 문화유산 매매·교환 등에 관한 장부의 검인 등: 2018년 1월 1일
[전문개정 2017. 12. 20.]

부칙 〈제76호, 2011. 2. 1.〉

제1조(시행일) 이 규칙은 2011년 2월 5일부터 시행한다.

제2조(행정처분 등에 대한 일반적 경과조치) 이 규칙 시행 당시 종전의 규정에 따른 행정기관의 행위나 행정기관에 대한 행위는 그에 해당하는 이 규칙에 따른 행정기관의 행위나 행정기관에 대한 행위로 본다.

제3조(다른 법령과의 관계) 이 규칙 시행 당시 다른 법령에서 종전의 「문화재보호법 시행규칙」의 규정을 인용한 경우에 이 규칙 가운데 그에 해당하는 규정이 있으면 종전의 규정을 갈음하여 이 규칙의 해당 규정을 인용한 것으로 본다.

부칙 〈제119호, 2012. 6. 21.〉

이 규칙은 2012년 7월 27일부터 시행한다.

부칙 〈제155호, 2013. 11. 18.〉

이 규칙은 공포한 날부터 시행한다.

부칙 〈제163호, 2013. 12. 31.〉 (행정규제기본법 개정에 따른 규제 재검토기한 설정을 위한 문화재보호법 시행규칙 등 일부개정령)

이 규칙은 2014년 1월 1일부터 시행한다.

부칙 〈제192호, 2014. 12. 30.〉

이 규칙은 공포한 날부터 시행한다. 다만, 제31조의2의 개정규정은 2015년 1월 29일부터 시행한다.

부칙 〈제200호, 2015. 1. 29.〉

제1조(시행일) 이 규칙은 2015년 1월 29일부터 시행한다.

제2조(서식에 관한 경과조치) 이 규칙 시행 당시 종전의 규정에 따라 사용 중인 서식은 계속하여 사용하되, 이 규칙에 따라 개정된 부분은 수정하여 사용한다.

부칙 〈제232호, 2015. 12. 23.〉
이 규칙은 공포한 날부터 시행한다.

부칙 〈제246호, 2016. 2. 29.〉 (법령서식 개선을 위한 문화재보호법 시행규칙 등 일부개정령)
이 규칙은 공포한 날부터 시행한다.

부칙 〈제247호, 2016. 2. 29.〉
제1조(시행일) 이 규칙은 2016년 3월 28일부터 시행한다.
제2조(감정 의뢰 및 회보에 관한 경과조치) 이 규칙 시행 전에 종전의 제46조에 따라 행하여진 감정 의뢰에 대한 감정 결과 회보에 관하여는 종전의 규정에 따른다.

부칙 〈제260호, 2016. 6. 22.〉
이 규칙은 2016년 8월 4일부터 시행한다.

부칙 〈제285호, 2017. 2. 13.〉
제1조(시행일) 이 영은 공포한 날부터 시행한다.
제2조(문화재 등록의 신청에 관한 적용례) 제35조의 개정규정은 이 규칙 시행 이후 문화재의 소유자, 관리자 또는 해당 문화재의 소재지를 관할하는 지방자치단체의 장이 해당 문화재의 등록을 신청하는 경우부터 적용한다.

부칙 〈제292호, 2017. 4. 6.〉
이 규칙은 공포한 날부터 시행한다.

부칙 〈제300호, 2017. 6. 30.〉
제1조(시행일) 이 규칙은 공포한 날부터 시행한다.
제2조(다른 법령의 개정) 문화재청과 그 소속기관 직제 시행규칙 일

부를 다음과 같이 개정한다.
제6조제4항제7호부터 제11호까지 중 "중요민속문화재"를 각각 "국가민속문화재"로 한다.
제8조제6항제1호부터 제7호까지 및 제15호 중 "중요민속문화재"를 각각 "국가민속문화재"로 한다.

부칙 〈제313호, 2017. 12. 20.〉
이 규칙은 2018년 1월 1일부터 시행한다.

부칙 〈제319호, 2018. 3. 12.〉
이 규칙은 공포한 날부터 시행한다. 다만, 제3조 각 호 외의 부분, 제3조의2 및 별표 1의2의 개정규정은 2018년 3월 22일부터 시행한다.

부칙 〈제327호, 2018. 5. 29.〉
이 규칙은 2018년 5월 29일부터 시행한다. 다만, 제35조제1호 및 별지 제69호서식의 개정규정은 공포한 날부터 시행한다.

부칙 〈제343호, 2018. 12. 13.〉
이 규칙은 2018년 12월 13일부터 시행한다.

부칙 〈제371호, 2019. 10. 7.〉 (어려운 법령용어 정비를 위한 18개 법령의 일부개정에 관한 문화체육관광부령)
이 규칙은 공포한 날부터 시행한다.

부칙 〈제378호, 2019. 12. 24.〉
제1조(시행일) 이 규칙은 2019년 12월 25일부터 시행한다. 다만, 제42조, 제45조제1호 및 별표 2의 개정규정은 2020년 4월 1일부터 시행한다.
제2조(국가등록문화재 등록 신청에 관한 적용례) 제35조제2항의 개정규정은 이 규칙 시행 이후 문화재의 소유자 또는 관리자가 국가등록문화재 등록신청서를 제출하는 경우부터 적용한다.

부칙 〈제391호, 2020. 5. 27.〉

제1조(시행일) 이 규칙은 2020년 5월 27일부터 시행한다. 다만, 제20조, 제43조, 별지 제28호서식, 별지 제28호의2서식, 별지 제29호서식, 별지 제29호의2서식, 별지 제30호서식, 별지 제30호의2서식, 별지 제36호서식, 별지 제76호서식 및 별지 제77호서식의 개정규정은 2020년 11월 27일부터 시행한다.

제2조(다른 법령의 개정) 국립박물관 소장유물 대여 규칙 일부를 다음과 같이 개정한다.

제4조 중 "가지정문화재(假指定文化財)"를 "임시지정문화재"로 한다.

부칙 〈제417호, 2020. 12. 4.〉

이 규칙은 2020년 12월 10일부터 시행한다.

부칙 〈제436호, 2021. 4. 13.〉

이 규칙은 2021년 6월 10일부터 시행한다. 다만, 제7조, 제26조 및 별지 제3호의2서식의 개정규정은 공포한 날부터 시행한다.

부칙 〈제460호, 2021. 11. 16.〉

제1조(시행일) 이 규칙은 2021년 11월 19일부터 시행한다.

제2조(다른 법령의 개정) 무형문화재 보전 및 진흥에 관한 법률 시행규칙 일부를 다음과 같이 개정한다.

별지 제8호서식 앞쪽 중 "지정번호"를 "관리번호"로 한다.

부칙 〈제470호, 2022. 1. 21.〉 (국민 편의를 높이는 서식 정비를 위한 3개 법령의 일부개정에 관한 문화체육관광부령)

이 규칙은 공포한 날부터 시행한다.

부칙 〈제494호, 2022. 11. 21.〉

이 규칙은 공포한 날부터 시행한다. 다만, 별지 제6호서식부터 별지 제9호서식까지 및 별지 제73호의 개정서식은 공포 후 6개월이 경과한 날부터 시행한다.

부칙 〈제511호, 2023. 5. 3.〉

이 규칙은 2023년 5월 4일부터 시행한다.

부칙 〈제530호, 2023. 12. 26.〉

이 규칙은 공포한 날부터 시행한다.

부칙 〈제555호, 2024. 6. 14.〉

제1조(시행일) 이 규칙은 공포한 날부터 시행한다.

제2조(다른 법령의 개정) ① 관광진흥법 시행규칙 일부를 다음과 같이 개정한다.

제4조제9호라목을 다음과 같이 한다.

라. 다음의 어느 하나에 해당하는 한옥인지 여부

1) 「문화유산의 보존 및 활용에 관한 법률」에 따른 문화유산 또는「자연유산의 보존 및 활용에 관한 법률」에 따른 자연유산으로 지정·등록된 한옥

2) 「한옥 등 건축자산의 진흥에 관한 법률」 제10조에 따라 우수건축자산으로 등록된 한옥

별지 제3호의3서식의 한옥 건축기준란 중 "문화재"를 "문화유산·자연유산"으로 한다.

② 국립박물관 소장유물 대여 규칙 일부를 다음과 같이 개정한다.

제4조의 제목 "(지정문화재의 대여 신고 등)"을 "(지정문화유산 등의 대여 신고)"로 하고, 같은 조 제목 외의 부분 중 "「문화재보호법」에 따른 지정문화재나 임시지정문화재"를 "「문화유산의 보존 및 활용에 관한 법률」에 따른 지정문화유산·임시지정문화유산 또는 「자연유산의 보존 및 활용에 관한 법률」에 따른 천연기념물등·임시지정천연기념물·임시지정명승"으로 한다.

③ 문화체육관광부와 그 소속기관 직제 시행규칙 일부를 다음과 같이 개정한다.

제21조제4항제3호 중 "국고귀속문화재"를 "국가에 귀속된 국가유산"으로 하고, 같은 조 제5항제1호·제2호, 같은 조 제6항제1호·제2호 및 같은 조 제7항제1호·제2호 중 "문화재와"를 각각 "국가유산과"로 한다.

제22조제4항제1호 중 "국내외 문화재"를 "국가유산 및 외국유산"

으로 한다.

제23조제5항제2호 중 "국고귀속문화재"를 "국가에 귀속된 국가유산"으로 하고, 같은 항 제4호 및 제5호 중 "문화재와"를 각각 "국가유산과"로 한다.

제40조제8항제5호 중 "외국 문화재"를 "외국유산"으로 한다.

④ 문화체육관광부장관의 소속청장에 대한 지휘에 관한 규칙 일부를 다음과 같이 개정한다.

제4조제1항제1호 중 "문화재"를 "국가유산"으로 한다.

⑤ 박물관 및 미술관 진흥법 시행규칙 일부를 다음과 같이 개정한다.

별지 제13호의2서식 중 "지정문화재의 처리계획"을 "지정문화유산 및 천연기념물등의 처리계획"으로, "지정문화재 명칭"을 "명칭"으로 한다.

제3조(다른 법령과의 관계) 이 규칙 시행 당시 다른 법령에서 종전의 「문화재보호법 시행규칙」 또는 그 규정을 인용한 경우에 이 규칙 가운데 그에 해당하는 규정이 있으면 종전의 「문화재보호법 시행규칙」 또는 그 규정을 갈음하여 이 규칙 또는 이 규칙의 해당 규정을 인용한 것으로 본다.

부칙 〈제560호, 2024. 7. 24.〉

이 규칙은 2024년 7월 24일부터 시행한다. 다만, 제49조의2 및 별지 제81호의2서식의 개정규정은 2024년 9월 15일부터 시행한다.

부칙 〈제568호, 2024. 9. 13.〉 (근현대문화유산의 보존 및 활용에 관한 법률 시행규칙)

제1조(시행일) 이 규칙은 2024년 9월 15일부터 시행한다.

제2조(다른 법령의 개정) 문화유산의 보존 및 활용에 관한 법률 시행규칙 일부를 다음과 같이 개정한다.

제20조제8항 중 "등록문화유산, 시·도지정문화유산"을 "시·도지정문화유산"으로 한다.

제34조부터 제41조까지 및 제41조의2를 각각 삭제한다.

제51조제3호 및 제4호를 각각 삭제하고, 같은 조 제5호 각 목 외의 부분 및 제6호 각 목 외의 부분 중 "시·도지정문화유산, 문화유

산자료 또는 시·도등록문화유산"을 각각 "시·도지정문화유산 또는 문화유산자료"로 한다.

별지 제19호서식의 제목 "국가지정(등록)문화유산 현상변경 허가신청서"를 "국가지정문화유산 현상변경 허가신청서"로 하고, 같은 쪽 중 "국가지정문화유산의 현상변경 유형"을 "현상변경 유형"으로 하며, 같은 쪽 국가등록문화유산의 현상변경 유형(※ 법 제56조제2항에 해당하는 경우에 한정함)란을 삭제한다.

별지 제19호서식 제2쪽 중 "「문화유산의 보존 및 활용에 관한 법률」 제35조제1항제1호·제56조제2항, 같은 법 시행령 제21조·제34조 및 같은 법 시행규칙 제14조제1항·제39조에 따라 위와 같이 국가지정(등록)문화유산"을 "「문화유산의 보존 및 활용에 관한 법률」 제35조제1항제1호, 같은 법 시행령 제21조 및 같은 법 시행규칙 제14조제1항에 따라 위와 같이 국가지정문화유산"으로 한다.

별지 제22호서식 앞쪽 중 "「문화유산의 보존 및 활용에 관한 법률」 제35조·제56조제2항, 같은 법 시행령 제21조·제34조 및 같은 법 시행규칙 제14조제5항·제39조제4항"을 "「문화유산의 보존 및 활용에 관한 법률」 제35조, 같은 법 시행령 제21조 및 같은 법 시행규칙 제14조제5항"으로 하고, 같은 쪽 첨부서류란을 다음과 같이 한다.

첨부 서류	변경사항에 해당하는 서류	수수료 없음

별지 제23호서식의 제목 "국가지정(등록)문화유산 현상변경 등의 허가서"를 "국가지정문화유산 현상변경 등의 허가서"로 하고, 같은 서식 앞쪽 중 "「문화유산의 보존 및 활용에 관한 법률」 제36조·제56조제2항, 같은 법 시행령 제22조·제34조제3항 및 같은 법 시행규칙 제16조제1항·제39조제4항에 따라 위와 같이 국가지정(등록)문화유산"을 "「문화유산의 보존 및 활용에 관한 법률」 제36조, 같은 법 시행령 제22조 및 같은 법 시행규칙 제16조제1항에 따라 위와 같이 국가지정문화유산"으로 한다.

별지 제23호서식 뒤쪽 행정사항란 제2호 중 "「문화유산의 보존 및 활용에 관한 법률」 제35조 및 제56조"를 "「문화유산의 보존 및 활용에 관한 법률」 제35조"로 하고, 같은 쪽 제3호 중 "「문화유산의 보존 및 활용에 관한 법률」 제40조 및 제55조"를 "「문화유산의 보존 및 활용에 관한 법률」 제40조"로 하며, 같은 쪽 제4호 각 목 외의 부분 중 "「문화유산의 보존 및 활용에 관한 법률」 제37조제1항(같은 법 제59조제2항에서 준용하는 경우를 포함합니다)"을 "「문화유산의 보존 및 활용에 관한 법률」 제37조제1항"으로 하고, 같은 쪽 제7호 중 "전기사업법 제66조의2제2항에 따라 그 현상변경이 끝난 후 안전공사"를 "「전기안전관리법」 제13조제2항에 따라 그 현상변경이 끝난 후 한국전기안전공사"로 한다.

별지 제24호서식 앞쪽 중 "「문화유산의 보존 및 활용에 관한 법률」 제35조ㆍ제56조제2항, 같은 법 시행령 제22조ㆍ제34조제3항 및 같은 법 시행규칙 제16조제2항ㆍ제39조제4항"을 "「문화유산의 보존 및 활용에 관한 법률」 제35조, 같은 법 시행령 제22조 및 같은 법 시행규칙 제16조제2항"으로 한다.

별지 제24호서식 뒤쪽 행정사항란 제2호 중 "「문화유산의 보존 및 활용에 관한 법률」 제35조 및 제56조"를 "「문화유산의 보존 및 활용에 관한 법률」 제35조"로 하고, 같은 쪽 제3호 중 "「문화유산의 보존 및 활용에 관한 법률」 제40조 및 제55조"를 "「문화유산의 보존 및 활용에 관한 법률」 제40조"로 하며, 같은 쪽 제4호 각 목 외의 부분 중 "「문화유산의 보존 및 활용에 관한 법률」 제37조제1항(같은 법 제59조제2항에서 준용하는 경우를 포함합니다)"을 "「문화유산의 보존 및 활용에 관한 법률」 제37조제1항"으로 하고, 같은 쪽 제7호 중 "전기사업법 제66조의2제2항에 따라 그 현상변경이 끝난 후 안전공사"를 "「전기안전관리법」 제13조제2항에 따라 그 현상변경이 끝난 후 한국전기안전공사"로 한다.

별지 제28호의2서식 앞쪽 행정사항란 제3호 각 목 외의 부분 중 "「문화유산의 보존 및 활용에 관한 법률」 제37조제1항(같은 법 제59조제2항에서 준용하는 경우를 포함합니다)"을 "「문화유산의 보존 및 활용에 관한 법률」 제37조제1항"으로 한다.

별지 제29호의2서식 앞쪽 행정사항란 제1호 각 목 외의 부분 중 "「문화유산의 보존 및 활용에 관한 법률」 제37조제1항(같은 법 제59조제2항에서 준용하는 경우를 포함합니다)"을 "「문화유산의 보존 및 활용에 관한 법률」 제37조제1항"으로 한다.

별지 제31호서식의 제목 중 "국가지정(등록)문화유산"을 "국가지정문화유산"으로 하고, 같은 서식 중 "「문화유산의 보존 및 활용에 관한 법률」 제40조제1항제1호·제55조제1호, 같은 법 시행령 제23조·제33조 및 같은 법 시행규칙 제21조제1항·제38조제1호에 따라 위와 같이 국가지정(등록)문화유산"을 "「문화유산의 보존 및 활용에 관한 법률」 제40조제1항제1호, 같은 법 시행령 제23조 및 같은 법 시행규칙 제21조제1항에 따라 위와 같이 국가지정문화유산"으로 한다.

별지 제32호서식의 제목 "국가지정(등록)문화유산 등의 소유자 변경신고서"를 "국가지정문화유산 등의 소유자 변경신고서"로 하고, 같은 서식 중 "「문화유산의 보존 및 활용에 관한 법률」 제40조제1항제2호·제55조제2호, 같은 법 시행령 제23조·제33조 및 같은 법 시행규칙 제21조제2항·제38조제2호에 따라 위와 같이 국가지정(등록)문화유산"을 "「문화유산의 보존 및 활용에 관한 법률」 제40조제1항제2호, 같은 법 시행령 제23조 및 같은 법 시행규칙 제21조제2항에 따라 위와 같이 국가지정문화유산"으로 한다.

별지 제33호서식의 제목 중 "국가지정(등록)문화유산"을 "국가지정문화유산"으로 하고, 같은 서식 앞쪽 중 "「문화유산의 보존 및 활용에 관한 법률」 제40조제1항제3호부터 제5호까지, 제55조제3호부터 제5호까지, 같은 법 시행령 제23조, 제33조 및 같은 법 시행규칙 제21조제3항, 제38조제3호"를 "「문화유산의 보존 및 활용에 관한 법률」 제40조제1항제3호부터 제5호까지, 같은 법 시행령 제23조 및 같은 법 시행규칙 제21조제3항"으로 한다.

별지 제34호서식의 제목 중 "국가지정(등록)문화유산"을 "국가지정문화유산"으로 하고, 같은 서식 앞쪽 중 "「문화유산의 보존 및 활용에 관한 법률」 제40조제1항제6호·제55조제6호, 같은 법 시행령 제23조·제33조 및 같은 법 시행규칙 제21조제4항·제38조제4호"를 "「문화유산의 보존 및 활용에 관한 법률」 제40조제1항제6호, 같은 법 시행령 제23조 및 같은 법 시행규칙 제21조제4항"으로 한다.

별지 제35서식의 제목 중 "국가지정(등록)문화유산"을 "국가지정문화유산"으로 하고, 같은 서식 중 "「문화유산의 보존 및 활용에 관한 법률」 제40조제1항제7호·제40조제3항·제55조제7호, 같은 법 시행령 제23조·제33조 및 같은 법 시행규칙 제21조제5항·제38조제5호에 따라 위와 같이 국가지정(등록)문화유산"을 "「문화유산의 보존 및 활용에 관한 법률」 제40조제1항제7호·제40조제3항, 같은 법 시행령 제23조 및 같은 법 시행규칙 제21조제5항에 따라 위와 같이 국가지정문화유산"으로 한다.

별지 제36호서식 제1쪽 중 "「문화유산의 보존 및 활용에 관한 법률」 제40조제1항제8호 · 제55조제8호 · 제60조제4항, 같은 법 시행령 제23조 · 제33조 및 같은 법 시행규칙 제21조제6항제2호 · 제38조제6호 · 제43조제7항"을 "「문화유산의 보존 및 활용에 관한 법률」 제40조제1항제8호 · 제60조제4항, 같은 법 시행령 제23조 및 같은 법 시행규칙 제21조제6항제2호 · 제43조제7항"으로 한다.

별지 제69호서식, 별지 제69호의2서식, 별지 제70호서식부터 별지 제74호서식까지를 각각 삭제한다.

부칙 〈제579호, 2025. 1. 24.〉

이 규칙은 2025년 1월 24일부터 시행한다.

부칙 〈제580호, 2025. 2. 14.〉

이 규칙은 2025년 2월 14일부터 시행한다.

부칙 〈제604호, 2025. 6. 5.〉

제1조(시행일) 이 규칙은 공포한 날부터 시행한다.

제2조(문화유산의 국외 반출 허가 신청 등에 관한 적용례) 제20조제1항제2호의 개정규정은 이 규칙 시행 이후 국외 반출 또는 반출 기간의 연장 허가를 신청하는 경우부터 적용한다.

별표 / 서식

[별표 1] 역사문화환경 보존지역 현황조사 항목 및 내용(제2조의2 제1항제1호 관련)

[별표 1의2] 금연구역과 흡연구역을 알리는 표지의 설치 기준 및 방법(제3조의2 관련)

[별표 1의3] 문화유산교육 프로그램의 인증기준(제7조의2제2항 관련)

[별표 1의4] 문화유산교육 프로그램의 인증표시(제7조의2제4항 관련)

[별표 2] 삭제 〈2019. 12. 24.〉

[별표 3] 비문화유산 확인표지(제48조제2항 후단 관련)

[별표 4] 문화유산매매장부 검인 인영(印影: 도장을 찍은 모양)(제

55조제3항 관련)
[별표 5] 행정처분기준(제57조제1항 관련)
[별표 6] 포상금의 지급등급기준(제60조 관련)
[별지 제1호서식] 삭제 〈2025. 2. 14.〉
[별지 제2호서식] 장학금 지급 신청서
[별지 제3호서식] 서약서
[별지 제3호의2서식] 문화유산교육지원센터 지정 신청서
[별지 제3호의3서식] 문화유산교육지원센터 지정서
[별지 제3호의4서식] 문화유산교육 프로그램 인증신청서
[별지 제3호의5서식] 문화유산교육 프로그램 인증서
[별지 제3호의6서식] 기증서약서
[별지 제3호의7서식] 기증품 관리대장
[별지 제3호의8서식] 문화유산디지털콘텐츠 제작 · 개발 지원신청서
[별지 제4호서식] 국가지정문화유산 등의 지정조사보고서
[별지 제5호서식] 국가지정문화유산 등의 지정 요청 자료보고서
[별지 제6호서식] 국보지정서
[별지 제7호서식] (보물, 국가민속문화유산) 지정서
[별지 제8호서식] 국보 지정서 부록
[별지 제9호서식] (보물, 국가민속문화유산) 지정서 부록
[별지 제10호서식] 국가지정문화유산 지정서 재발급 신청서
[별지 제11호서식] (국보, 보물, 국가민속문화유산) 지정서 발급대장
[별지 제12호서식] 삭제 〈2016.2.29.〉
[별지 제13호서식] 삭제 〈2016.2.29.〉
[별지 제14호서식] 삭제 〈2016.2.29.〉
[별지 제15호서식] 삭제 〈2016.2.29.〉
[별지 제16호서식] 삭제 〈2016.2.29.〉
[별지 제17호서식] 국가지정문화유산 관리단체 지정서
[별지 제18호서식] 국가지정문화유산 관리단체 지정서 발급대장
[별지 제19호서식] 국가지정문화유산 현상변경 허가신청서
[별지 제19호의2서식] 국가지정문화유산 보존에 영향을 미칠 우려가 있는 행위에 대한 허가신청서
[별지 제20호서식] 국가지정문화유산 탁본 · 영인 · 촬영 허가신청서
[별지 제21호서식] 삭제 〈2024. 6. 14.〉

[별지 제22호서식] 허가사항에 대한 변경허가 신청서

[별지 제23호서식] 국가지정문화유산 현상변경 등의 허가서

[별지 제24호서식] 허가사항 변경허가서

[별지 제24호의2서식] 국가지정문화유산 현상변경 등의 허가대장

[별지 제25호서식] 삭제 〈2024. 6. 14.〉

[별지 제26호서식] 삭제 〈2024. 6. 14.〉

[별지 제27호서식] 삭제 〈2024. 6. 14.〉

[별지 제28호서식] 문화유산 국외 반출 허가신청서, 문화유산 국외 반출 허가신청 목록

[별지 제28호의2서식] 문화유산 국외 반출 허가서, 문화유산 국외 반출 허가 목록

[별지 제29호서식] 국외 반출 문화유산 반출 기간 연장 허가신청서, 문화유산 반출 기간 연장 허가신청 목록, 당초 문화유산 국외 반출 허가 목록

[별지 제29호의2서식] 문화유산 국외 반출 기간 연장 허가서, 문화유산 국외 반출 기간 연장 허가 목록

[별지 제30호서식] 삭제 〈2024. 6. 14.〉

[별지 제30호의2서식] 삭제 〈2024. 6. 14.〉

[별지 제31호서식] 국가지정문화유산 관리자 (선임, 해임) 신고서

[별지 제32호서식] 국가지정문화유산 등의 소유자 변경신고서

[별지 제33호서식] 국가지정문화유산의 [(소유자, 관리자)의 (성명, 주소), 소재지·보관 장소] 변경신고서

[별지 제34호서식] [국가지정문화유산(멸실, 유실, 도난, 훼손), 국가지정문화유산의 보호물 · 보호구역] 신고서

[별지 제35호서식] 국가지정문화유산 현상변경 등 (착수, 완료) 신고서

[별지 제35호의2서식] 삭제 〈2024. 6. 14.〉

[별지 제36호서식] 문화유산 국내 반입 신고서, 문화유산 반입 신고 목록

[별지 제37호서식] 삭제 〈2024. 6. 14.〉

[별지 제38호서식] 삭제 〈2024. 6. 14.〉

[별지 제39호서식] 삭제 〈2024. 6. 14.〉

[별지 제40호서식] 삭제 〈2024. 6. 14.〉

[별지 제41호서식] 삭제 〈2016.2.29.〉
[별지 제42호서식] 삭제 〈2016.2.29.〉
[별지 제43호서식] 삭제 〈2016.2.29.〉
[별지 제44호서식] 삭제 〈2016.2.29.〉
[별지 제45호서식] 삭제 〈2016.2.29.〉
[별지 제46호서식] 삭제 〈2016.2.29.〉
[별지 제47호서식] 삭제 〈2016.2.29.〉
[별지 제48호서식] 삭제 〈2016.2.29.〉
[별지 제49호서식] 국가지정문화유산 대장
[별지 제50호서식] 삭제 〈2016.2.29.〉
[별지 제51호서식] 국가지정문화유산 종류별 목록
[별지 제52호서식] 국가지정문화유산 소재지(시 · 도)별 목록
[별지 제53호서식] 삭제 〈2016.2.29.〉
[별지 제54호서식] 삭제 〈2016.2.29.〉
[별지 제55호서식] 삭제 〈2016.2.29.〉
[별지 제56호서식] 삭제 〈2016.2.29.〉
[별지 제57호서식] 삭제 〈2016.2.29.〉
[별지 제58호서식] 삭제 〈2016.2.29.〉
[별지 제59호서식] 삭제 〈2016.2.29.〉
[별지 제60호서식] 삭제 〈2016.2.29.〉
[별지 제61호서식] 삭제 〈2016.2.29.〉
[별지 제62호서식] 문화유산조사원 신분증
[별지 제63호서식] 국가지정문화유산 공개 제한지역 출입허가신청서
[별지 제63호의2서식] 국가지정문화유산 공개 제한지역 출입허가서
[별지 제64호서식] 문화유산 관람료 감면 비용 지원신청서
[별지 제65호서식] 삭제 〈2016.2.29.〉
[별지 제66호서식] 단위사업별 예산신청서(보조금신청서)
[별지 제67호서식] 국고보조금 교부결정 통지서
[별지 제68호서식] 국고보조사업 실적보고서
[별지 제69호서식] 삭제 〈2024. 9. 13.〉
[별지 제69호의2서식] 삭제 〈2024. 9. 13.〉
[별지 제70호서식] 삭제 〈2024. 9. 13.〉
[별지 제71호서식] 삭제 〈2024. 9. 13.〉

[별지 제72호서식] 삭제 〈2024. 9. 13.〉
[별지 제73호서식] 삭제 〈2024. 9. 13.〉
[별지 제74호서식] 삭제 〈2024. 9. 13.〉
[별지 제75호서식] 삭제 〈2016.2.29.〉
[별지 제76호서식] 국외박물관 등 구입 · 기증 문화유산 국외 반출 허가신청서, 구입 · 기증 문화유산 국외 반출 허가신청 목록
[별지 제77호서식] 국외박물관 등 구입 · 기증 문화유산 국외 반출 허가서, 국외박물관 등 구입 · 기증 문화유산 국외 반출 허가 목록
[별지 제78호서식] 비문화유산 국외반출 확인신청서
[별지 제78호의2서식] 비문화유산 국외반출 확인서
[별지 제79호서식] 삭제 〈2018. 12. 13.〉
[별지 제79호의2서식] 문화유산 감정대장
[별지 제80호서식] 일반동산문화유산 현황 조사서
[별지 제81호서식] 일반동산문화유산의 개별 현황 조사서
[별지 제81호의2서식] 일반동산문화유산 발견 신고서
[별지 제82호서식] 문화유산매매업 허가신청서
[별지 제83호서식] 문화유산매매업 허가대장
[별지 제84호서식] 문화유산매매업 허가증
[별지 제85호서식] 문화유산 보존 상황 등의 실태 신고서, 문화유산 보존 상황, 매매 또는 교환 현황
[별지 제85호의2서식] 문화유산매매업 변경신고서
[별지 제85호의3서식] 문화유산매매업 지위승계 신고서
[별지 제86호서식] 문화유산매매장부
[별지 제87호서식] 문화유산매매장부 검인 신청서
[별지 제88호서식] 문화유산매매업 폐업신고서
[별지 제88호의2서식] 지역문화유산돌봄센터 지정 신청서
[별지 제88호의3서식] 지역문화유산돌봄센터 지정서
[별지 제89호서식] 제보조서
[별지 제90호서식] 문화유산사범 제보·체포 공로자 포상금 청구서

대한민국 법령 시리즈 519

문화유산의 보존 및 활용에 관한 법률 (약칭 : 문화유산법)

법 령 / 시 행 령 / 시 행 규 칙

2025년 7월 22일 인쇄 정가 23,000원
2025년 8월 2일 발행

편 저 편집부
디 자 인 송영미
발 행 인 조준형
발 행 처 해광출판사
http://www.hgbookpub.com
E-mail : munbookcokr@naver.com
주 소 부산광역시 중구 해관로 41-1 (중앙동2가)
전화번호 (051) 253-0001 팩스 (051) 245-1187
등 록 제 2012-000005호

해광출판사에서는 여러분의 소중한 원고와 함께 할 기회를 기다리고 있습니다. 책으로 엮을 원고나 아이디어가 있으신 분들은 이메일 munbookcokr@naver.com로 책에 대한 간단한 개요와 원고 전체 또는 일부를 연락처와 함께 보내주십시오.

ISBN 979-11-6881-856-9

※ 법령 출처 : 법제처 국가법령정보센터
※ 본 도서는 〈공공데이터 제공 및 이용 활성화에 관한 법률〉을 근거로 출판되었습니다.

해광출판사 대한민국 법령 시리즈

001. 선원법
002. 어선법
003. 선박직원법
004. 해사안전기본법
005. 해양환경관리법
006. 선박의 입항 및 출항등에 관한 법률
007. 학교안전사고예방 및 보상에 관한 법률
008. 종합부동산세법
009. 방위사업법
010. 행정규제기본법
011. 식품산업진흥법
012. 위험물안전관리법
013. 화재의 예방 및 안전관리에 관한 법률
014. 도시가스사업법
015. 실내공기질관리법
016. 지방세법
017. 소득세법
018. 법인세법
019. 도선법
020. 선박안전법
021. 선박법
022. 수산업법
023. 고압가스안전관리법
024. 국민연금법
025. 공동주택관리법
026. 화학물질관리법
027. 어선원 및 어선 재해보상보험법
028. 장기등 이식에 관한 법률
029. 자연재해대책법
030. 공유재산 및 물품 관리법
031. 산업입지 및 개발에 관한 법률
032. 부정경쟁방지 및 영업비밀보호에 관한 법률
033. 금융지주회사법
034. 온실가스 배출권의 할당 및 거래에 관한 법률
035. 건축사법
036. 산림문화휴양에 관한 법률
037. 전기사업법
038. 사립학교법
039. 고등교육법
040. 액화석유가스의 안전관리 및 사업법
041. 선박투자회사법
042. 수산자원관리법
043. 위험물선박운송및저장규칙
044. 선박평형수관리법
045. 주택임대차보호법
046. 상가건물임대차보호법
047. 지방공기업법
048. 승강기안전관리법
049. 수목원·정원의 조성 및 진흥에 관한 법률
050. 민법
051. 치료감호 등에 관한 법률
052. 대부업 등의 등록 및 금융이용자 보호에 관한 법률
053. 사료관리법
054. 무형문화재 보전 및 진흥에 관한 법률
055. 총포·도검·화약류 등의 안전관리에 관한 법률
056. 경찰관직무집행법
057. 시설물의 안전 및 유지관리에 관한 특별법
058. 수산생물질병 관리법
059. 소비자기본법
060. 국제선박등록법
061. 정보통신망 이용촉진 및 정보보호 등에 관한 법률
062. 해운법
063. 농수산물 품질관리법
064. 수산업협동조합법
065. 해외건설촉진법
066. 수상레저안전법
067. 공무원재해보상법
068. 수상에서의 수색·구조 등에 관한 법률
069. 어촌어항법
070. 항만법
071. 항만운송사업법
072. 해양경비법
073. 해양사고의 조사 및 심판에 관한 법률
074. 외국인근로자의 고용 등에 관한 법률
075. 중소기업기본법
076. 자유무역지역의 지정 및 운영에 관한 법률
077. 대기환경보전법
078. 소음진동관리법
079. 폐기물관리법
080. 하수도법
081. 물환경보전법
082. 토양환경보전법
083. 환경정책기본법
084. 산업재해보상보험법
085. 관세법
086. 노동조합 및 노동관계조정법
087. 근로기준법
088. 군인연금법
089. 먹는물관리법
090. 기술보증기금법
091. 관광진흥법
092. 감염병의 예방 및 관리에 관한 법률
093. 사법경찰관리의 직무를 수행할 자와 그 직무범위에 관한 법률
094. 수의사법
095. 가정폭력방지 및 피해자보호 등에 관한 법률
096. 환경영향평가법
097. 체육시설의 설치 · 이용에 관한 법률
098. 장사 등에 관한 법률
099. 상호저축은행법
100. 은행법
101. 보호관찰 등에 관한 법률
102. 형법
103. 자동차관리법
104. 형사소송법
105. 전자금융거래법
106. 마약류 불법거래 방지에 관한 특례법
107. 도로법
108. 주세법
109. 변리사법
110. 하천법
111. 중소기업진흥에 관한 법률
112. 발달장애인 권리보장 및 지원에 관한 법률
113. 주택법
114. 장애인복지법
115. 농어업경영체 육성 및 지원에 관한 법률
116. 공인중개사법
117. 건강기능식품에 관한 법률
118. 예비군법
119. 개발제한구역의 지정 및 관리에 관한 특별조치법
120. 국유재산법
121. 주차장법
122. 환경기술 및 환경산업 지원법
123. 대기관리권역의 대기환경개선에 관한 특별법
124. 악취방지법
125. 미세먼지 저감 및 관리에 관한 특별법
126. 가축분뇨의 관리 및 이용에 관한 법률
127. 물의 재이용 촉진 및 지원에 관한 법률
128. 물관리기본법
129. 물관리기술 발전 및 물산업 진흥에 관한 법률
130. 자원의 절약과 재활용촉진에 관한 법률
131. 전기 · 전자제품 및 자동차의 자원순환에 관한 법률
132. 건설폐기물의 재활용촉진에 관한 법률
133. 수도권매립지관리공사의 설립 및 운영 등에 관한 법률
134. 폐기물의 국가 간 이동 및 그 처리에 관한 법률
135. 폐기물처리시설 설치촉진 및 주변지역지원 등에 관한 법률
136. 자원순환기본법
137. 잔류성오염물질 관리법
138. 환경분쟁 조정법

해광출판사 대한민국 법령 시리즈

139. 화학물질의 등록 및 평가 등에 관한 법률
140. 환경오염시설의 통합관리에 관한 법률
141. 환경오염피해 배상책임 및 구제에 관한 법률
142. 중소기업제품 구매촉진 및 판로지원에 관한 법률
143. 환경개선비용 부담법
144. 환경분야 시험·검사 등에 관한 법률
145. 환경친화적 산업구조로의 전환촉진에 관한 법률
146. 환경친화적 자동차의 개발 및 보급 촉진에 관한 법률
147. 환경범죄 등의 단속 및 가중처벌에 관한 법률
148. 생명윤리 및 안전에 관한 법률
149. 장애인차별금지 및 권리구제 등에 관한 법률
150. 부동산투자회사법
151. 정치자금법
152. 과학기술기본법
153. 대리점거래의 공정화에 관한 법률
154. 상속세 및 증여세법
155. 학원의 설립 · 운영 및 과외교습에 관한 법률
156. 해양심층수의 개발 및 관리에 관한 법률
157. 전기용품 및 생활용품 안전관리법
158. 사회기반시설에 대한 민간투자법
159. 공직선거법
160. 정당법
161. 유류오염손해배상 보장법
162. 부정청탁 및 금품등 수수의 금지에 관한 법률
163. 항로표지법
164. 어장관리법
165. 민방위기본법
166. 공직자윤리법
167. 선거관리위원회법
168. 유선 및 도선 사업법
169. 전기공사업법
170. 사회복지사업법
171. 택지개발촉진법
172. 국가공무원법
173. 민간임대주택에 관한 특별법
174. 어음법·수표법
175. 민사집행법
176. 상법
177. 문화예술진흥법
178. 중소기업협동조합법
179. 농업협동조합법
180. 도로교통법
181. 의료사고 피해구제 및 의료분쟁 조정 등에 관한 법률
182. 산림보호법
183. 소년법
184. 동물보호법
185. 건축물관리법
186. 도시개발법
187. 화물자동차 운수사업법
188. 도시 및 주거환경정비법
189. 의료법
190. 국회법
191. 응급의료에 관한 법률
192. 출입국관리법
193. 노인복지법
194. 산림자원의 조성 및 관리에 관한 법률
195. 청소년 보호법
196. 초 · 중등교육법
197. 혁신도시 조성 및 발전에 관한 특별법
198. 경제자유구역의 지정 및 운영에 관한 특별법
199. 공공기관의 운영에 관한 법률
200. 대한민국헌법
201. 국민기초생활 보장법
202. 저작권법
203. 가사소송법
204. 국가유공자 등 예우 및 지원에 관한 법률
205. 국민체육진흥법
206. 전통주 등의 산업진흥에 관한 법률
207. 재난 및 안전관리 기본법
208. 정보통신공사업법
209. 주식회사 등의 외부감사에 관한 법률
210. 공익사업을 위한 토지 등의 취득 및 보상에 관한 법률
211. 개인정보 보호법
212. 국세기본법
213. 에너지이용 합리화법
214. 감정평가 및 감정평가사에 관한 법률
215. 국가인권위원회법
216. 가맹사업거래의 공정화에 관한 법률
217. 보건의료기본법
218. 산업안전보건법
219. 법무사법
220. 교육공무원법
221. 특허법
222. 민사소송법
223. 아동복지법
224. 전파법
225. 하도급거래 공정화에 관한 법률
226. 기초연금법
227. 사립학교교직원 연금법
228. 직업안정법
229. 장애아동 복지지원법
230. 부동산등기법
231. 자동차손해배상 보장법
232. 철도안전법
233. 항공안전법
234. 전자상거래 등에서의 소비자보호에 관한 법률
235. 독점규제 및 공정거래에 관한 법률
236. 상표법
237. 채무자 회생 및 파산에 관한 법률
238. 공무원연금법
239. 축산법
240. 근로복지기본법
241. 민원 처리에 관한 법률
242. 약사법
243. 방문판매 등에 관한 법률
244. 건축기본법
245. 지방세기본법
246. 지방세징수법
247. 지방자치법
248. 도시교통정비 촉진법
249. 공공주택 특별법
250. 국세징수법
251. 공인노무사법
252. 중대재해 처벌 등에 관한 법률
253. 외무공무원법
254. 소방시설공사업법
255. 검역법
256. 공중위생관리법
257. 할부거래에 관한 법률
258. 인터넷 멀티미디어 방송사업법
259. 전기통신사업법
260. 제품안전기본법
261. 철도사업법
262. 어린이제품 안전 특별법
263. 영유아보육법
264. 원자력안전법
265. 보험업법
266. 경비업법
267. 교통안전법
268. 세무사법
269. 관세사법
270. 공인회계사법
271. 지방공무원법
272. 고용정책 기본법
273. 국가경찰과 자치경찰의 조직 및 운영에 관한 법률
274. 협동조합 기본법
275. 재해구호법
276. 환경보건법

해광출판사 대한민국 법령 시리즈

277. 자살예방 및 생명존중문화 조성을 위한 법률
278. 소방산업의 진흥에 관한 법률
279. 소방기본법
280. 비송사건절차법
281. 자연환경보전법
282. 변호사법
283. 기업구조조정투자회사법
284. 전기통신기본법
285. 에너지법
286. 해양생태계의 보전 및 관리에 관한 법률
287. 사회보장기본법
288. 통신비밀보호법
289. 공증인법
290. 물류시설의 개발 및 운영에 관한 법률
291. 청소년활동 진흥법
292. 형의 집행 및 수용자의 처우에 관한 법률
293. 도시공원 및 녹지 등에 관한 법률
294. 태권도 진흥 및 태권도공원 조성 등에 관한 법률
295. 녹색건축물 조성 지원법
296. 우편법
297. 예금자보호법
298. 건설산업기본법
299. 금융회사의 지배구조에 관한 법률
300. 장애인활동 지원에 관한 법률
301. 언론중재 및 피해구제 등에 관한 법률
302. 국가재정법
303. 농지법
304. 게임산업진흥에 관한 법률
305. 정신건강증진 및 정신질환자 복지서비스 지원에 관한 법률
306. 디자인보호법
307. 의료기사 등에 관한 법률
308. 스마트도시 조성 및 산업진흥 등에 관한 법률
309. 내수면어업법
310. 한국주택금융공사법
311. 의료기기법
312. 유통산업발전법
313. 전통시장 및 상점가 육성을 위한 특별법
314. 여신전문금융업법
315. 해외자원개발 사업법
316. 산업교육진흥 및 산학연협력촉진에 관한 법률
317. 빈집 및 소규모주택 정비에 관한 특례법
318. 기업도시개발 특별법
319. 전력기술관리법
320. 국토기본법
321. 지하수법
322. 식품위생법
323. 광업법
324. 호스피스·완화의료 및 임종과정에 있는 환자의 연명의료결정에 관한 법률
325. 주식·사채 등의 전자등록에 관한 법률
326. 표시·광고의 공정화에 관한 법률
327. 골재채취법
328. 국민건강증진법
329. 새마을금고법
330. 여객자동차 운수사업법
331. 마리나항만의 조성 및 관리 등에 관한 법률
332. 한부모가족지원법
333. 국가를 당사자로 하는 계약에 관한 법률
334. 지방자치단체를 당사자로 하는 계약에 관한 법률
335. 축산물 위생관리법
336. 병역법
337. 음악산업진흥에 관한 법률
338. 국가균형발전 특별법
339. 첨단재생의료 및 첨단바이오의약품 안전 및 지원에 관한 법률
340. 공간정보의 구축 및 관리 등에 관한 법률
341. 공유수면 관리 및 매립에 관한 법률
342. 농수산물 유통 및 가격안정에 관한 법률
343. 아시아문화중심도시 조성에 관한 특별법
344. 신탁법
345. 자연공원법
346. 생활화학제품 및 살생물제의 안전관리에 관한 법률
347. 군인사법
348. 국제조세조정에 관한 법률
349. 낙동강수계 물관리 및 주민지원 등에 관한 법률
350. 주민등록법
351. 집합건물의 소유 및 관리에 관한 법률
352. 집단에너지사업법
353. 산림조합법
354. 반도체집적회로의 배치설계에 관한 법률
355. 자본시장과 금융투자업에 관한 법률
356. 담보부사채신탁법
357. 근로자퇴직급여 보장법
358. 국제과학비즈니스벨트 조성 및 지원에 관한 특별법
359. 수도법
360. 식품 등의 표시 · 광고에 관한 법률
361. 약관의 규제에 관한 법률
362. 인삼산업법
363. 종자산업법
364. 항공사업법
365. 건설기계관리법
366. 군형법
367. 궤도운송법
368. 기술의 이전 및 사업화 촉진에 관한 법률
369. 농수산물의 원산지 표시 등에 관한 법률
370. 담배사업법
371. 석유 및 석유대체연료 사업법
372. 가축전염병 예방법
373. 농어촌정비법
374. 식물신품종 보호법
375. 항공보안법
376. 중소기업창업 지원법
377. 군사법원법
378. 우주개발 진흥법
379. 해저광물자원 개발법
380. 산림복지 진흥에 관한 법률
381. 지능형 로봇 개발 및 보급 촉진법
382. 헌법재판소법
383. 옥외광고물 등의 관리와 옥외광고산업 진흥에 관한 법률
384. 혈액관리법
385. 국제항해선박 등에 대한 해적행위 피해예방에 관한 법률
386. 유료도로법
387. 독립유공자예우에 관한 법률
388. 신에너지 및 재생에너지 개발 · 이용 · 보급 촉진법
389. 신용정보의 이용 및 보호에 관한 법률
390. 출판문화산업 진흥법
391. 공항시설법
392. 국민 평생 직업능력 개발법
393. 아동 · 청소년의 성보호에 관한 법률
394. 방송법쉬
395. 신용보증기금법
396. 화장품법
397. 청소년 기본법
398. 인터넷주소자원에 관한 법률
399. 양곡관리법
400. 도로명주소법
401. 전자문서 및 전자거래 기본법
402. 산업기술의 유출방지 및 보호에 관한 법률
403. 국가기술자격법
404. 양식산업발전법
405. 산업기술혁신 촉진법
406. 새만금사업 추진 및 지원에 관한 특별법
407. 전자정부법
408. 지역 개발 및 지원에 관한 법률
409. 한국농어촌공사 및 농지관리기금법
410. 계량에 관한 법률
411. 기업활동 규제완화에 관한 특별조치법
412. 군에서의 형의 집행 및 군수용자의 처우에 관한 법률

해광출판사 대한민국 법령 시리즈

413. 규제자유특구 및 지역특화발전특구에 관한 규제특례법
414. 금융위원회의 설치 등에 관한 법률
415. 남녀고용평등과 일·가정 양립 지원에 관한 법률
416. 농어업인 삶의 질 향상 및 농어촌지역 개발촉진에 관한 특별법
417. 댐건설·관리 및 주변지역지원 등에 관한 법률
418. 국가유산수리 등에 관한 법률
419. 법원조직법
420. 보훈보상대상자 지원에 관한 법률
421. 부패방지 및 국민권익위원회의 설치와 운영에 관한 법률
422. 과학기술분야 정부출연연구기관 등의 설립·운영 및 육성에 관한 법률
423. 연구개발특구의 육성에 관한 특별법
424. 친환경농어업 육성 및 유기식품 등의 관리·지원에 관한 법률
425. 연안관리법
426. 영화 및 비디오물의 진흥에 관한 법률
427. 신용협동조합법
428. 방송통신발전 기본법
429. 범죄피해자 보호법
430. 가축 및 축산물 이력관리에 관한 법률
431. 국가표준기본법
432. 국가통합교통체계효율화법
433. 범죄인 인도법
434. 국가과학기술 경쟁력 강화를 위한 이공계지원 특별법
435. 국제경기대회 지원법
436. 금융혁신지원 특별법
437. 수자원의 조사·계획 및 관리에 관한 법률
438. 축산자조금의 조성 및 운용에 관한 법률
439. 소방시설 설치 및 관리에 관한 법률
440. 양성평등기본법
441. 축산계열화사업에 관한 법률
442. 수입식품안전관리 특별법
443. 대외무역법
444. 국가연구개발사업 등의 성과평가 및 성과관리에 관한 법률
445. 무역보험법
446. 기술사법
447. 광산안전법
448. 농약관리법
449. 농업·농촌 및 식품산업 기본법
450. 문화산업진흥 기본법
451. 부담금관리 기본법
452. 야생생물 보호 및 관리에 관한 법률
453. 한국은행법
454. 별정우체국법
455. 원양산업발전법
456. 콘텐츠산업 진흥법
457. 한국수출입은행법
458. 외국인투자 촉진법
459. 물류정책기본법
460. 전자서명법
461. 산업발전법
462. 산업표준화법
463. 소프트웨어 진흥법
464. 토지이용규제 기본법
465. 해수욕장의 이용 및 관리에 관한 법률
466. 정보통신 진흥 및 융합 활성화 등에 관한 특별법
467. 정보통신산업 진흥법
468. 지진·화산재해대책법
469. 소금산업진흥법
470. 위치정보의 보호 및 이용 등에 관한 법률
471. 외국법자문사법
472. 이러닝(전자학습)산업 발전 및 이러닝 활용 촉진에 관한 법률
473. 암관리법
474. 실용신안법
475. 가족관계의 등록 등에 관한 법률
476. 무인도서의 보전 및 관리에 관한 법률
477. 감사원법
478. 정보보호산업의 진흥에 관한 법률
479. 결혼중개업의 관리에 관한 법률
480. 공익신고자 보호법
481. 박물관 및 미술관 진흥법
482. 낚시 관리 및 육성법
483. 동산·채권 등의 담보에 관한 법률
484. 임금채권보장법
485. 국민투표법
486. 농림수산업자 신용보증법
487. 국가채권 관리법
488. 중소기업은행법
489. 식품안전기본법
490. 외국환거래법
491. 발명진흥법
492. 건설기술 진흥법
493. 기후위기 대응을 위한 탄소중립·녹색성장 기본법
494. 인체조직안전 및 관리 등에 관한 법률
495. 엔지니어링산업 진흥법
496. 신문 등의 진흥에 관한 법률
497. 식물방역법
498. 석탄산업법
499. 산업융합 촉진법
500. 비료관리법
501. 임업 및 산촌 진흥촉진에 관한 법률
502. 복권 및 복권기금법
503. 대규모유통업에서의 거래 공정화에 관한 법률
504. 뉴스통신 진흥에 관한 법률
505. 지능정보화 기본법
506. 자격기본법
507. 중소기업 기술혁신 촉진법
508. 국가공간정보 기본법
509. 농어업재해대책법
510. 방송광고판매대행 등에 관한 법률
511. 지식재산 기본법
512. 초고층 및 지하연계 복합건축물 재난관리에 관한 특별법
513. 해양 조사와 해양정보 활용에 관한 법률
514. 공간정보산업 진흥법
515. 공공기관의 정보공개에 관한 법률
516. 행정기본법
517. 해상교통안전법
518. 농어업재해보험법
519. 문화유산의 보존 및 활용에 관한 법률
520. 자연유산의 보존 및 활용에 관한 법률
521. 국토의 계획 및 이용에 관한 법률
522. 건축법
523. 국민건강보험법
524. 계엄법
525. 환경친화적 선박의 개발 및 보급 촉진에 관한 법률
526. 해양폐기물 및 해양오염퇴적물 관리법
527. 연안사고 예방에 관한 법률
528. 전기안전관리법
529. 의약품 등의 안전에 관한 규칙
530. 공공보건의료에 관한 법률
531. 군보건의료에 관한 법률
532. 농어촌 등 보건의료를 위한 특별조치법
533. 보호소년 등의 처우에 관한 법률
534. 국가를 당사자로 하는 소송에 관한 법률
535. 간호법
536. 국립묘지의 설치 및 운영에 관한 법률
537. 주류 면허 등에 관한 법률
538. 부가가치세법

*** 해광출판사의 법령 시리즈는 계속 발행 됩니다.**
**** 각 도서의 개정판은 인쇄일을 기준으로 제작 되었습니다.**